Annerose Kirchner
Spurlos verschwunden

Annerose Kirchner

Spurlos verschwunden

Dörfer in Thüringen – Opfer des Uranabbaus

Ch. Links Verlag, Berlin

Die Entstehung dieses Buches wurde durch ein Stipendium der Kulturstiftung des Freistaats Thüringen gefördert.

Die Deutsche Nationalbibliothek verzeichnet diese Publikation in der Deutschen Nationalbibliografie; detaillierte bibliografische Daten sind im Internet über www.dnb.de abrufbar.

2. Auflage, Februar 2017

Schönhauser Allee 36, 10435 Berlin, Tel.: (030) 44 02 32-0
www.christoph-links-verlag.de; mail@christoph-links-verlag.de
Umschlaggestaltung: KahaneDesign, Berlin,
unter Verwendung eines Fotos von Erich Krauthahn:
Sprengung im Tagebau Culmitzsch, ca. 1960
Lektorat: Jana Fröbel, Berlin
Satz: typegerecht, Berlin
Druck und Bindung: Totem, Inowrocław

ISBN 978-3-86153-569-0

Inhalt

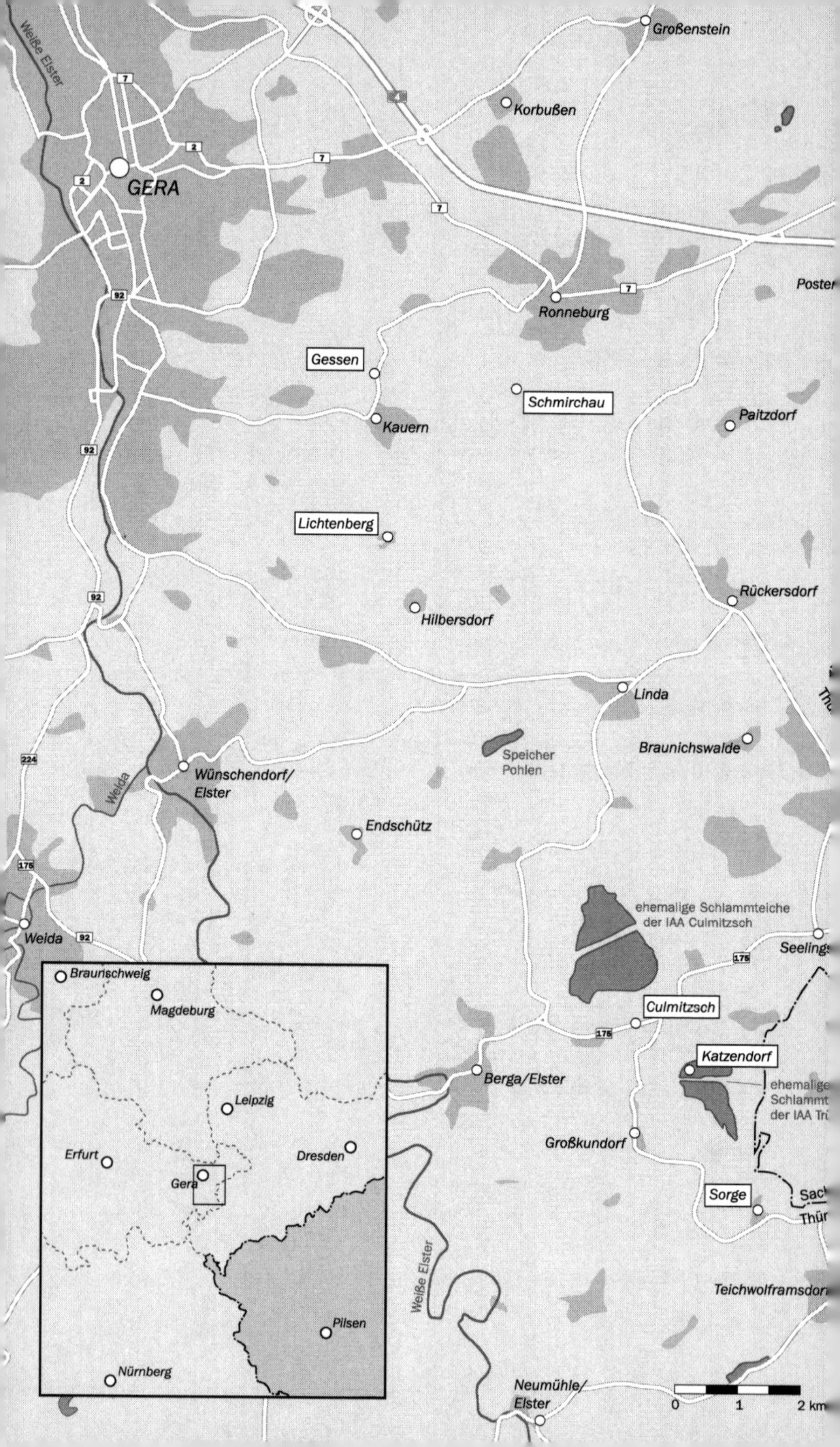

Weiße Elster
Großenstein
Korbußen
GERA
Ronneburg
Poster
Gessen
Schmirchau
Kauern
Paitzdorf
Lichtenberg
Rückersdorf
Hilbersdorf
Linda
Braunichswalde
Speicher Pohlen
Wünschendorf/ Elster
Weida
Endschütz
ehemalige Schlammteiche der IAA Culmitzsch
Weida
Seelings
Culmitzsch
Katzendorf
Berga/Elster
Großkundorf
Sorge
Teichwolframsdor
Weiße Elster
Neumühle/ Elster
Braunschweig
Magdeburg
Leipzig
Erfurt
Dresden
Gera
Pilsen
Nürnberg
0
1
2 km

Dörfer haben Hunderte – manchmal Tausende – von Jahren überlebt, Dörfer haben Gesichter, Dörfer haben Geschichten, Dörfer haben Runzeln und Linien, die sich nicht mehr wegwischen lassen.

Geert Mak, *Wie Gott verschwand aus Jorwerd*

Der Anblick verschlug die Sprache, ließ sie starr Aufderstelle stehn. Kaum vermochten sie sich zu orientieren: sämtliche Häuser des Ortes verschwunden :od zu Schutthaufen zermalmt, vertraute Straßenzüge Gärten Bäume, fort. Als hätten Prügeltrupps einem Menschen alle Zähne rausgeschlagen starrte sie die Unkenntlichkeit ihres Heimatdorfes an.

Reinhard Jirgl, *Die Stille,* Photo 93

Ich vergleiche die Umsiedlung eines Ortes mit dem langsamen Sterben eines Angehörigen.

Thomas Krieger, Pfarrer im ehemaligen Heuersdorf,
Heuersdorf. Geschichte und Abschied eines mitteldeutschen Dorfes

Uran ist ein silberweiß glänzendes radioaktives Schwermetall. Im Periodensystem der Elemente steht es an 92. Stelle. Es kommt in der Natur in drei Varianten vor: U-234 (Halbwertszeit 245 000 Jahre), U-235 (Halbwertszeit 700 Millionen Jahre) und U-238 (Halbwertszeit 4,5 Milliarden Jahre).

Gedächtniskapelle in der »Neuen Landschaft« Ronneburg, Herbst 2016

Vorwort zur zweiten Auflage

Oktober 2016. Der Herbst hält Einzug. In der »Neuen Landschaft« von Ronneburg entwirft er ein erdiges Farbenmeer mit rotgrünen Einsprengseln im Laub der Gehölze und schleudert eiskalten Wind über die Lichtenberger Kanten. Am Kirschberg begegnet mir ein ehemaliger Kipperfahrer der Wismut. »Hab hier meinen Garten, schon ewig«, sagt er. »Und ich hab mitgeholfen, dass das riesige Tagebauloch von Lichtenberg verfüllt wird. Jetzt bin ich schon einige Jahre Rentner.« Kaum hat er sich verabschiedet, folgt ein Jogger, der mindestens noch zwei Runden bis hinüber zum Ronneburger Balkon, dem Mittelpunkt der »Neuen Landschaft«, dreht. Bis auf eine Familie mit Kleinkind unten im Gessengrund, nahe dem Standort der ehemaligen Zweifelsmühle, sind keine weiteren Besucher unterwegs. 2007, vor fast zehn Jahren, lud hier die Bundesgartenschau in eine grüne Landschaft ein. Zuvor war ein 240 Meter tiefes Tagebaurestloch verfüllt worden, es gab keine Halden mehr, keine Schlammteiche. Die Erde wurde umgewälzt, umgelagert, abgetragen, rekultiviert, neu gestaltet. Seitdem sind 25 Jahre vergangen. Die Herausforderungen und die Verantwortung für die Sanierung des ehemaligen Uranerzbergbaugebietes bleiben für Generationen, wahrscheinlich für die Ewigkeit. Deshalb ist nach neuesten Erkenntnissen nicht absehbar, wie lange dieses strahlende Erbe überwacht und kontrolliert werden muss. Bis 2045, so die Wismut GmbH, wird die Sanierung der Hinterlassenschaften in Thüringen und Sachsen dauern, mit Kosten von rund acht Milliarden Euro. Die Schlammteiche bei Culmitzsch könnten bis etwa 2028 saniert sein, meinen die Verantwortlichen. Das Unternehmen feierte 2016 mit einem Tag der offenen Tür mitten in der Neuen Landschaft sein 25-jähriges Jubiläum und präsentiert in Ronneburg in der neu gestalteten Ausstellung *Objekt 90* die Geschichte des Uranabbaus bis zur heutigen Sanierung.

Was sonst noch geschah, seit ich 2009 das Manuskript abschloss, davon hier nur ein paar Fakten: Das Volk von Caraslan hat leider Abschied von der Neuen Landschaft nehmen müssen. Nach der Insolvenz des Weltentor-Themenparks positionierte sich der Verein neu und lebt heute aktiv das Mittelalter auf Volksfesten und Märkten. Seit 2012 dominiert ein 20 Meter hohes Grubengeleucht die Schmirchauer Höhe. Dieses Symbol bergmännischer Tradition ist eine weithin sichtbare Landmarke. Von einer Plattform, umgeben von der begehbaren Landschaft mit Gedenksteinen für die Bergleute, kann man bei klarem Wetter bis ins Thüringer Vogtland schauen. Mit etwas Glück ist auch das Völkerschlachtdenkmal in Leipzig zu erkennen. An diesem Herbstnachmittag 2016 hebt sich die symbolische Grubenlampe, aus dem Gessental betrachtet, wie ein fein ziselierter Scherenschnitt im Gegenlicht vom Horizont ab.

Die Stadt Ronneburg engagiert sich für die Neue Landschaft als einen besonderen Landschaftspark – Naherholung pur, im Sommer sogar im Liegestuhl.

Jahrelang verzögerte sich der geplante Bau einer Gedächtniskapelle am Rand der Lichtenberger Kanten, wo einst Schmirchau lag. Mit großen Mühen und dank der Unterstützung zahlreicher Sponsoren konnten die Initiatoren des Kirchlichen Umweltkreises Ronneburg und die Mitglieder des jungen Vereins Gedächtniskapelle Ronneburg mit viel Eigenleistung 2012 endlich mit dem Kirchenbau beginnen. Im Sommer 2015 wurde der ökumenische Gedächtnisort eingeweiht. Auf zehn Quadratmetern ist unter dem Motto »... sich erinnern und hoffen« Platz für stille Einkehr. Nicht nur Wanderer packen auf der Höhe während einer Rast die mitgebrachten Butterbrote aus. Der spartanisch ausgestattete Raum erinnert mit Fotos und Texten an Gessen und Lichtenberg symbolisch für alle anderen verschwundenen Dörfer der Region. Das weiße Kirchlein mit dem hölzernen steil aufragenden Spitzdach, das vom Kirschberg aus winzig erscheint, hat eine Schwester die Friedenskapelle im österreichischen Angerberg, die als Vorbild für den Bau diente.

An diesen besonderen Ort, wo man die Stille der Landschaft förmlich hört und fühlt, kann jeder kommen, ehemalige Bergleute genauso wie gläubige Menschen. Zeitzeugen, die den Verlust ihrer Dörfer bis heute nicht verwunden haben, finden hier innere

Ruhe, auch wenn sie immer wieder an ihre verlorene Heimat denken müssen, an eine Vergangenheit, die fast schon ein Dreivierteljahrhundert zurückliegt. Auch wenn die Erinnerung trügt, das Gedächtnis die Wirklichkeit verändert, bleibt die Erfahrung des Geschehenen.

Wer der »Straße der Bergbau-Kultur« folgt, wird feststellen, dass Wind und Wetter an den hölzernen »Zeitfenstern« nagen, dass die Schrift auf den Infotafeln kaum noch lesbar ist. So hat sich der Gedenkstein für den verschwundenen Ort Culmitzsch an der B 175 vom ursprünglichen Standort, wohl nicht von selbst, in die Nähe des Katzendorfer Gesteinsbrockens verschoben. Manche kleine Veränderung besorgt die Natur selbst, wie am Zeitfenster der Kirche von Sorge-Settendorf. Dort wächst ein Efeustrang durch die hölzerne Konstruktion. Überwuchert hier die Vergangenheit?

Was gewesen, ist nicht vergessen. Nachdem die erste Auflage dieses Buches schnell vergriffen war, mehrten sich die Stimmen nach einer zweiten Auflage. Darunter von Nachkommen der Zeitzeugen, die mehr über ihre Familiengeschichte erfahren wollen, auch um ihre eigenen Lebenswege zu verstehen. Denn es gibt immer weniger Menschen, die noch aus eigenem Erleben über die tiefgreifenden Veränderungen der einstigen Bergbaulandschaft erzählen können. Deshalb ist es so wichtig, dass ihre Geschichten nicht vergessen, sondern gehört und aufgeschrieben werden.

Gera, im Januar 2017

Sorge-Settendorf. Abendstimmung an der »Kirche ohne Dorf«, 2009

Abgebaggerte Dorfzeit

I

Ein kalter, verregneter Sonntag im Dezember 2008. Über die Elsteraue nahe Meuselwitz treibt Nebel. Trotz des Wetters kann ich von der B 180 die beiden gigantischen weißen Dampfsäulen des Braunkohlenkraftwerks Lippendorf am nördlichen Horizont gut ausmachen. Ein Bild, das mir aus der Ferne bereits vertraut ist, denn inzwischen habe ich mehrmals die rund 350 Meter hohe sanierte Tafelhalde des einstigen Wismut-Bergbaubetriebes Beerwalde am Rande der Gemeinde Löbichau nördlich der A 4 bestiegen und vom Plateau aus bei klarer Sicht die Lippendorfer »Rauchzeichen« entdecken können. Heute lasse ich den wachsenden grünen »Zukunftswald« der aufgeforsteten Halde Beerwalde mit 80 000 Bäumen, darunter Traubeneichen, Winterlinden, Bergahorn, Vogelkirsche, Lärchen und Douglasien, hinter mir und fahre durchs Altenburger Land. Von Gera über Nedissen, Großpörthen, weiter nach Meuselwitz und Lucka. Mein Ziel heißt Heuersdorf, Ortsteil von Regis-Breitingen. Der kleine Ort in Sachsen, nahe der thüringischen Landesgrenze, machte weltweit Schlagzeilen – als Dorf des jahrelangen, doch vergeblichen Widerstandes gegen die »bergbaubedingte Umsiedlung« und durch die spektakuläre Umsetzung der denkmalgeschützten 750 Tonnen schweren Emmauskirche nach Borna im Herbst 2007.

Noch verzeichnen Landkarten den Ort am südöstlichen Rand des Großtagebaus »Vereinigtes Schleenhain«. Doch die Realität sieht anders aus. Rechtlich existiert die Gemeinde, entstanden aus Alt-Heuersdorf und Großhermsdorf, längst nicht mehr, und über die Hälfte der Häuser, in denen zum Beispiel 1990 fast 350 Menschen wohnten, ist seit Ende 2007 abgebaggert. 50 Millionen Tonnen Braunkohle lagern unter dem 700 Jahre alten Dorf. Die Mitteldeutsche Braunkohlengesellschaft mbH (Mibrag) fördert diesen Bodenschatz und transportiert ihn durch den vier Kilometer langen Tagebau direkt ins Großkraftwerk Lippendorf. Der Vattenfall-Koloss, seit 1999/2000 in Betrieb, verschlingt etwa zehn Millionen Tonnen Braunkohle im Jahr. Vierzig Jahre lang soll Lippendorf betrieben werden. Die erste Heuersdorfer Kohle ist schon verfeuert, und die Bagger nähern sich unaufhaltsam dem Dorfzentrum. Anfang 2010 wird hier wohl kein einziges Haus mehr stehen.

Im Frühjahr 2008 war ich das erste Mal in Heuersdorf, an einem Sonntag mit Kaiserwetter. Damals stand am Ortseingang ein Verbotsschild für Fahrzeuge aller Art. Jetzt ist es verschwunden. Das Dorf scheint auf den ersten Blick wie ausgestorben, doch hinter einigen Hoftoren wird geräumt und gepackt. Pkws warten vor den Grundstücken neben Containern, beladen mit Gerümpel. Nachts kommen die Plünderer. »Die haben keine Genehmigung, hier etwas aus den Häusern zu entfernen. Wenn wir einen erwischen, können wir den nicht mal bestrafen«, sagt einer der beiden schwarz gekleideten Security-Männer, die sofort mitbekommen, wenn sich Fremde dem Dorf nähern. Er wird gesprächig, als ich ihm erzähle, dass ich über Sorge, Katzendorf, Lichtenberg, Schmirchau, Gessen und Culmitzsch schreibe – Dörfer im östlichen Thüringer Schiefergebirge, die vor über vierzig, fünfzig Jahren dem Uranerzbergbau in der DDR weichen mussten.

Zwölf Heuersdorfer halten es noch im Dorf aus, sagt der Security-Mann. Darunter Horst Bruchmann, der ehemalige Bürgermeister und jetzige Ortsvorsteher, und Bernd Günther, Vorsitzender des Vereins Für Heuersdorf e.V. Sie gehören zu denen, die öffentlich Druck machen gegen die Mibrag, Vattenfall und die Umsiedlung. Sie werden wohl als Letzte ihre alte Heimat verlassen. Die Dorfgemeinschaft ist in alle Winde zerstreut, nach Regis-Breitingen, Hagenest, Ramsdorf oder Frohburg. Sie hat sich gegen einen neuen gemeinsamen Standort, gegen ein neu erbautes Dorf, entschieden. Der Security-Mann mahnt, leerstehende Gehöfte wegen der Einsturzgefahr nicht zu betreten. Als ich ihm erzähle, dass ich mir in Spanien für 200 000 Euro ein verlassenes Dorf kaufen und dort Pferdezucht oder Töpferkurse betreiben könnte, lacht er.

Ich laufe zur Taborkirche. Der Friedhof ist eine Baustelle. Die Gräber wurden vor kurzem nach Breitingen umgebettet. Das Gotteshaus ist entsegnet und wartet auf den Abriss. Doch zuvor werden die Archäologen hier, im »Tagebauvorfeld«, Siedlungsspuren sichern. Auf dem Anger stehen sich David und Goliath – ein wehrhafter Zwerg und ein mächtiger Riese – im Duell gegenüber. Die Skulpturengruppe, 1996 von Bündnis 90/Die Grünen (Leipzig) gespendet, ist für die Heuersdorfer ein sichtbares Symbol für ihren streitbaren, widerspenstigen Dialog. Sie wählten dafür den Ausspruch des engagierten Agrartechnikers und Weltreisenden Max Eyth: »Wer nicht manchmal das Unmögliche wagt, wird das Mögliche nie erreichen« und schrieben ihn auf ein Schild, das sie sichtbar am Anger anbrachten. Seit 1989 wehren sich die Heuersdorfer gegen die drohende Zerstörung ihres Lebensraumes. Es vergehen Jahre voller Hoffnung und Zweifel, begleitet von kleinen Siegen und bedrückenden Niederlagen. Eine Umsiedlung sei für die Heuersdorfer nur möglich, »wenn die energiepolitische Notwendigkeit nachgewiesen ist und ein Umsiedlungskonzept vorliegt, das eine ihren Interessen entsprechende Umsiedlung gewährleistet«, heißt es 1994 in einer Entschließung. 1995 unterzeichneten die Mibrag und der Freistaat Sachsen den Heuersdorf-Vertrag, der die sozialverträgliche Umsiedlung beschließt. Die Heuersdorfer verweigerten ihre Unterschrift und reichten Klage ein. Im Jahr 2000 erklärte das Sächsische Verfassungsgericht den Heuersdorf-Vertrag wegen Formfehlern für ungültig. 2004 wurde ein neues, das zweite Heuersdorf-Gesetz beschlossen. Die erneute Klage der Heuersdorfer wurde 2005 von den Verfassungsrichtern abgewiesen. Damit stand der geplanten Abbaggerung des Ortes, in dem nur noch an die 100 Menschen leben, nichts mehr im Wege.

II

Ich denke an die bewegenden Erinnerungen der von mir befragten Zeitzeugen in der Ronneburger Region, darunter auch ehemalige Bergleute der SDAG Wismut. Als ihre Dörfer Tagebauen, Schachtanlagen, Halden und Schlammteichen weichen mussten, gab es wegen der Geheimhaltungsstrategie im ostdeutschen Uranerzbergbau nur bedingt gesetzliche Einspruchsmöglichkeiten, meist gegen die geschätzte Höhe der Entschädigungen. Wer sich wehrte, hatte mit ernsthaften Konsequenzen zu rechnen.

Ein breiter öffentlicher Protest gegen Zwangsaussiedlungen im Braunkohlenrevier, wie er sich nach der politischen Wende ab 1990 in der Lausitz oder in Brandenburg entwickelte, mit Bürgerbegehren, Aktionen bis hin zu bestmöglichen Abfindungssummen, war in der zentralistisch regierten DDR, dem weltweit drittgrößten Uranproduzenten, unmöglich. Über die Devastierung der Braunkohle-Dörfer wusste die Bevölkerung weit über die betroffenen Regionen hinaus Bescheid, während die Themen »Uran« und »Wismut« bis 1990 in der Öffentlichkeit weitgehend tabu blieben, abgesehen von Aktivitäten der DDR-Friedens- und Umweltbewegung seit den achtziger Jahren mit Michael Beleites an der Spitze, der im Untergrund seine Dokumentation *Pechblende – Der Uranbergbau in der DDR und seine Folgen* veröffentlichte.

Im Sommer 2006 konnte ich noch nicht ahnen, wie viel Zeit und Energie meine Spurensuche in Anspruch nehmen würde. Ein Gespräch mit Dr. Rainer Hausigk aus Gera wirkte wie eine Initialzündung. Der Geophysiker, über dreißig Jahre bei der SDAG Wismut tätig, erzählte mir über die Initiativen des 2005 gegründeten Vereins für den Bau einer Gedächtniskapelle in der Neuen Landschaft bei Ronneburg. Dort, wo einstmals das Dorf Schmirchau gestanden hatte, sollte mit dem Neubau, geplant als Begleitprojekt der Bundesgartenschau 2007, an die verschwundenen Dörfer im Ostthüringer Wismut-Gebiet erinnert werden. Im Laufe unserer Diskussion nahm die Idee vage Gestalt an, ehemalige Bewohner der Dörfer über ihr teilweise kleinbäuerlich geprägtes Leben, über die Erfahrungen mit der zerstörten Landschaft, mit Umsiedlung, Heimatverlust und Neuanfang zu befragen.

Kurz darauf traf ich auf alte Menschen, die froh waren, sich endlich mitteilen zu können. Sie hatten gewartet, dass da jemand kommt und ihnen zuhört. Viel zu lange hatten sie geschwiegen, weil ihre Geschichten in der DDR nicht erwünscht waren, weil sie niemand hören wollte und aufschrieb. Sie, die letzten noch lebenden Zeugen, inzwischen 70, 80 Jahre alt, wissen, wie begrenzt die ihnen noch verbleibende Lebenszeit ist. Sie möchten, sofern sie gesundheitlich noch dazu in der Lage sind, den nächsten Generationen Bewahrenswertes über ihre Vergangenheit mitteilen und auch inneren Frieden finden. Einige Zeitzeugen verstarben bereits, wie Annita Meyer aus Katzendorf. Die 77-Jährige konnte mir nur einen Bruchteil ihrer Erinnerungen mitteilen und das schriftliche Ergebnis unserer Begegnungen nicht mehr zur Kenntnis nehmen. »Es ist bereits drei Minuten vor zwölf.« Diesen Satz hörte ich oft. Andere vertraten die Ansicht, die alten Geschichten lieber ruhen zu lassen. Sie meinten, die »Russen« könnten ja wiederkommen, um hier das letzte Uran aus der Erde zu kratzen. Außerdem würden täglich auf der Welt Dörfer aus ökonomischen Erwägungen aufgegeben und abgesiedelt. Sie nannten mir als Beispiele den Drei-Schluchten-Staudamm am Jangtse, wo bis zu zwei Millionen Menschen umgesiedelt wurden, und das rheinische Braunkohlenrevier, wo dem RWE-Power-Tagebau Garzweiler II in den nächsten Jahren zwölf Dörfer weichen müssen. Dort lagert der fossile Brennstoff in einer Tiefe von bis zu 200 Metern. Von Garzweiler II wird ein 185 Meter tiefes Restloch bleiben, dessen Dimensionen an die des ehemaligen Uranerztagebaus Lichtenberg erinnern. Projekte menschlicher Gigantomanie, die angesichts des immer schneller voranschreitenden Klimawandels eigentlich nicht mehr zu vertreten sind.

Das sehen manche meiner Zeitzeugen ebenso. Aus ihrem Langzeitgedächtnis tauchten im Gespräch verschüttete Wahrnehmungen auf vom Leben im Dorf, den Häusern, Nachbarn und vor allem aus der Kindheit – ein Stück Identität. Bis heute verbindet diese Menschen trotz oft verklärten historischen Wissens und abstrakter Ansichten eine gemeinsame Grundstimmung, die auf traumatisches Erleben verweist – den nicht mehr umkehrbaren Heimatverlust. Gerade deshalb ist ihre mündliche, ganz von innen erzählte Rede auch Vergangenheitsbewältigung.

Ein Tagebuch über den Ablauf der Umsiedlung hat vermutlich niemand geführt, und auf erhaltene Ortschroniken stieß ich selten. Nur wenige Zeitzeugen besitzen noch originale Dokumente oder Belege etwa über den Verkauf ihrer Grundstücke und Häuser. Fotos sind die kostbarsten Zeugnisse der Vergangenheit. Weil das Fotografieren im militärisch gesperrten »Atomstaat« grundsätzlich verboten war, gibt es nur wenige oder gar keine Bilder aus den letzten Stunden der Dörfer. Eine Ausnahme bildet Culmitzsch.

Unmittelbaren Zugang zur Geschichte boten verschiedene Archive; allerdings stieß ich besonders bei der Rekonstruktion der Devastierung von Sorge und Katzendorf auf eine dürftige Aktenlage. Die Lücken konnte auch das Wismut-Archiv bisher nicht schließen. Vielleicht finden Historiker etwa von der Technischen Universität Chemnitz in ihrem aktuellen Forschungsprojekt noch wichtige, bislang unentdeckte Quellen in Moskau, Berlin und Chemnitz. Auch die Suche in den Beständen der Birthler-Behörde blieb erfolglos.

Für jedes der von mir beschriebenen verschwundenen Dörfer wählte ich einen Zeitzeugen, dessen Einzelschicksal exemplarisch für die ganze Dorfgemeinschaft stehen könnte. Kinder und Enkel reagierten unterschiedlich. Während mir einige von ihnen Bruchstücke mitteilen konnten, hielt sich die Überzahl mit Antworten zurück, weil sie nach dem Abriss der Dörfer meist an anderem Ort geboren wurden, nichts mehr über die alte Heimat ihrer Eltern, Groß- und Urgroßeltern wissen oder sich (noch) nicht für dieses Kapitel der Familienvergangenheit interessieren.

Was gewesen, ist vergangen, doch nicht für die Alten, die bis heute den Verlust ihrer Heimat nicht verwinden konnten und ihrer Trauer emphatisch Ausdruck verleihen. Zugleich stehen ihre Biografien als Zeugnisse für 40 Jahre DDR und 20 Jahre im wiedervereinigten Deutschland.

III

Als ich 1979 nach Gera zog, waren die Dörfer im Greizer Land – hier nahm das Wismut-Gebiet um Ronneburg rund 1670 Hektar ein – längst verschwunden. Fortan prägten die Spitzkegelhalden von Reust und Paitzdorf auch meinen östlichen Horizont. Wer dort lebte, bewohnte »müde Dörfer«. Ronneburg erschien mir damals oft grauer und trister als die Bezirkshauptstadt Gera. Wanderungen im Gessental führten durch einen herrlichen Bach- und Weidegrund. Das Bild wurde allerdings getrübt durch die weißen, auf dem Wasser schwimmenden Schaumflocken – sichtbares Zeichen für die Einleitung hochgiftiger Wismut-Abwässer. Ich erinnere mich an eine Tour mit meinem Fahrlehrer nach Ronneburg, im Winter 1993, als ich zum ersten Mal am Rand des Tagebaus Lichtenberg stand. Eine provisorisch aus frischem Holz gezimmerte Aussichtsplattform schwebte über der riesigen Grube. Es

Blick in das Tagebaurestloch Lichtenberg mit Bergwerk Schmirchau und Reuster Halden, 1991

war ein kalter, trüber Tag, nicht geeignet für einen Blick durchs Fernglas. Der heftige Wind zog mich wie ein unaufhaltsamer Mahlstrom näher an die schwarz-graue bodenlose Tiefe, in der bis 1976 Uranerz abgebaut worden war. Sie ähnelte einem riesigen Kraterloch, das seit drei Jahren mit Material der Gessener Laugungshalde verfüllt wurde. Die Konturen und Bewegungen von Kippern, die in dieser Tiefe Ameisen glichen, konnte ich in dieser aschefarbenen, verwitterten Masse nicht ausmachen, dafür aber den Verlauf zerfurchter, mit Birken bewachsener Strossen unterhalb der Anlagen des Bergbaubetriebs Schmirchau. Nur wenige Minuten dauerte der Blick in das ehemals größte Tagebaurestloch Europas, das 1990 nach Verkippungen aus umliegenden Schächten statt 240 nur noch eine Tiefe von 160 Metern hatte. Dann tauchte der Sicherheitsdienst auf und verwies uns vom Gelände.

Im Januar 2007, einige Monate vor der Eröffnung der Bundesgartenschau, erlebte ich fast am gleichen Standort eine total veränderte Landschaft. Die Stelle, wo ich damals in den Abgrund geschaut hatte, war verschwunden. Den verfüllten Tagebau dominierte ein Aufschüttkörper, auf dessen Plateau in fast 400 Meter Höhe ich jetzt stand. Hier oben, auf der künstlichen Schmirchauer Höhe, tobte der Wind – die ersten Anzeichen vom Sturmtief Kyrill. Mir flog fast der gelbe Schutzhelm vom Kopf. Krampfhaft musste ich meine Kamera festhalten, um wenigstens einige verwackelte Bilder aufzunehmen. In Schräglage auf unsicheren Füßen, die in Gummistiefeln steckten, überblickte ich zum ersten Mal das zukünftige Gelände der Bundesgartenschau. »Hier, wo Sie jetzt stehen, war mal Schmirchau«, erklärte mein Begleiter Klaus Hinke vom Bergbautraditionsverein Wismut.

Es war ein eigenartiges Gefühl, auf diesem Berg zu stehen und unter sich, irgendwo in der Tiefe, im ehemaligen Tagebau, die Trümmer eines Dorfes zu wissen. Reste verschütteter Geschichte. Ich dachte an das schwarze Loch, aus dem 160 Millionen Kubikmeter Bergemasse gefördert worden waren. Unvorstellbare Mengen, die 12 670 Tonnen Uran enthielten. Ein Teil des Wismut-Urans für Moskau, für die Herstellung sowjetischer Atomwaffen und für die Kernenergie. Das darf trotz der »blühenden Landschaften« rund um Ronneburg oder im sächsischen Bad Schlema nicht vergessen werden. Wie viel Uran aus der DDR mag heute noch in Atomsilos lagern? UNO-Vertreter sprechen von 27 000 atomaren Sprengköpfen weltweit, während des Kalten Krieges belief sich die Zahl auf etwa 60 000.

Während der Bundesgartenschau erhielten die Gestalter der »Neuen Landschaft« Ronneburg den Thüringer Landschaftsarchitekturpreis. Die Presse schrieb: »Eine Landschaft geheilt«. Stimmt das? Was geschieht über und unter Tage, in den bedeckten, verschlossenen »Sarkophagen«, in denen radioaktive Last schlummert? Sind sie sicher für die Zukunft, für unsere Nachkommen? Es ist nichts mehr sichtbar, aber alles ist noch vorhanden im Kreislauf der Erde, denn in ihm, auch das vergisst der Mensch gern, geht nichts verloren.

Gegen das ehemalige Tagebaurestloch von Lichtenberg kamen mir die Tagebaue in der sächsischen Braunkohle offener und überschaubarer vor. 1977 fuhr ich per Mitfahrerlaubnis des VEB Braunkohlenkombinat Regis auf einer Elektrolok der Werkbahn, beladen mit Abraum, durch den Tagebau Schleenhain, kurz »Schlee« genannt, lief einsam unter verrußtem Himmel auf der Landstraße von Regis-Breitingen bis zur rauchenden Brikettfabrik Deutzen oder besuchte Lucie Posenenske, die Stellwerkerin, zu Hause in Breunsdorf, dem Nachbarort von Heuersdorf. Das Schicksal dieses kleinen Straßendorfes war, was ich damals nicht wusste, schon längst besiegelt. Ab 1989 wurden die Bewohner, viele von ihnen in der Braunkohle beschäftigt, umgesiedelt. 1994/95 verschwand das fast 700 Jahre alte, durch frühere Auflassungen benachbarter Orte gewachsene Dorf, in dem Archäologen vor der Devastierung erstmals, ähnlich wie jetzt in Heuersdorf, Siedlungsreste aus dem Mittelalter freilegen und erfassen konnten.

Im sterbenden Heuersdorf schlage ich Wurzeln, bewege mich im Areal meiner Erinnerungen wie in einem Zeitspeicher. Hier kann ich ahnen, was es bedeutet, mit der Familie Abschied nehmen zu müssen vom alten Pleiße-Bauernland mit seinen Auen, den letzten Obstbäumen und alten Kopfweiden, von Haus, Garten und Scheunen, vom Kaninchenstall und der bemoosten Friedhofsmauer. Vier Jahre ist es her, seit mir ein Stückchen Heimat verlorenging durch den Abriss des Neubaublocks in Gera, in dem ich seit über 20 Jahren, zuletzt mit zwei anderen Familien, gewohnt hatte. »Stadtumbau-Ost« heißt die Zauberformel gegen den Wohnungsleerstand – ein Bund-Länder-Programm zur Stadtbauförderung. Statt Sanierung oder Rückbau wurde in meinem Fall der Abriss vollzogen. Dank »Umzugsmanagement« fand ich eine andere, passende Wohnung. Von meinem Haus ist eine Lücke im Stadtbild geblieben, an die ich mich nicht gewöhnen kann. Bis heute habe ich diesen einschneidenden Verlust nicht verwunden. Vielleicht ergeht es meinen ehemaligen Nachbarn ebenso. Vor allem das Gefühl der Ohnmacht, nichts gegen das Unabwendbare tun zu können, hielt lange an. Ich denke oft an dieses Haus, in dem ich so gerne wohnte, mitten im Zentrum der Stadt, nahe dem Geraer Markt mit dem Simsonbrunnen. Auch dieses Erlebnis hat mich motiviert, über die verschwundenen Dörfer zu schreiben, wobei ein Text über Gauern noch aussteht.

Angemerkt sei an dieser Stelle: Für eine Darstellung der Geschichte der Wismut, des Uranerzbergbaus oder eine Analyse der Sanierung seiner Hinterlassenschaften bin ich nicht die geeignete Autorin. Deshalb verweise ich besonders auf Rainer Karlsch, den ausgewiesenen Wirtschaftshistoriker, und sein Buch *Uran für*

Moskau. Die Wismut – Eine populäre Geschichte, das mir oft nützliche Dienste leistete, auch mit Informationen über Johanngeorgenstadt im Erzgebirge. Hier förderten Bergleute bereits vor der Gründung der Sowjetischen Aktiengesellschaft (SAG) Wismut 1946 die erste Pechblende aus dem Waldgebirge. Wegen der entstandenen Bergschäden musste ab 1953 fast die gesamte Altstadt abgerissen werden. Über 3000 Bewohner wurden umgesiedelt. Gleiches widerfuhr auch dem nahen Oberschlema, wo über 300 Häuser verschwanden. Davon waren über 1000 Menschen betroffen. Im Gebiet um Ronneburg und Berga waren es an die 1900. Johanngeorgenstadt ist heute eine Stadt ohne Charakter. Wo sich einst der Marktplatz mit dem Rathaus befand, wächst monotoner Fichtenwald. Rund um die Altstadtkirche, das einzige historische Gebäude, das nicht abgerissen wurde, finden sich noch ein paar alte Wohnhäuser. Ich habe Johanngeorgenstadt besucht und als sterbende Stadt, als Teilwüstung erlebt, wohl für immer gezeichnet von den Folgen bergbaulicher Tätigkeit. Die Einwohnerzahl schwindet zusehends. In den frühen Jahren der Wismut lebten hier 45 000 Menschen, jetzt sind es knapp 5000. Längst hat das ehemalige Kulturhaus »Karl Marx« im Stadtteil Neustadt, der ersten »sozialistischen Stadt« in der DDR, in dem die Bevölkerung ihre Feste feierte, seinen Glanz verloren und harrt mit vermauerten Fenstern und Türen wohl auf den Abriss.

In Heuersdorf zieren Weihnachtssterne die noch bewohnten Häuser. Eine einsame Katze streicht umher, ein Hund bellt. Die Bagger rumoren und bewegen sich hinter Ruinen und Bergen von Bauschutt langsam vorwärts. Für die Heuersdorfer ist dieser Zustand nichts Neues. Ihre Vorfahren lebten schon mit Tagebau und Halden, seit um 1900 die ersten Gruben, Braunkohlewerke und Brikettfabriken im Südraum Leipzig entstanden waren. Der Bergbau bedingte den Abriss vieler Dörfer, auch in Mitteldeutschland. Für die Heuersdorfer war es die unmittelbare Nachbarschaft, die verschwand, mit Schleenhain und Droßdorf, zu DDR-Zeiten überbaggert. Bewohner dieser beiden Orte zogen auch nach Heuersdorf. Hier finde ich wieder Parallelen zu »meinen« Dörfern in Ostthüringen, die gar nicht so weit vom Bornaer Braunkohlerevier entfernt lagen. Als Schmirchau verschwand, zogen seine Bewohner auch nach Gessen und Lichtenberg und mussten diese

Orte Jahre später wegen der intensiv erschlossenen Uranlagerstätten wieder verlassen. In Heuersdorf rüsten sich die letzten Familien für den Abschied. Der Platzwart sondiert den noch nicht gesperrten Fußballplatz. Am Nachmittag findet das letzte Spiel statt. SV Heuersdorf 1920 spielt gegen SV Groitzsch 1861. »Wer wird gewinnen?«, frage ich den Platzwart, der drüben am Anger wohnt. »Wir, das ist doch klar!« Er behält recht. Heuersdorf siegt 5:1. Das letzte Spiel für einen Verein ohne Zukunft.

Wieder in Gera, erfahre ich, dass die weitere Sanierung der Wismut-Altlasten in Thüringen und Sachsen wegen technischer Schwierigkeiten noch bis ins Jahr 2020 dauern wird und mehr Kosten verursacht als geplant, wie Monate später die *Freie Presse* aus Chemnitz meldet. Traurig stimmt mich in diesem Moment, dass sich der Bau der bereits erwähnten Gedächtniskapelle in der »Neuen Landschaft« von Ronneburg verzögert, weil der Verein die nötigen 150 000 Euro nicht aufbringen kann. Der bundeseigenen Wismut GmbH, die mit 6,5 Milliarden Euro in Sachsen und Thüringen ihr weltweit einmaliges Sanierungsprogramm umsetzt, würde es gut anstehen, dieses Projekt zu fördern. Könnte sich daran nicht vielleicht auch ihr Tochterunternehmen Wisutec, das international »Bergwerke umweltgerecht und wirtschaftlich« verwahrt, beteiligen? Während ich darüber nachdenke, kommt mir wieder in den Sinn, welche Veränderungen der Landschaft rund um Ronneburg aufgebürdet werden. Wie es dort mit dem ehemaligen Bundesgartenschau-Gelände weitergeht, fragen sich viele Einheimische und ihre Gäste. Der auf 20 Hektar errichtete Mittelalter-Themenpark »Weltentor« sollte auf 45 Hektar erweitert werden, doch er war schon zur offiziellen Eröffnung im Juli 2009 pleite und musste Insolvenz anmelden. Das Personal wurde um die Hälfte reduziert, und der Rest von etwa 25 Mitarbeitern hat eine Auffanggesellschaft gegründet. Rund drei Millionen Euro sind in den Park investiert worden. Keine überwältigenden Besucherzahlen, trotz gesenkter Eintrittspreise und »Mitmachaktivitäten«. Der Parkbetrieb sollte bis Saisonende Anfang November 2009 dauern. Doch Mitte Oktober mussten die Mitarbeiter wegen Geldmangel das Handtuch werfen und die Anlage schließen. Was künftig auf diesem Teil des revitalisierten Bergbaugebiets geschieht, ist nun völlig offen. War es ein gutes Konzept, das

Mittelalter ins burgenreiche Thüringen zu holen? Ich könnte mir vorstellen, dass ein Handwerksmarkt, abgestimmt auf die Historie Ostthüringens, hier besser angesiedelt wäre als »Spannung, Spaß und jede Menge Fantasy«, wie es das Projekt »Weltentor« versprach.

Inzwischen unterstützt die Wismut GmbH den Bergbautraditionsverein finanziell bei der Verwirklichung des beachtlichen Zeitzeugniskonzepts »Vom Bergbau zur Sanierung«. Darin eingebunden ist die »Straße der Bergbau-Kultur« mit 39 Haltestellen, darunter zahlreiche »Raum-Zeit-Fenster«. Diese erinnern inzwischen an fast alle von mir beschriebenen rund um Ronneburg und Berga geschleiften Dörfer. Zum Beispiel steht das »Zeitfenster« von Sorge direkt an der Friedhofsmauer der markanten »Kirche ohne Dorf«. Von hier geht der Blick über die freie Fläche, wo sich ein Teil von Sorge befand, bis hinüber an die Fichthäuser. Zu Füßen der Erinnerungstafel liegt ein rundgeschliffener Sandsteinbrocken, ein Eiszeitfindling, der die gemeißelte Inschrift »Sorge-Settendorf« trägt. Einige der von mir befragten Zeitzeugen haben an der Einweihung dieser Erinnerungsorte teilgenommen, mit einem guten Gefühl, denn nun ist ihre Heimat fast am alten Ort wieder gegenwärtig. Und im Jahr 2010 wird auf dem Landschaftsbauwerk Schmirchauer Höhe auch Schmirchaus gedacht.

Symbolisch bekunde ich Solidarität mit den Kohledörfern in der Lausitz, sage »Abbaggern? Nein!« und verteile an Gleichgesinnte Aufkleber und Faltblätter des Volksbegehrens »Keine neuen Tagebaue. Für eine zukunftsfähige Energiepolitik«. Mitte Februar 2009 lese ich in der Tagespresse: Das Volksbegehren ist gescheitert. Für einen Erfolg wären 80 000 Unterschriften nötig gewesen; aber nur rund 25 000 wahlberechtigte Bürger gaben eine gültige Unterschrift ab. Fazit: Dem neuen Tagebau Jänschwalde-Nord werden ab 2030 die Dörfer Atterwasch, Grabko und Kerkwitz weichen müssen. 900 Bewohner werden umgesiedelt.

Im August 2009 besuche ich erneut den Leipziger Südraum. Heuersdorf ist fast vom Erdboden verschwunden. Die letzten Einwohner haben ihren Widerstand gegen die Umsiedlung aufgegeben und sind in neue Häuser oder Mietwohnungen gezogen. An das Doppeldorf erinnern vielleicht noch zehn, zwölf geräumte Gebäude im südlichen Areal, dazu ein paar Schuppen und Scheunen. Überall Spuren von Verwüstung. Abgedeckte Dächer, Berge von Schindeln, Schutt, Müll. Aufgelassene Höfe, hinter eingeschlagenen Fenstern Gardinenfetzen, demolierte Ställe und Zäune. An einer Hoftür hängen verdreckte Handtücher. Das alles überragt die Taborkirche, deren Frist nun endgültig abläuft. Das Abrissgelände wird durch Metallzäune und niedergetrampelte Absperrbänder gesichert. »Betreten verboten!«, warnt die Mibrag die Schaulustigen, die es fast täglich hierherzieht, sogar aus Ronneburg und Schmölln. Der Rand des riesigen Tagebauloches von Schleenhain wirkt wie eine alles verschlingende Kralle, die bald die Überbleibsel des trostlosen Dorfplatzes erreicht. Das Herrenhaus des Rittergutes steht auf öder Fläche. Verschwunden der Park, die Wiesenauen … Am Horizont hinterm Tagebau quellen die weißen Dampfsäulen vom Kraftwerk Lippendorf in den Himmel. Für mich heißt es endgültig Abschied nehmen von einem Dorf, das in Agonie liegt und das ich niemals mehr besuchen kann, weil es nicht mehr existiert.

Auf dem Weg zurück zum Auto begegnet mir ein älteres Ehepaar, ehemalige Heuersdorfer. Bis vor kurzem haben die beiden noch in einem der kleinen Doppelhäuser gewohnt, die in den dreißiger Jahren vorwiegend für in der Braunkohle Beschäftigte gebaut worden waren. »Wir wohnen jetzt in Regis-Breitingen, in der neuen Siedlung ›Am Wäldchen‹«, sagt der Mann. »Wir kommen dort nicht klar«, sagt die Frau. »Wir sind einfach zu alt für einen Neuanfang in neuer Gemeinschaft. Den Jüngeren fällt das leichter. Und die haben schon ihre Gärten hinterm Haus. Wir fahren so oft es geht hierher. Wir können keinen Abschied nehmen.« Ob auch ihr Haus in dem kürzlich erschienenen Buch *Heuersdorf. Geschichte und Abschied eines mitteldeutschen Dorfes* detailliert beschrieben wird, fällt mir nicht ein zu fragen. Dort heißt es im Vorwort von Dr. Peter Jantsch, »dass das Ende von Heuersdorf nicht das Ende der Zeit bedeutet. Das Leben für die Menschen geht weiter, auch wenn es jetzt anders ist.« Beruhigende Worte, aber wohl kaum ein Trost angesichts der für immer verlorenen Heimat, ob damals in Thüringen oder heute in Sachsen und anderswo.

Gera, im Herbst 2009

Johannes Weiser, im Hintergrund die Kirche von Sorge-Settendorf, 2007

Pechblende und Meerrettich

Sorge: Johannes Weiser nimmt Abschied von seinem Dorf

I

Pfingsten hat der Raps goldgelb geblüht, jetzt rascheln schwarze Körner in den papiernen Schoten. Zeit für den Direktdrusch. Das Feld drängt sich als stachliges Dickicht bis an den Weg, der um die Kirche und die Feldsteinmauer des Friedhofs von Sorge-Settendorf führt. Keine Sicht hinüber zum kleinen Wäldchen, hinter dem der Dreiseithof stand, in dem Johannes Weiser aufwuchs. »Ich konnte als Kind jeden Tag die Kirche sehen«, sagt er, »damals standen hier nur wenige Bäume.« Wir treffen uns nicht das erste Mal hier. Seit Längerem lässt mich Johannes Weiser seine verlorene Heimat entdecken und erinnert, welche Dörfer im nördlichen Vogtland und im südlichen Altenburger Land vor über vier, fünf Jahrzehnten dem Uranerzbergbau zum Opfer fielen oder teilweise abgerissen wurden: Sorge, Katzendorf, Schmirchau, Gessen, Lichtenberg, Culmitzsch. Nicht völlig verschwunden sind Gauern, Zwirtzschen, Friedmannsdorf und Trünzig.

Nach der Rapsernte wird der Blick frei sein für die Landschaft auf der Hochfläche des Ostthüringer Schiefergebirges, östlich der Weißen Elster. Der höchste Punkt misst 400 Meter. Hier steht einsam die Kirche von Sorge als prägende, weithin sichtbare Landmarke. Zwei Maurermeister aus Greiz und Tschirma namens Herold errichteten, unter Mithilfe eines Zimmermanns, 1739 das Gotteshaus.

Um die Kirche von Sorge rankt sich die Sage, das für den Bau benötigte Material sei wie von Zauberhand auf die Höhe gelangt. Ein paar Häuser sind geblieben: Ein Drittel der ehemaligen Streusiedlung schart sich weit hinterm Rapsfeld im Halbkreis, unmittelbar an der Grenze zum Freistaat Sachsen. Settendorf, auf 337 Meter Höhe, geht ein paar Steinwürfe entfernt zu Tal, Richtung Obergeißendorf. Beide Dörfer gehören als Ortsteil seit 1968 zu Teichwolframsdorf. Settendorf, vom sorbischen »settem« abgeleitet – ein Hinweis auf sieben Häuser –, ist knapp 100 Jahre älter als Sorge.

Das Dorf Sigibito wurde 1448 erstmals urkundlich erwähnt, Sorge 1555 mit dem Pferdefröner Andres Rott *uff der Sorg*. Später folgten Thomas Zader, Valten Lenhardt und Michael Somer. Weltgeschichte schrieben diese Dörfer nicht, sie erlebten aber bewegte Zeiten: Kriege, Hungersnöte, die Pest und andauernde Erbstreitigkeiten ihrer Herrschaften. Settendorf erregte einmal die Aufmerksamkeit der hohen Politik, als 1568 ein Fronstreit zwischen dem Bauern Georg Hempel und seinem Herrn Georg von Planitz auf Trünzig ausbrach. Auf der Prager Hochburg wurde der Fall verhandelt. Kaiser Maximilian II. höchstpersönlich verpflichtete Heinrich XV. aus dem Hause Reuß als Schlichter, ohne Erfolg. Der Bauer wurde für sein Aufbegehren im Stock gefesselt und starb an dieser Tortur.

Settendorf gehörte seit 1564 bis zur Abschaffung der Monarchie 1918 den reußischen Heinrichen, ältere Linie, in Greiz. Das östlich gelegene Sorge, mehrfach geteilt, unterstand ebenfalls den Reußen, dem Großherzogtum Sachsen-Weimar-Eisenach und dem nur ein paar hundert Meter entfernten Königreich Sachsen. Die Gutsblockflur Sorge entwickelte sich aus dem ehemaligen Culmitzscher Vorwerk. Sorge zählte mehr Bewohner und Häuser als Settendorf, eine Block- und Streifenflur. Ab 1625 wurden beide Orte unter ihrem Doppelnamen geführt. Die Volkszählung von 1811 ergab für beide Orte 30 Häuser, in denen 114 Menschen lebten. 1925 waren es 206, nach dem Krieg wurden hier im Jahr 1949 insgesamt 380 Bewohner registriert. 1949 betrug die Fläche der Streusiedlung 302 Hektar. 1915 vermeldete das *Fürstl. Reuß-Plauische Amts- und Verordnungsblatt* die recht ansehnlichen Ergebnisse einer Viehzählung: 35 Viehbesitzer hielten 23 Pferde, 164 Kühe, 365 Schweine, 75 Stück Jungvieh, 12 Bullen, Stiere und Ochsen, 34 Ziegen – und 1 Schaf.

»In Sorge hielten die Menschen zusammen. Jeder kannte jeden. Es brauchte keinen Grund für einen Besuch bei den Nachbarn. Alle halfen sich, bei der Ernte, beim Dreschen und Schlachten. Brände wurden gemeinsam gelöscht. Alle waren Selbstversorger, betrieben ihre kleine Landwirtschaft und noch ein Handwerk. Mit der Eröffnung der Eisenbahnlinien Gera – Weischlitz 1875

Historische Postkarte von Sorge, »Gasthof zu den 3 Grenzen«

und Wünschendorf–Werdau 1876 wurde Sorge-Settendorf zum beliebten Ausflugsziel. Es gab drei Gaststätten, zwei hatten Tanzsäle. Die Freizeit verbrachte man in vier Turnvereinen, je einer für Frauen, Männer, Jungen und Mädchen. Im Ortskern hatten sich Schmied, Bäcker, Korbmacher und Glaser angesiedelt. Der Bürgermeister übte mehrere Posten aus, war Standesbeamter, Gemeindevorstand und Fleischbeschauer. Das Abfischen der Teiche, das Vogelschießen und die Feste der Turnvereine waren jährliche Höhepunkte. Ich habe hier eine schöne Kindheit verlebt. Bis die Wismut kam.«

Johannes Weiser erinnert sich mit Wehmut an sein Dorf. Damit ihn sein Gedächtnis nicht täuschen kann, hat er vor einigen Jahren seine Tätigkeit als Chronist in eigener Sache begonnen. Alle 21 Häuser des Ortskerns, die 1951 abgerissen wurden, übertrug er auf eine Karte und versah sie mit Nummern. Nach unserer ersten gemeinsamen Ortsbesichtigung bei stürmischem Regenwetter im Herbst 2006 schenkte er mir Lageskizze und Tabelle. Von Himmelfahrt bis Ende September 2007 war er jedes Wochenende, Sonnabend und Sonntag, hier oben, öffnete für acht Stunden die Kirche und zeigte eine kleine Ausstellung. Über 200 Fotos hat er aufgestöbert, in eigenen Alben, bei ehemaligen Bewohnern und

Nachbarn. Er fuhr nach Erfurt, hat im Landesamt für Vermessung historische Luftaufnahmen entdeckt, die den Zustand der Landschaft von 1945, 1953 und 1983 dokumentieren.

Johannes Weiser lässt das Dorf visuell auferstehen. Blaue Farbe markiert die Gasthöfe, gelbe die Wohnanlagen nebst Stallungen und Nebengelass. In der Spalte neben der laufenden Nummerierung stehen die Namen der letzten Besitzer und deren Vorbesitzer. Nummer eins ist der elterliche Hof Willy Weiser, hier lebte auch der Großvater August, Feldhausbesitzer und Zimmermann. Der Weisersche Hof mit Teich und tief geneigter Bruchweide lag abgeschieden im Winkel zweier Straßen. Sie führten nach Großkundorf und Obergeißendorf. In direkter Nachbarschaft betrieb Kurt Schumann den Gasthof Sorge-Settendorf und handelte mit Vieh. Der Gasthof besaß schon um 1910 Telefonanschluss. In der Umgebung sprach es sich herum, dass hier »'ne hübsche Wirtstochter« anzutreffen sei. Vor dem Anwesen stand eine prächtige Kastanie. Hier verlief die Straße mitten durch den Ort nach Katzendorf oder Kleinreinsdorf – ein Ort, der Mitte des 18. Jahrhunderts seine Blütezeit im Erz- und Silberabbau erlebt hatte. Von dieser Straße ist heute nur ein »Stummelstück« übrig.

In nächster Nachbarschaft zu den Weisers wohnten der Landwirt Paul Schumann und Frieda Stecher, eine Fabrikarbeiterin. Ziffer Fünf erinnert an das Haus von Milda Hartmann, die ebenfalls in einer Fabrik arbeitete. Hier wohnte auch Louis Uhlemann, Korbflechter und Besenmacher, mit seiner Tochter. Franz Stecher lebte im Haus Nummer sechs. Der aktive Sportler organisierte Feste, versah das Amt des Kirchendieners und Glöckners. Als er sein Anwesen verlassen musste, grub er seinen zehn Jahre alten Walnussbaum aus dem Erdreich, transportierte ihn mit dem Handwagen mühsam hinüber nach Zahderlehde und setzte ihn beim Sohn in den Garten. Über die Jahrzehnte ist Juglans regia hier zu einem stattlichen Laubgehölz herangewachsen. Heute freut sich der Nachkomme Helmut Hans, früher Busfahrer bei der Wismut, über die herrlichen Früchte, die er auch in der Nachbarschaft verteilt.

Mitten im Dorf, gegenüber der Kirche, war das Anwesen von Helmut Böttger, ein schönes Fachwerkhaus am Teich. Schräg gegenüber wohnte im Gemeindehaus Max Wagner. Gleich daneben

Das Gasthaus Sorge-Settendorf, historische Postkarte

verkaufte Helmut Oschatz Molkereiwaren der Bäuerin Minna Scheffel. Das mit der Zehn bezeichnete Gebäude war Heimstatt von Rentner Hermann Schramm. Diese Häuser lagen alle an der Straße nach Kleinreinsdorf. Hinter Schramm wohnte Willy Barth, der mehrere Pferde besaß, wie den schwarzen Hengst Hans, in Lohnarbeit fuhrwerkte und Brautpaare zur Hochzeit kutschierte. Die Nummern zwölf, dreizehn und vierzehn standen etwas östlicher. Zuerst der Gasthof »Zu den drei Grenzen« von Edwin Rohleder, der später in Reinsdorf bei Greiz in seine Wirtsstube »Zur schönen Aussicht« einlud. »Der Name dieses Gasthofes spielte auf die verschiedenen Grenzen an, die uns umgaben«, ergänzt Johannes Weiser. »Wir gehörten mal zu Sachsen, mal zu Thüringen, mal zum Volksstaat Reuß und dann endgültig zu Thüringen.« Sein Fuhrgeschäft baute Alfred Förster nach 1945 auf, in Nachbarschaft zu Werner Martin, einem Büroangestellten. Unter den Nummern fünfzehn bis achtzehn notierte Johannes Weiser die Namen Robert Händel, Martin Bräunlich, Ernst Strobel, Paul Neudeck, die als Fabrikarbeiter, Bauer und Tischler tätig waren. Die Neunzehn war Max Herold, Gastwirt mit Bäckerladen im

»Heiterblick«. Die letzten markierten Standorte erinnern an den Schmied Herbert Bürger, der nebenbei noch Lebensmittel verkaufte, und an Richard Prager, Bauer und Vorsitzender der Freiwilligen Feuerwehr.

II

Johannes Weiser erzählt: »Ich wurde am 10. Mai 1933 in Sorge geboren als jüngstes von vier Geschwistern. Meine Stiefschwester Irmgard ist neun Jahre älter als ich und wohnt in Kleinreinsdorf. Mein Stiefbruder Gerhard ist sieben Jahre älter und lebt bei Düsseldorf. Jutta, sie ist in Leipzig ansässig, ist ein Jahr älter. Ich wurde in der Kirche von Sorge getauft und konfirmiert. Mein Urgroßvater Johann Georg Weiser stammte aus Wildetaube, das liegt zwischen Weida und Greiz. Seine Verlobte stammte aus Sorge. Nach der Heirat baute er den Hof, der noch zur Flur von Settendorf gehörte. Meine Vorfahren väterlicherseits waren Schafhüter. Meine Mutter Ella stammte aus Waltersdorf. Das ist hier gleich um die Ecke. Ihr Schwager Max Steiner betrieb die Steinermühle Rüßdorf an der Weißen Elster. Mein Vater Willy war Landwirt, ebenfalls Zimmermann und trug Post und Zeitungen aus, manchmal half ich dabei mit. Wir lebten als Selbstversorger in einer Großfamilie, bewirtschafteten Pachtland und besaßen drei Kühe, vier Schweine, Gänse, Hühner, Enten, Trut- und Perlhühner, Ziegen, Schafe und zwei Katzen. Mein Großvater August – er hatte acht Kinder – war immer um die Familie besorgt. Mit Hacke und Schaufel grub er am Haus einen Brunnen, acht Meter tief. Er wusste nicht, dass die Wasserader durch radioaktives Uran führte.

Wir Kinder haben am Finkenbach gespielt oder am Geißbach, junge Karpfen und Schleie gefangen und sie im eigenen Teich vorm Hof ausgesetzt. Der Teich war ursprünglich ausgehoben worden, um Lehm für den Hausbau zu gewinnen. Bei uns gab es nicht viele Kinder. In der Streusiedlung mussten wir weite Wege gehen, um Schulkameraden zu treffen. Deshalb war ich mit meinen Geschwistern oft allein. Ich habe gern gebastelt, mit der Laubsäge gearbeitet und Modellflugzeuge gebaut. Angeln und die Ziegen anspannen gehörten zu meinen liebsten Beschäftigungen. Ich baute mein

Das Gehöft der Familie Weiser in Sorge

Spielzeug selbst und auch praktische Dinge, eine Weihnachtskrippe und eine Blumenbank. Beides gibt es noch immer. Gleichaltrige Schulfreunde hatte ich nicht, weil es die im Dorf nicht gab. Die Freizeit war eingeschränkt, wir mussten beim Grasmähen helfen, die Kühe und Gänse hüten, Futter fürs Vieh holen. Ich habe das Mähen von den Eltern gelernt. Meine Mutter konnte besser mähen als ich. Während meiner ganzen Kindheit bin ich nicht viel herumgekommen. Ich war mal in Greiz, in Neumühle und mit der Schulklasse auf der ›Mücke‹, eine Waldgaststätte nördlich von Culmitzsch. Warum die so hieß, weiß ich nicht. Vielleicht, weil es dort Mücken gab. Drüben in Katzendorf war ich oft, auch mit meiner Schulklasse. Wir rupften Flachs, und unser Lehrer Bernhard Seidel half uns dabei.

Mein Dorf war ein ruhiges Dorf. Zum Vogelschießen wurde ein kleiner Rummelplatz aufgebaut mit Karussell. Während des Krieges fuhr ein Auto die Gegend ab und zeigte die *Wochenschau*. Die Kirche war der Mittelpunkt. In alten Zeiten kam der Pfarrer von Culmitzsch herauf. Heute ist es der Pfarrer aus Teichwolframsdorf. Unsere Familie ging sonntags zum Gottesdienst. Mit dem Glauben haben wir es nicht übertrieben. Zu Hause wurde nicht gebetet. Die Bibel gehörte allerdings zu den wenigen Büchern im Haus. Lesen war nicht wichtig, dafür reichte die Zeit auch nicht. Ich habe kaum ein Buch richtig ausgelesen. Ein Feldweg führte von unserem Gehöft direkt zur Kirche hinüber. Vorm Gottesdienst kam das Vorläuten, dann das Hauptläuten. Ich musste meinen Großvater stets begleiten. Er lief mit Gehstock. Der Großvater starb 1939 im Alter von 89 Jahren. Er wurde in unserer Scheune aufgebahrt. Die Leichenfrau wusch den Toten, sargte ihn ein und legte Brot auf seine Brust, damit die Mäuse nicht die Totenruhe störten. Das war bei uns kein Brauch, sondern eine Vorsichtsmaßnahme. Am nächsten Morgen versammelte sich die Trauergemeinde, alle im Dorf nahmen Anteil. Dann setzte sich der Leichenzug in Bewegung. Für den Großvater gab es eine würdige Feier in der Kirche, die auch daran erinnerte, dass er hier 1906 als Zimmermann gearbeitet, ein neues Gestühl auf die Emporen gesetzt und Bretter für den Fußboden gefügt hatte. Wir Kinder haben die Hand vom Großvater noch mal gestreichelt. Wenn jemand im Dorf starb, brachten wir einen Kranz. Wir haben viele Gestorbene gesehen. Das war nichts Besonderes.

Im Dorf herrschte der Spruch: ›Haste was, biste was – biste was, kannste was.‹ Richtig reich geworden ist hier niemand, trotz der roten Erde, die sehr fruchtbar war. Hier wuchsen die Kartoffeln besonders gut. Unsere Kühe, die auch im Gespann gingen, gaben die meiste Milch. Bei uns wurde gebuttert, Sauerkraut eingelegt, Brot gebacken. Im Frühjahr und im Herbst schlachtete der Vater ein Schwein.

Ostern 1939 wurde ich eingeschult. In Großkundorf gab es nur die einklassige Schule. Wir waren dort 52 Kinder. Mein Bruder saß auf der letzten Bank, ich ganz vorn auf der ersten. Mal hatten wir zusammen Unterricht, mal gingen die Älteren zuerst, mal die Jüngeren. Wir besuchten auch die methodistische Sonntagsschule, die von Ernst Zeuner geleitet wurde. Es gab zwei Familien dieses Glaubens bei uns. Ein Auswanderer aus Waltersdorf, er hieß Scheffel, brachte den Glauben bei seiner Rückkehr aus den USA mit. Wir lernten in der Sonntagsschule Lieder und Gedichte, suchten Ostern nach versteckten Eiern. Das Haus steht heute noch, gehört zu den Fichthäusern. Weil die Lehrer im Krieg waren, ging ich nach Waltersdorf in den Unterricht. Sorge-Settendorf verfügte über keine Schule.

Mein Vater hatte den Ersten Weltkrieg mit Kriegsgefangen-

Johannes Weiser mit Ziegen, 1944/45

schaft in Tunesien überlebt und musste nun wieder eine Uniform anziehen für den Volkssturm. Die Amerikaner kamen am 16. April 1945 ins Dorf, gut zwei Monate später, am 1. Juli, die Russen. In Kleinreinsdorf ging es zuerst mit der Schule wieder los. Da bin ich hin, wollte nicht viel versäumen. Dann wieder nach Großkundorf und darauf in die Zentralschule nach Waltersdorf. Dort habe ich die 8. Klasse beendet. 1947 wurde ich konfirmiert. Ich trug kurze Hosen, weil der Stoff nicht mehr reichte, ein gebrauchtes Jackett, einen Hut und Lederhandschuhe. In Berga bei der Firma Linzner lernte ich Zimmermann, weil ich immer mit dem Handwerk zu tun hatte. Ich konnte schon als kleiner Junge mit dem Hobel umgehen.«

III

Was verbirgt sich hinter dem Namen »Wismut«? Warum wurde 1945 unter strengster Geheimhaltung in alten Bergbaurevieren in Sachsen, Sachsen-Anhalt, Thüringen, auch im Harz und in der Lausitz nach Uranvorkommen gesucht? Diesen und anderen Fragen soll an dieser Stelle mit einigen wissenswerten Fakten und Daten nachgegangen werden. Ein Abriss der Wismut-Geschichte kann hier aus Platzgründen nicht gegeben werden. Wie umfangreich sich dieses Kapitel Nachkriegs- und DDR-Geschichte liest, zeigt zum Beispiel die *Chronik der Wismut* mit einem Umfang von über 2700 Seiten.

Begonnen hat alles mit der Blütezeit des sächsischen Bergbaus in der Mitte des 12. Jahrhunderts. Die Bergleute stießen dort nicht nur auf reiche Vorkommen von Silber, Zinn, Wismut und Kobalt. Sie entdeckten auch ein Erz von pechartigem Glanz, dem sie den Namen »Pechblende« gaben. Das für die Verhüttung wertlose Mineral untersuchte 1789 Martin Heinrich Klaproth genauer und entdeckte dabei ein strahlendes Element. Der Chemiker gab ihm den Namen Uranit, nach dem damals gerade entdeckten Planeten Uranus. Das wulstige, mit Blasen durchsetzte Uranit wurde in der Glas- und Porzellanherstellung als Färbemittel eingesetzt. Hundert Jahre später, 1896, entdeckte der französische Physiker Antoine Henri Becquerel die Radioaktivität. Darauf stützte das Physiker-Ehepaar Marie und Pierre Curie seine Forschungen und stieß 1898 bei den Versuchen mit der Pechblende, heute Uraninit genannt, auf das radioaktive Element Radium. Damit war der Weg frei für die wirtschaftliche Nutzung der Strahlenquelle, vor allem in der Medizin, wobei die radonhaltigen Mineralquellen, beispielsweise im Erzgebirge und in Thüringen, hier in Ronneburg, wegen ihrer therapeutischen Wirksamkeit schon mehrere Hundert Jahre genutzt worden waren. 1938 entdeckten die deutschen Chemiker Otto Hahn und Fritz Strassmann zufällig bei ihren Versuchen im Laboratorium des Kaiser-Wilhelm-Institutes in Berlin-Dahlem die Kernspaltung. Sie legten damit den Grundstein für die Entwicklung der Kernenergie, aber auch für den Bau von Atomwaffen.

Einen Tag vor Beginn der Potsdamer Konferenz, am 16. Juli 1945, zündeten die Amerikaner die erste Atombombe in der Nähe von Los Alamos, und nur wenige Wochen später warfen sie über den japanischen Städten Hiroshima und Nagasaki zwei Atombomben ab und lösten damit eine nukleare Katastrophe aus. Die sowjetische Militärmacht sah sich im Wettlauf der Großmächte auf dem Gebiet der nuklearen Rüstung unter Zugzwang. Stalin befahl deshalb den sofortigen Bau einer eigenen Atombombe, obwohl die industriemäßige Gewinnung von Uranerz im eigenen Land erst 1945 begonnen hatte und die geförderten Mengen gering waren.

Das dringend benötigte Uran zur Schließung dieser »Lücke« fand sich im Osten Deutschlands, in der sowjetisch besetzten Zone. Was die Amerikaner nicht wussten: Sowjetische Geologen vermuteten schon lange in den alten sächsischen Silbergruben reiche Erzvorkommen. Nach der Devise »Wo Radon ist, muss auch Uran sein« begannen die ersten ergiebigen Erkundungen der Pechblende. 1946 wurden im Erzgebirge, in Johanngeorgenstadt, im »Objekt Nummer 1«, unter Tage die ersten Tonnen Uranerz unter Leitung der Sächsischen Bergbauverwaltung des NKWD gefördert. Es folgten Schächte in Schneeberg, Schlema, Annaberg und Marienberg. Im August 1949 zündete die UdSSR im kasachischen Semipalatinsk ihre erste Atombombe. Im gleichen Jahr dehnte die Wismut ihre Erkundungen bis nach Thüringen aus und stieß im Raum Ronneburg auf die größte Uranlagerstätte Europas mit einem Gesamtvolumen von etwa 200 000 Tonnen. Hier und im Raum Culmitzsch wurden über die Jahrzehnte an die 125 000 Tonnen des wichtigen Rohstoffes gefördert.

Die sowjetische Regierung beschloss am 10. Mai 1947 die Gründung einer »Zweigstelle der Staatlichen sowjetischen Aktiengesellschaft der Buntmetallindustrie, Wismut« in Sachsen. Die irreführende Bezeichnung Wismut war bewusst als Tarnung gewählt, denn der strategisch bedeutsame Abbau von Uranerz sollte geheim bleiben. Stattdessen wählte man den Namen eines schwach radioaktiven Metalls, das hauptsächlich für Legierungen und in der Pharmaindustrie verwendet wurde.

»Die Wismut AG entwickelte sich in kurzer Zeit zum größten Reparationsbetrieb der SBZ«, schreiben Rainer Karlsch und Zbynek Zeman in ihrem Buch *Urangeheimnisse. Das Erzgebirge im Brennpunkt der Weltpolitik 1933–1960*. Insgesamt wird die Sowjetische Besatzungszone (SBZ) und später die DDR nach den Beschlüssen der Konferenz von Jalta zwischen 1945 bis 1954 mindestens 98 Prozent der Reparationsleistungen Gesamtdeutschlands tragen. Für nur zwei Prozent kamen die restlichen Besatzungszonen und später die BRD auf. Das Bundesministerium für innerdeutsche Beziehungen spricht von 99,1 Milliarden DM zu Preisen von 1953, die durch die SBZ/DDR erbracht wurden. Ein Fakt, der in politischen Diskussionen gern ungenannt bleibt oder heruntergespielt wird. Das geförderte Uran galt als das wertvollste Reparationsgut, wobei, so Karlsch und Zeman, die wirtschaftlich total geschwächte DDR bis 1953, als die Sowjetunion ihre Reparationsforderungen aufhob, »noch nicht einmal die Hälfte ihrer Reparationsschulden beglichen« hatte.

Die Sowjetische Aktiengesellschaft (SAG) Wismut wurde 1954, nach dem Ende der Reparationszahlungen und infolge des Aufstandes vom 17. Juni 1953, in eine Sowjetisch-Deutsche Aktiengesellschaft (SDAG) umgewandelt. Diese SDAG erhielt nun für ihre Uranlieferungen sowjetische Gegenleistungen wie Steinkohle und Koks. Das zweistaatliche, institutionell durchorganisierte Unternehmen, das noch Anfang der fünfziger Jahre 150000 bis 200000 Beschäftigte hatte, nahm nicht nur wegen seiner politischen und militärischen Geheimhaltung eine Sonderstellung ein. Wer bei der Wismut, dem größten Arbeitgeber weit über Sachsen und Thüringen hinaus, eine Anstellung fand, genoss ökonomische und soziale Vorzüge und gesellschaftliche Anerkennung, setzte aber auch seine Gesundheit und sein Leben unter oder über Tage aufs Spiel. Tausende Bergleute erkrankten an Silikose und Lungenkrebs. In den frühen Jahren wurden nicht nur Arbeitskräfte zwangsverpflichtet. Aktuelle Forschungen an der Technischen Universität Chemnitz belegen, dass in den Jahren zwischen 1950 und 1953 mindestens 72 Bergleute als vermeintliche Spione verhaftet, in die UdSSR verschleppt und dort hingerichtet wurden.

Die Wismut betrieb ihren intensiven Bergbau in dicht besiedelten Gebieten – mit gravierenden Folgen für Mensch und Natur. Ganze Landstriche wurden verwüstet. Abraumhalden, Fördertürme und Tagebaue wuchsen, wo einst Dörfer standen. Bergwerke erstreckten sich unter Dörfern und Städten. Chemisch und toxisch verseuchte Abfälle wurden in Deponien eingelagert.

In seinem Buch *Altlast Wismut* spricht Michael Beleites von den größten Atommülldeponien der Welt in Helmsdorf und Culmitzsch. Zu weitreichenden Sanierungsmaßnahmen war die SAG/SDAG Wismut finanziell nicht in der Lage. »Generell wurde lediglich im Niveau der Tagesoberfläche Wiederurbarmachung mit dem Hauptziel getätigt, der Land- und Forstwirtschaft den laufend neuen Flächeninanspruchnahmen für den Bergbau wiederurbargemachte Flächen in gleicher Größenordnung zurückzugeben«, berichtet der Bergbautraditionsverein in seinem 2006 abgeschlossenen Buch *Die Pyramiden von Ronneburg.*

Trotz Abschluss und Inkrafttreten des Atomwaffensperrvertrages 1968/1970 füllten sich die Nuklearарsenale. Von 1986 bis 1990, so das Bundesarchiv, war eine Reduzierung der DDR-Uranlieferungen um insgesamt 47 Prozent vorgesehen. Der Grund dafür waren die schwierigen geologischen Bedingungen der Lagerstätten und die drastisch steigenden Kosten der Urangewinnung. Bis 1990 produzierte die Wismut als drittgrößter Uranlieferant der Welt etwa 231 000 Tonnen Uran.

Die politischen und ökonomischen Umbrüche 1989 in der DDR bewirkten auch das Ende des Uranerzbergbaus in Thüringen und Sachsen. Am 31. Dezember 1990, drei Monate nach der deutschen Wiedervereinigung, wurde die Uranerzgewinnung eingestellt. Am 16. Mai 1991 unterzeichneten BRD und UdSSR einen Vertrag über die Beendigung der Zusammenarbeit. Die aus der SDAG Wismut hervorgegangene Wismut GmbH wurde mit der Sanierung, Stilllegung und Wiedernutzbarmachung der radioaktiv kontaminierten Hinterlassenschaften beauftragt. In Ostthüringen waren das zum Beispiel 1200 Hektar verseuchte Betriebsflächen, 75 Quadratkilometer Grubengebäude mit über 40 Tagesschächten, ein Tagebaurestloch von 160 Hektar Fläche, über acht Millionen Kubikmeter offener Grubenraum und zwei Schlammteiche mit 350 Hektar Fläche.

Die BRD stellte für das »Wismut-Projekt«, das inzwischen laut Bundesminister für Wirtschaft und Technologie »international zu einem bedeutenden Referenzprojekt für zukunftsweisende Sanierungstechnologien geworden ist«, über sechs Milliarden Euro zur Verfügung.

Johannes Weiser war 16 Jahre alt, als 1949 die ersten Markscheider nach Sorge-Settendorf kamen. »Auf unseren Feldern wurden Bohrungen vorgenommen und dann Rasterpfähle eingeschlagen. Hier lag das Erz nur ein bis vier Meter unter der Erde. Die Bergleute gruben die Schürflöcher fast mit bloßen Händen, ohne Schutz vor Strahlung. Schaufeln und Hacken waren ihre Arbeitsgeräte. Gefrühstückt wurde im Freien, auf den Erzbrocken«, erzählt Johannes Weiser, der nach seiner Lehre als Zimmermann im Kugellagerwerk Fraureuth arbeitete. Im Dorf begann eine unruhige Zeit, noch ahnte keiner, was die Bergleute mit ihren Geräten und Maschinen und Bohrwagen im Schilde führten und welches gigantische Unternehmen sich aus diesen Anfängen entwickeln würde. Doch vielen war klar, Deutschland musste nach dem verlorenen Krieg zur Wiedergutmachung beitragen und Reparationen leisten. Deshalb waren die »Russen« da, demontierten auch im Greizer Land Betriebe und Fabriken. Und Geschichten machten die Runde, die heute Legenden sind. Warum blieb die Kirche von Sorge verschont und gegenüber das Anwesen von Alma und Kurt Prager? Diese Frage bewegt heute noch die Gemüter.

Es gibt eine Episode, die allen zu Herzen geht: Alma Prager ging oft hinüber zum Friedhof und besuchte die Gräber ihrer Töchter Lissi und Emmy, die 1945 und 1946, die eine 24, die andere 25 Jahre alt, an Diphtherie tödlich erkrankten. Der russische Markscheider, der gerade die Pfähle absteckte, kam mit der Bauersfrau in Kontakt. Sie konnte kein Russisch, er vielleicht ein bisschen Deutsch, und sie erzählte von den Töchtern und einer Freundin, die ebenfalls nicht mehr lebte. Um die Totenruhe nicht zu stören, vergrößerte der Markscheider, ein Offizier, den Radius um die Grundstücke. Deshalb blieb die Kirche verschont. So die Legende. Es gibt noch eine andere Variante: Nach Angaben der Geologen existierten unter dem Gebäude keine Vorkommen der schwarz glänzenden Pechblende, das wichtigste von etwa 150 bekannten Uranmineralien, sondern reiner ordovizischer Tonschiefer, wertlos für die Erzförderung.

In Sorge und in der ganzen Umgebung wurden dringend Unterkünfte für die Bergleute benötigt. Die Bauern hatten kaum Platz, weil bei ihnen Flüchtlinge aus Schlesien und Ostpreußen wohnten. Der Schlafgast von Familie Weiser hieß Gruschitza. Er gehörte zu den Fachleuten, die 1947 für die Wismut zwangsverpflichtet wurden. »Herr Gruschitza kam aus Schlesien, hat als Bergbauingenieur im Mansfelder Kupferbergbau gearbeitet, bis ihn die Wismut nach Oberschlema holte«, erinnert sich Johannes Weiser. »In Sorge-Settendorf war er für die bergmännische Sicherheit verantwortlich. Wie alle Bergleute hat er gut verdient, es gab doppelte Lebensmittelkarten und billigen Schnaps, aber es war verboten, über die Wismut zu sprechen. Unter strengster Verschwiegenheit erfuhren wir, was im Erzgebirge unter Tage passierte, dass Uran als radioaktives Schwermetall für den Bau sowjetischer Atombomben verwendet und überall, auch in aufgelassenen Silberbergwerken, nach diesem Metall gesucht wurde: im Vogtland, im Saalfelder Raum, im Thüringer Wald und bei Ronneburg.« Die Weisers behielten für sich, was sie wussten; zu groß war die Angst, verhaftet zu werden.

Im Februar 1951 begann der Abbau des Erzes im südlichen Teil der Lagerstätte Sorge. Hier entstand ein Tagebau, der später eine Fläche von 37,2 Hektar umfasste. Die Außenhalden vereinnahmten 18,2 Hektar. Johannes Weiser erinnert sich noch an den Schrägaufzug, der das gebrochene Erz, per Hand vom tauben Gestein getrennt, transportierte. Bis Ende 1952 betrug die geförderte Uranmenge 500 Tonnen. Der Tagebau blieb bis Mai 1957 in Betrieb und endete mit der Schließung des Tagebaus Trünzig-Katzendorf, der sich bis an den Rand der Culmitzsch-Aue erstreckte. Hier wurde eine Uranmenge von rund 1860 Tonnen abgebaut. »Wir konnten das Geschehen gut beobachten«, beschreibt Johannes Weiser die Situation. »Es wurde totaler Raubbau betrieben. Auch unser Feld war betroffen. Auf diesem Gelände wurde später eine Abraumhalde errichtet. Der Tagebau dehnte sich immer weiter aus. Da waren die Häuser im Weg. Zuerst wurde das Haus von Willy Barth abgerissen. Zuletzt der Gasthof ›Zu den drei Grenzen‹. Der Abbruch wurde einfach in die Nachbargrundstücke gekippt«, erinnert sich Johannes Weiser und fügt hinzu: »In den Gasthof Sorge-Settendorf zog zunächst die Wismut-Verwaltung, unmittelbar an den Schrägaufzug.« Die Bergleute folgten den Erzflözen bis hinüber ins kleine Katzendorf, sprengten sich 20 Meter tief in den

Zechstein. Und je mehr sie in die Erde vordrangen, umso mehr Fläche verschlang der Tagebau, umso höher wuchsen die Halden.

Johannes Weiser tippt mit dem Zeigefinger auf die Luftaufnahme von 1953. »Da sind die Häuser der 28 Familien schon längst verschwunden«, sagt er. Genau zu erkennen ist der Erzverladebahnhof Trünzig. Hierher fuhren die vollbeladenen Kipploren aus dem Tagebau. Sie entluden ihre Fracht in Hochsilos. Waggons der Deutschen Reichsbahn transportierten das Gestein über Teichwolframsdorf zur Weiterverarbeitung in die Erzwäsche nach Crossen an der Mulde. Aus der Luft betrachtet erscheint der Tagebau Sorge als fossiles Relikt aus Sand, mit schmalem Rückgrat, mit Rissen und Rinnen, das mutiert, gierig beackertes Land verschlingt und zum nahen kleinen Katzendorf vordringt. In wenigen Monaten wird der kleine Ort mit seinem halben Hundert Einwohnern geräumt und bald von der Landkarte verschwunden sein. »Ein Maulwurf, der paddelt«, sagt Johannes Weiser und erinnert sich, dass der Tagebau Sorge in der Mitte auf 500 Meter Breite ausgebaggert war. Hinter dem Abbau standen als verantwortliche Stellen das »Objekt 30«, Sitz Ilmenau, und »Objekt 29«, Sitz Ronneburg, und »Objekt 47«, Sitz Neustadt/Orla. Später übernahm das »Objekt 90«, Sitz Gera, die Lagerstätte, dazu neben anderen Betriebsteilen Culmitzsch und Gauern. Zerstörung und Verwüstung waren die Folgen. Nicht zu erkennen aus der Höhe ist der zwei bis drei Meter hohe Bretterzaun mit Stacheldraht. Er umschloss den Tagebau, bewacht von bewaffneten sowjetischen Posten auf Hochständen, gesichert von Schäferhunden.

Fotografieren war verboten. Wer eine Kamera besaß, galt als verdächtig, konnte er doch ein Spion sein. Kontakte mit dem Wachpersonal waren untersagt. Johannes Weiser wiederholt öfters die Geschichte, die er vom Hörensagen kennt: Ein Wismut-Kumpel fütterte spontan einen der ausgehungerten Bewachungshunde am Schrägaufzug mit etwas Butterbrot, wurde dabei entdeckt und sofort abgeführt. »Die Russen dachten«, sagt Johannes Weiser, »er hätte das Tier vergiften wollen. Als der Hund aber am nächsten Tag noch lebte, wurde der Mann wieder freigelassen.« An das Fotografier-Verbot hielten sich nicht alle im Dorf. Johannes Weiser postierte sich im Dachversteck von Böttgers Helmut, dem Hausschlachter, und richtete seinen Fotoapparat direkt auf das verbotene Gelände. Später verbrannte er sicherheitshalber die Bilder, bis auf das Motiv vom umzäunten Schacht. Das Foto verbarg er über 50 Jahre. Gerhard, der Bruder, der auch Zimmermann war, wurde Weihnachten 1951, als er das zerstörte Grundstück noch einmal fotografieren wollte, von der »Wismut-Polizei« erwischt. Rechtzeitig konnte er den Film aus der Kamera ziehen. Kurz darauf wurde der junge Mann abgeholt, saß 14 Tage im Stasi-Gefängnis in Gera, dann durfte er wieder nach Hause, erwartet von einer verängstigten Familie. »Wir wussten damals nichts vom Ministerium für Staatssicherheit, 1950 gegründet«, sagt Johannes Weiser. »Der Begriff wurde damals noch nicht in den Mund genommen. Für uns war das die Wismut-Polizei. Die ist tätig geworden bei Verdachtsmomenten, die schnell gefunden waren, geringste Kleinigkeiten reichten dafür.«

Vater Willy, todkrank, erlebte den Abbruch der Häuser nicht mehr. Er starb im Januar 1951 im Alter von 59 Jahren an einem Bronchialtumor. Die große Trauergemeinde durfte ausnahmsweise das Schachtgelände passieren. Kompressoren und Presslufthämmer schwiegen, bis der Leichenzug vorüber war. »Vater hat immer das reine und kühle Wasser aus dem Brunnen getrunken. Ob das verstrahlt war? Vielleicht ist er davon krank geworden oder vom starken Rauchen«, vermutet der Sohn. Eine Antwort findet er bis heute nicht. Nach dem Willen des Vaters sollte er den Hof erben, mit Zimmerei und Landwirtschaft. Doch es kam anders. Gerhard und Johannes studierten, der eine in Dresden, der andere in Erfurt. Johannes zog es immer wieder nach Hause, zur Mutter, die 1951 den Hof fast allein bewirtschaftete. »Wir haben uns als Kleinbauern gequält, waren nicht mehr wirtschaftlich, hätten vermutlich nicht überleben können. Unser Hof stand am Rand vom Tagebau. Hier war wohl kein Erz mehr. Deshalb blieben Reste erhalten vom Garten und Dorfbrunnen. Die sieht man heute noch. Die Gebäude mussten aber abgerissen werden, sonst wären sie in den Tagebau gerutscht.«

18. Oktober 1951 – dieses Datum hat sich in die Biografie von Johannes Weiser eingebrannt. Es war der Tag seines Abschieds vom Dorf, für immer. Davon stand nichts in der sozialistischen Tagespresse. Die Wismut gab nichts preis von ihren Plänen, alles musste streng geheim bleiben. Die Erfurter SED-Zeitung *Das Volk*,

Der Hof der Familie Böttger in Sorge. Von hier aus fotografierte Johannes Weiser heimlich den Schrägaufzug der Wismut, 1951

Ausgabe Gera, berichtete am 18. Oktober 1951, wenige Tage nach dem zweiten Jahrestag der Gründung der DDR, auf der Titelseite über die Eröffnung der Deutschen Akademie der Landwirtschaftswissenschaften in Berlin, über den ersten Abstich im Eisenwerk Calbe, »ein neues Industriewerk unseres Fünfjahrplanes«, und über scharfe Debatten im Bundestag, ausgelöst durch eine Regierungserklärung von »Kriegskanzler« Konrad Adenauer.

An diesem Tag hatten die Weisers keine Zeit zum Zeitunglesen. »Um uns herum wurden bereits seit Tagen Häuser abgerissen. Es herrschte Kriegszustand. Schriftlich benachrichtigt wurde keiner. Es hieß einfach: Die Bagger kommen. Ihr habt 14 Tage Zeit, den Hof zu räumen. Das wurde uns mündlich mitgeteilt, durch einen Vertreter vom Rat des Kreises Greiz, durch unseren Bürgermeister und einen Vertreter der Wismut. Die kamen auf unseren Hof. Der Befehl war ein Ultimatum. Wohin wir gingen, interessierte niemanden«, sagt Johannes Weiser. Er zeigt mir die Dokumente, die er bis heute sorgsam aufbewahrt hat, darunter die Preisfestsetzung für das Grundbesitztum von Willy Weisers Erben vom 5. Februar

Schrägaufzug auf dem stacheldrahtumzäunten Wismutgelände bei Sorge, heimlich fotografiert von Johannes Weiser, 1951

1952, eine Bescheinigung für den Fachschüler Johannes Weiser vom Gemeinderat Sorge-Settendorf, dass er im Ort bis zum Abbruch des Hofes wohnhaft war, und eine handschriftliche Kostenberechnung für den Selbstabriss der Scheune durch die Familie. »Diese Dokumente sind als Zeugnisse für die Abwicklung unserer Umsiedlung wichtig«, sagt Johannes Weiser. »Erst nach dem Umzug ist der Preis für den Hausverkauf geregelt worden. Nach dem Tod des Vaters war die Mutter die Haupterbin in unserer Erbengemeinschaft.« Es dauerte seine Zeit, bis der endgültige Kaufpreis für Wohnhaus, Kuhstall, Außenanlagen, Werkstattanbau, Holzschuppen, Bauland, Acker und Obstgarten feststand. Die Summe wurde nach Einspruch des älteren Bruders bei der Landesfinanzdirektion Thüringen durch Nachprüfung geändert. »Es gab drei Angebote. Das letzte war dann für uns nach dieser Beschwerde zufriedenstellend.« Die Familie erhielt 23 Pfennig pro Kubikmeter, für die Scheune wurden 19 Pfennig gezahlt. »Das Geld wurde auf ein Verwahrkonto überwiesen und war für jeden Erben verfügbar«, sagt Johannes Weiser.

Familie Weiser verlässt Sorge-Settendorf, neben dem Lkw Johannes Weisers Mutter, am Steuer ein Wismut-Fahrer, 18. Oktober 1951

Ein neues Dorf wurde nicht gebaut. Die rausmussten, suchten sich auf eigene Faust eine Bleibe. Jeder war mit sich selbst beschäftigt. Wohin, ja, wohin nur? Das fragten sich 28 Familien. 55 Erwachsene und 26 Kinder verloren ihre heimische Erde, den festen Boden unter den Füßen. Nur 16 Häuser wurden am Ende vom Abriss verschont. Die Kirche blieb einsam im fast weglosen Ödland zurück.

Der Rektor der Ingenieurschule hatte Johannes für den Umzug wenige Tage freigegeben. Der Student überzog um fast drei Wochen, um seiner Mutter beizustehen, und wurde deshalb fast exmatrikuliert. Seine Familie fand vorerst ein Unterkommen bei den Verwandten in Waltersdorf. »Wir waren sehr erschöpft, weil wir ja jeden Tag Teile des Hofes abbrachen. Man konnte sich Material zurückkaufen, wenn man selbst abriss. Dafür setzte die Wismut eine Pauschalsumme von 200 Mark fest, wie der Beleg hier ausweist«, sagt Johannes Weiser. »Was zu verwerten war, wurde mitgenommen. Heiz- und Baumaterial war zu dieser Zeit Mangelware. Das brauchten wir. Holz und Schiefer haben wir mitgenommen, ebenso die Ackergeräte. Ein Teil des Viehs wurde verkauft. Es blieb aber viel auf der Strecke. Onkel Edwin aus Werdau, er war 80, hat uns geholfen. Dem standen die Tränen in den Augen.«

Bevor Johannes die Kühe zur Tante Buschner nach Rüßdorf brachte, fotografierte er mit geliehenem Apparat die Mutter. Sie war früh halb vier aufgestanden, hatte das Vieh zum letzten Mal gemolken und trug die 20-Kilo-Milchkanne zum Lkw. Den hatte immerhin die Wismut bereitgestellt. Das spärliche Mobiliar war verladen, der lächelnde Fahrer wartete, bis Ella Weiser, wegen der Trauer um ihren Mann ganz in Schwarz gekleidet, den letzten Koffer holte. Inhalt: Dokumente, Ausweise, Briefe. Der Obstgarten war eingeebnet, die Zaunlatten türmten sich als Stapel. Die anderen Einrichtungsgegenstände transportierte ein Pferdegespann. Noch einmal hatte sich Besuch angesagt, aus der Nachbarschaft. Elsa Uhlemann sagte auf Wiedersehen. Johannes fotografierte auch sie. Sie lächelte, hielt die prall gefüllte Schürze fest. Letzte Gaben von Mutter Weiser, vielleicht ein paar Zuckerrüben. Auch Weisers Katze zog mit um und lief wieder die sechs Kilometer zurück, wurde Tage später in den Trümmern umherirrend aufgefunden. Ein neues Haus konnte sich die Familie nicht sofort kaufen. Trotzdem schaffte sie einen Neuanfang und erwarb 1953 ein Haus in Greiz, oben auf der Höhe überm Göltzschtal, in Thalbach.

Hier findet Johannes Weiser, der viele Jahre in Leipzig gelebt hat, ein neues Zuhause. Er baut am Haus, verschönert es zu einem Schmuckstück. Im paradiesischen Garten wachsen Tamarisken, Fichten, blüht der Rhododendron neben Liguster, Lavendel, Zinnien, Buschrosen, Margariten, Steppenkerze, Rittersporn, Rosen und Stiefmütterchen – vieles davon mitgebracht von Fernreisen. 1988 hält er Einzug, für immer. An seiner Seite Ehefrau Irene, die ebenfalls ihre Heimat verloren hat. Ihr kleines Haus auf der Kurischen Nehrung, in Sarkau, steht heute noch. Dort begann 1945 die dramatische Flucht der Familie Kull aus Ostpreußen. Irene erkrankte an Typhus. Ihr Großvater Rudolf Ficht wurde mit 75 Jahren von der Roten Armee erschossen, da er nicht mehr laufen konnte. Alle flüchteten übers eiskalte Wasser der Ostsee. Ein Cousin ertrank, eine Tante starb kurz danach. Albert Kull, der Vater, fand seine Familie nach Kriegsende wieder. Er arbeitete als Schiffszimmerer auf der Neptunwerft in Rostock.

Hof Weiser, Ende 1951

Irene Weiser besitzt noch ein Foto ihres Vaters, der 1968 starb. Er ist gerade auf dem Dünensand der Nehrung unterwegs, auf dem Rücken ein schweres Fischernetz, am Hals ein Bündel gefangener Krähen. Für Irene ist das tägliche Erinnerung an ihre verlorene Kindheit im Samland. Dieser Verlust und der gemeinsame Blick in die Vergangenheit verbinden die Eheleute. Sie fahren nach Sarkau, heute Lesnoje im Kaliningradskaja Oblast, besuchen dort das vom Großvater Ficht erbaute Haus – und sie fahren regelmäßig nach Sorge. Sie leben das Verlorene nach und sprechen über ihre Vergangenheit, die sie nicht loslässt.

V

Heute steht der Wind auf Südwest, weht kühl unterm weißblauen Himmel. Die Sonne schickt in Schüben angenehme Wärme. Drei Autos parken am Rapsfeld. In der Kirche lauschen die Besucher den Geschichten von Johannes Weiser, dem Erinnerer. Seine Frau steigt mit mir auf den Kirchboden, wo der stillgelegte Blasebalg zwischen den Trittbrettern verstaubt. Als Junge war der Weiser-Sohn oft hier oben, trat den Balg, und wenn der Wind kräftig in die Pfeifen blies, schaute Johannes aus dem Fenster, bis die Orgel ihren Klang verlor und er den Wind wieder einfing.

Das Fernglas zeigt einen veränderten Horizont. Verschwunden sind die 100 Meter hohen Kegelhalden der Wismut, verfüllt im einstmals 240 Meter tiefen Tagebaurestloch von Lichtenberg. Es zeigt sich eine neue, sanierte Ronneburger Landschaft mit der Schmirchauer Höhe – ein schwarzer Berg, aufgetragen aus Haldenmaterial. Dort flanieren gerade die Besucher der Bundesgartenschau (Buga), queren das Gessental auf Europas längster Holzbrücke, dem »Drachenschwanz«, und entdecken baumreiche Arboreten. Und weiter im Norden der Südraum Leipzig mit den dampfenden Schloten des Kraftwerks Lippendorf und dem Völkerschlachtdenkmal. Johannes Weiser, begeistert von den Rosengärten und Blütenkorsos der Buga in Ronneburg und Gera, macht inzwischen Bekanntschaft mit der Tochter einer Cousine, die er vorher noch nie gesehen hat. In der Kirche auch Ursula Friedel, die auf den 70 Jahre alten Fotos ihr Haus entdeckt und ihren Vater Willy Barth bei der Feldarbeit mit Pferd Hans. Heute treffen sich wieder Menschen, die hier oben einmal gelebt haben, oder ihre Nachkommen, die etwas erfahren wollen über ihre Familiengeschichte. Und der Erinnerer hilft ihnen dabei, mit seinen Erzählungen, die er oft und gern wiederholt. Insgesamt kommen 3000 Besucher in seine Ausstellung.

Johannes Weiser macht mich auf die frisch geschmückten Gräber auf dem kleinen Friedhof aufmerksam. An der Kirchenmauer eine reichverzierte Grabplatte, gewidmet Michael Seiler, »ein treuer Vater, ein wackerer Nachbar, ein geachteter Mann«, gestorben am 31. März 1842. Der »gewesene Bauer« und »auch herrschaftliche Gerichtsschöppe zu Settendorf« wurde 65 Jahre, fünf Monate und drei Tage alt. Seine Angehörigen widmeten ihm den Spruch: »Du hast das Silberhaar als schönen Schmuck getragen. Das kann der Wahrheitsfreund von Dir mit Freuden sagen. Drum werden Herzen Dir noch dann begeistert schlagen, wenn man nach Jahren einst nach Deiner Gruft wird fragen.« Wer hier oben auf dem Zechsteinplateau des Culmitzscher Halbgrabens steht, liest auch diese Zeilen und stößt an der Kirche auf das Denkmal für die Gefallenen im Ersten Weltkrieg. Ein schwarzer Granit, an dem die Zeit nagt. Die Namen erinnern an zehn Männer aus Sorge-Settendorf, die im Zeitraum 1914 bis 1918 an verschiedenen Fronten fielen – in Bouconville in der Schlacht um den Argonner Wald, in Wilkomir in Litauen, bei Bouchavesnes, in Cambrai oder Jolimetz in Nordfrankreich – oder im Lazarett in Oberschlesien und in der Boulogne ihren Verwundungen erlagen. Wie alt sie waren, die Musketiere, Schützen, Landsturmmänner oder Kanoniere der Reserve, gibt der Stein nicht preis. Johannes Weiser sagt, dass er ursprünglich im Dorf stand und während der Abrissarbeiten hier seinen sicheren Platz bekam.

Wer sich in der Gegend nicht auskennt, schaut nach der Rapsernte über die Senke zur sagenumwobenen »Fichtelburg«, wo sich heute eine Straußenfarm befindet. Davor standen einst Häuser. Hier wurde vor Jahrzehnten planiert, Vertiefungen wurden aufgefüllt und das Haldenland in Grün- und Ackerland verwandelt. Wiesenwalzen ziehen überm Katzental ihre Spur. Es wachsen Gestreifter Gänsefuß, Gewöhnliches Hexenkraut und viele andere Pflanzenarten. Fast eine ländliche Idylle, wären da nicht die Bilder im Kopf von zerwühlter Erde, von Tagebaulöchern und Abraumhalden. Der Blick wandert nach Norden zum dunkelgrünen Waldstreifen an der B 175. Die Südwesthalde des ehemaligen Tagebaus Culmitzsch hat sich über Jahrzehnte der Landschaft angepasst. Kaum vorstellbar, dass der Tagebau mit Außenhalden, die über 60 Meter hoch aufragten, mehr als 450 Hektar einnahm. Zu beiden Seiten der Straße standen talwärts Häuser. Heute verwehren gesicherte Stahltore, vom Rost schon etwas angefressen, den Zugang zum verstrauchten Haldengelände. Dahinter Schilder mit gelbem Warndreieck: »Radioaktiv«. Eine verbotene, abgeriegelte und abweisende Zone. Wer die Straße Richtung Zwirtzschen passiert, braucht nur wenige Minuten für diese Strecke, und wer noch Culmitzsch kennt, fragt: Hier war ein Dorf?

Der Erinnerer weiß, Dörfer sterben täglich auf der Welt, werden abgerissen, geschleift, abgebaggert, weil sie auf Braunkohleflözen, auf uranhaltigen Erzlagern oder Erdölquellen stehen, weil das Hochwasser kommt, weil sie einer Grenze oder einem Staudamm weichen müssen, weil ihre Landwirtschaft nicht mehr ertragreich ist, die jungen Leute abwandern. Im letzten Jahrhundert

»Zeitfenster« Sorge. Informationstafel und Erinnerungsstein an der Kirche, 2009

fielen in Deutschland über 300 Siedlungen der Braunkohle zum Opfer. Am Niederrhein setzt sich das Dorfsterben fort; bis 2045 werden dort 12 Ortschaften und Weiler, in denen 7600 Menschen leben, verschwinden. Johannes Weiser fragt sich, ob das alles sein muss und ob nicht mehr für die alternative Energiegewinnung getan werden sollte.

Nach der Rapsernte wird er über die große Wiese gehen, dorthin, wo er einstmals lebte. Dort weiß er die Reste des alten Brunnens, der nicht im Tagebau verschwand. Wo der Garten war, wächst noch immer der Meerrettich. Nach über 50 Jahren ist das ein Wunder. Am 18. Oktober 2006, auf den Tag genau 55 Jahre nach seiner Aussiedlung, hat er hier ein vierblättriges Kleeblatt gefunden. Johannes Weiser hat sich über diesen Glücksbringer gefreut wie der kleine Junge, der hier oben vor langer Zeit einmal die Ziegen hütete.

(2006/2009)

Annita Meyer in der Ausstellung von Johannes Weiser, in der Kirche von Sorge-Settendorf, 2007

Kirschbude und Arbeiterstreik

Katzendorf: Annita Meyer vermisst nicht nur den Stundenstein vorm Haus

I

»Das ist die Straße von Katzendorf nach Culmitzsch, unsere wichtigste Verbindung«, sagt Annita Meyer und zögert. »Hier stimmt aber was nicht. Der Dorfteich ist auf der falschen Seite. Der war doch bei uns gleich vorm Haus, gegenüber von unserem Garten.« Sie dreht und wendet die Zeichnung, und wir vergleichen mit dem Messtischblatt von 1906. In Katzendorf Nummer 8, mit Blick auf den Dorfteich, an der Straße Richtung Culmitzsch, wohnte Annita Meyer. »Da standen Eschen, Eichen und Kastanien. An diesen Bäumen orientierten sich die Bewohner im Frühjahr. Wir haben immer gesagt: Grünt die Esche vor der Eiche, gibt's 'ne große Bleiche. Grünt die Eiche vor der Esche, gibt's 'ne große Wäsche.« Sie verhaspelt sich gleich mit dem Reim, beginnt wieder von vorn, lacht und muss sich kurzatmig räuspern. »Bin ja auch nicht mehr die Jüngste, mit 76.«

Annita Meyer sieht ihr Dorf immer wieder vor sich. Sie kennt noch jedes Haus, weiß, wie die Wege verliefen, nach Culmitzsch im Nordwesten, Trünzig im Osten, Großkundorf im Westen und Sorge im Süden. Sie weiß genau, wo der Schafstall vom Rittergut stand oder der Wasserbehälter und kennt die Lage der Felder. »Die ganz großen Dinger hier rechts von der Straße, das waren Rittergutsfelder.« Und sie erinnert sich noch ganz genau an die sechs Gehöfte, ihre Besitzer, an das Rittergut und an die Neubauernstellen oben auf der Hochfläche über der Culmitzscher Talmulde, am Nordrand des vogtländisch-thüringischen Schiefergebirges.

Erstmals wurde die Streusiedlung Katzendorf 1454 erwähnt. Am 9. Januar des gleichen Jahres belehnte Herzog Friedrich von Sachsen, das besagt eine in Leipzig ausgefertigte Urkunde, einen Wölfel von Wolfersdorf »mit dem hofe und dorffe zu Kolmitzsch und was dartzu gehoret mit gerichten obirsten und nydersten und dem dorffe clynen kundorff eyme Manne zu Katzendorffe und eym buwer zu Waltersdorff«. Die älteste erhaltene Ortsbeschreibung von 1721, verfasst von Grenzconducteur Paul Trenckmann, der im Auftrag Augusts des Starken durch Kursachsen reiste und Vermessungen vornahm, teilt mit, dass »Kazendorff teils nach Markersdorff, teils nach Teichwolfframsdorff, teils nach Colmitzsch« gehörte. »Geht nach Colmitzsch in die Kirche. 2 Vorwerke, nach Teichwolfframsdorff. Eine kleine Schenke, braut selbsten. 8 Feuerstätte, als 2 Vorwerke, 3 Bauer und Handbauer«. Weiter ist zu lesen: »Landart: ist hier meist mittel. Nahrung: ist Ackerbau. Meisten Früchte: Korn, Gerste, Hafer«. Und: »Die Straße nach Graiz gehet hier durch. Holz: der Diebskeller, westl. ¼ Stunde. Steuer: jeder seiner Herrschaft. Fron: dergleichen. Liegt von Fridmannsdorf ¼ Stunde, Colmitzsch ¼ Stunde, Sorge ¼ Stunde, grosen Kühndorff 1 ½ Viertelstunden, Trünzig ½ Stunde, Settendorf ½ Stunde«. 1791 wurde das Dorf auch als Neuwolframsdorf bezeichnet, ein Hinweis auf das Rittergut, 1789 aus der Vereinigung zweier Vorwerke hervorgegangen, verbunden mit den Namen der Familien von Wolframsdorf und von Mannsbach. Es war kein reiches Dorf, heimgesucht von den Auswirkungen des Dreißigjährigen Krieges, von Seuchen wie Pest und Roter Ruhr.

Im *Post- und Zeitungslexikon von Sachsen,* vierter Band, 1830 erschienen, vermerkt August Schumann, der Vater des berühmten Komponisten Robert Schumann, über Katzendorf am Nordwestrand des Trünziger Waldes: »⅜ Stunden von der sächsischen und ⅝ Stunden von der reussischen Gränze, 3 ¼ Stunden östlich von Weida, mit Friedmannsdorf, Culmitzsch, beiden Cundorf und Trünzig rainend, in und an einer Senkung, doch über den culmitzscher Grund sehr erhaben.« Nach dem Wiener Kongress wurde das kursächsische Katzendorf 1815 kurze Zeit Preußen zugeschlagen, dann gehörte es von 1918 bis 1920 zu Sachsen-Weimar-Eisenach und danach zum Land Thüringen. 1880 lebten auf der Höhe 60 Einwohner. 1882 existierten zehn Wohnhäuser. 1913 waren es wieder 60 Einwohner, mit Bahnstationen in Berga und Seelingstädt. Der Gendarm saß in Teichwolframsdorf. Die wichtigsten Ämter und Einrichtungen befanden sich in Culmitzsch mit Schule, Kirche, Standesamt, Post und Friedensgericht.

II

»Ich wurde am 9. September 1930 in Katzendorf geboren. Ich war das erste Kind von Arthur Bergelt und Hilda Schmöller. Später kam noch meine Schwester Christine hinzu. Die Eltern hatten 1929 geheiratet. Das ging aber nicht Schlag auf Schlag so wie heute. Die haben sich Zeit gelassen mit der Ehe. Meine Mutter war eine echte Katzendorferin, Jahrgang 1905. Mein Großvater August Schmöller, Feldhausbesitzer, kam aus Kleinkundorf und Großmutter Emilie aus der Geraer Ecke, aus Rubitz. Sie sind in Katzendorf gestorben und wurden drüben in Culmitzsch beerdigt. Vater stammte aus Fraureuth. Auf die Welt kam er 1904 in Satzung im Erzgebirge. Seine Eltern besaßen dort eine Fleischerei. Deshalb lernte er das Fleischerhandwerk. Sein Großvater handelte auch mit Vieh.«

Ein Schreibfehler hatte sich in ihre Geburtsurkunde eingeschlichen. Wie das geschehen konnte, weiß Annita nicht. »Ich sollte bestimmt Anita heißen.« Es ist beim Doppel-N geblieben. »Sieht ja auch nicht schlecht aus«, schmunzelt die Namensträgerin, die seit fast 26 Jahren in Reudnitz, einem Ortsteil von Mohlsdorf im Landkreis Greiz, lebt. In ihrer Küche, die zugleich Wohnstube ist, fühlt sich jeder wohl. Hier wird der halbe Tag verbracht. Nebenan, im ehemaligen Schankraum des »Goldenen Löwen«, schneidert Tochter Ilona Brautkleider und Faschingskostüme.

»Die Zeichnung bringt mich ganz durcheinander«, sagt Annita Meyer, steht auf und holt Block und Bleistift. »Ich male das jetzt mal ganz neu, hab die Karte im Kopf.« Während sie zeichnet und mit dem alten Plan vergleicht, wird sie wieder das Kind, das Mädchen von früher. Sie murmelt die Namen der Familien, seit Generationen in Katzendorf ansässig. Da waren gegenüber Walter und Frieda Hoppert. »Sie wohnten in einem sehr schönen Bauernhof.« Nebenan der größte Bauer mit 20 Hektar, Walter Hemmann und Ehefrau Frieda. Alteingesessen waren die Vorgänger, Familie Ratzer, die einen Gasthof betrieben. »Hemmanns hatten den modernsten Kuhstall. Alles war weiß gefliest mit einer grünen Kante. Das war zu dieser Zeit eine Seltenheit. Die Wismut hat hier später provisorisch ihre Küche für die Verpflegung der Markscheider, Schürfer und Lkw-Fahrer eingerichtet«, erinnert sich Annita

Meyer. Ihre Nachbarn hießen Frieda und Otto Franke. Dann gab es noch Otto und Minna Bratfisch, Bauer Pöhler, der die Post austeilte, und Familie Droop. In der Nähe des zweiten Dorfteiches lebte der Landwirt und Neubauer Gerber mit seiner Frau Gertrud. »1947 wurde das Rittergut abgerissen. Aus dem Abbruch entstanden mehrere Neubauernstellen. Ob das nu richtig war, ich weeß es a net«, verfällt Annita Meyer in ihren vogtländischen Slang. Sie erinnert sich noch an die Namen Ungethüm, Schreiter, Schmidt und Donhauser. »Die meisten leben ja nicht mehr. Deren Kinder sind heute so alt wie ich, und davon sind auch schon welche verstorben.« Auch ihr gleichaltriger Schulfreund Günther Hemmann lebt inzwischen nicht mehr. »Das war der Sohn vom großen Bauern. Mit dem bin ich zur Schule gegangen. Wir waren unser ganzes Leben lang miteinander befreundet. Wie Geschwister. Das kann sich gar keiner vorstellen. In der Schule gab es oft Ärger, weil wir so viel ausgeheckt haben. Wir haben Kirschen geklaut. Einfach pflücken ging net wegen der Pächter. Unser ganzes Leben hat sich am Dorfteich abgespielt. Im Frühjahr ging's los mit den Kaulquappen. Die haben wir beobachtet. Und auch die Frösche beim Konzert. Im Sommer hat mein Vater einen Brühtrog zu Wasser gelassen oder Autoreifen reingeworfen. Damit sind wir rumgepaddelt. Nach der Ernte haben wir auf den Feldern Mäuse ausgegraben, haben sie im Wassereimer ersaufen lassen und dann unterm Pflaumenbaum begraben. Hemmanns hatten Ziegenböcke. Denen haben wir Geschirr angelegt und sie vor den Handwagen gespannt. Dann sind wir runter nach Culmitzsch gefahren und haben Brot geholt. Mein Vater hatte frühzeitig ein Auto, da habe ich gern hantiert, mit alten Teilen rumgeschraubt, und ich hatte ein kleines Fahrrad. Mit Puppen habe ich nie gespielt. Holzspielzeug hat uns Willy Weiser drüben in Sorge gebaut. Mein Vater hat an diese Familie auch Gänse und Schafe verkauft.«

Günther Hemmann hat vor seinem Tod für Annita eine Liste mit allen Einwohnern von 1945 erstellt. Das waren damals 65. Die im Staatsarchiv in Greiz vorhandene Aufstellung vom 25. Oktober 1946 listet 48 Altbürger und 47 Neubürger, insgesamt 95 Personen, darunter 27 Kinder und Jugendliche, auf. Über die Hälfte Kriegsflüchtlinge aus Schlesien, Pommern, Ostpreußen und den Sudeten, aber auch aus dem zerbombten Leipzig. 1948 waren es

Katzendorf, im rechten Hof lebte Annita Meyer

13 einheimische Familien mit 36 Personen und zwölf Flüchtlingsfamilien mit 31 Personen. Das Einwohnerbuch für den Landkreis Gera 1949 erwähnt 78 Personen.

»Unser Dorf war das kleinste weit und breit. Hier kannte jeder jeden, und jeder hat dem anderen geholfen«, sagt Annita Meyer. »Die paar Häuser standen auf engstem Raum gedrängt. Man konnte sich nicht aus dem Wege gehen. Das hat uns aber nicht gestört. Es gab nie Nachbarschaftsstreit. Wir hatten auch eine Wiese, die haben wir ›die Gemeinde‹ genannt oder ›Gemeindeplatz‹. Da haben wir auch als Kinder gespielt. Im Winter sind wir Schlitten gefahren, den Berg runter. Hing meine Mutter im Schnee Wäsche auf, waren die Handtücher und Bettlaken schnell steif gefroren. Wir kannten die Leute aus den Dörfern hier. Das ist auch heute noch so, obwohl unser Dorf nicht mehr existiert. Unser Hauptort war Culmitzsch. Dort gingen wir einkaufen und besuchten den Gottesdienst in der Kirche«, sagt Annita Meyer. »Die Culmitzscher kamen selten hoch in unser Dorf, meistens, wenn sie die dunklen und süßen Kirschen kaufen wollten. Nach Sorge zu gab es die berühmte Kirschallee. Das Obst wurde in der

Gegend verkauft.« Und welche Sorte? »Das weiß ich nicht mehr. Die Kirschen waren sehr süß und saftig, Herzkirschen. Die wurden in der Kirschbude verkauft. Das war ein beliebter Treffpunkt. Für uns Kinder gab es kein Eis. Unser Eis waren die Kirschen.« Vielleicht wurde die Große Schwarze Knorpelkirsche gepflückt, geeignet für windige Höhenlagen, oder die Hedelfinger Riesenkirsche, gut zum Einmachen geeignet, oder die frostempfindliche und reichtragende Kordia.

»Es hieß immer«, sagt Annita Meyer, »Katzendorf hat das beste Land, den besten Lößboden, rote Erde. Dieser Streifen zieht sich bis ins Erzgebirge. Die beste Sicht gab es von Sorge. Von dort kommend hat man unser Dorf richtig gut gesehen, eingebettet in Bäume. Die Ortsgrenze zu Sorge bildeten zwei große alte Eichen. Katzendorf lag nicht sichtbar auf dem Berg. Wer von Zwirtzschen Richtung Berga auf der Hauptstraße fuhr, konnte das Dorf net so richtig sehen. Wir konnten hinüber zur Mücke schauen, natürlich auf Culmitzsch. Ich hab mein Dorf im Kopf. Ich vergess das net. Bin dort aufgewachsen, das war meine prägende Zeit.« Im Dorf gab es keine Busverbindung, es herrschte kaum Autoverkehr. Das Postauto kam früh. »Es gab nur zwei Telefone, eins bei Pöhlers, eins bei uns, und nur zwei Autos. Das erste kaufte Hemmanns Walter, einen DKW, fast wie ein Trabant. Mein Vater besaß als Einziger einen Viehwagen, später schaffte er sich einen Opel an, dann einen P 70. Die Dorfbewohner wussten sich immer zu helfen. War jemand krank, wurde der Arzt aus Berga geholt. Fernsehapparate gab es damals noch nicht. Wir haben viel Radio gehört.«

Annita Meyer weiß noch, wer regelmäßig das Dorf besuchte. »Einer kam aus Teichwolframsdorf. Der fuhr Bier aus. Der hieß, glaube ich, Winkelmann. Freitags brachte Bücklings-Karl aus Obergeißendorf Fisch. Von Großkundorf kam der Bäcker mit einem Handwagen. Von Culmitzsch der Klempner, meistens ein Lehrjunge, der Donner, mit dem Fahrrad. Den haben wir immer gerufen: ›Stift! Stift!‹ Von Kleinreinsdorf kam die Elise. Die war wohl so um die 50 Jahre alt. In ihrem Tragkorb hat sie alles gehabt, was man so brauchte. Darüber haben wir uns immer gefreut. Sie hat den vollgepackten Korb abgestellt und dann ausgepackt: Bettwäsche, Schürzen, Handtücher, Strümpfe. Wir haben immer sehnsüchtig auf die Elise gewartet. Das ging so bis 1944.

Katzendorf, Hof der Familie Hemmann, ca. 1939

Dann kam auch eine bayerische Handelsfrau mit Wäsche und Nähzeug. Und einer, der wanderte über die Dörfer mit Bauchladen. ›Rattenfalle, Mäusefalle! Mutter, brauchen Sie nix?‹, hat der gerufen. Hatte Schöpflöffel, Quirle, Reibeisen dabei. Alles, was gebraucht wurde.«

III

Annita Meyer verbrachte eine unbeschwerte Kindheit. »Wir bewohnten ein kleines Haus. Meine Schwester Christine, die leider nicht mehr lebt, fühlte sich dort auch wohl. Oma Schmöller baute alles an: Obst, Gemüse, Blumen. Wir hatten eine Ziege und eine Kuh. Mein Vater errichtete ein Schlachthaus und betrieb eine Fleischerei. Es war eine gute Lage für so ein Unternehmen.« Die Schaltstelle von Katzendorf bildete wie so oft im ländlichen Raum das zweigeschossige Rittergut, das die letzten Besitzer ab 1871 als Jagdschloss und Sommerresidenz genutzt hatten. Hier wurde die Dorfstruktur gebildet und kollektives Gedächtnis geprägt. »Wir nannten das Rittergut auch das Schloss, ein heller Klinkerbau, umrankt von Weinlaub«, weiß Annita Meyer zu berichten. Es bewirtschaftete 101 Hektar Land, spezialisiert auf Saatgut, besonders Getreide und Kartoffeln, und auf Milchwirtschaft mit 50 Hochleistungskühen.

Die wechselvolle Geschichte des Rittergutes fand mit der in mehrere Linien verzweigten Adelsfamilie von Leipzig, auch von Leipziger genannt, ihren Abschluss. Hugo von Leipzig, sachsen-altenburgischer Wirklich Geheimer Rat, Staatsminister und Reichsritter des Johanniterordens, schloss im Juni 1854 die Ehe mit Maria Wilhelmine Gasparine von und zu Mannsbach, Herrin auf Wolframsdorf. Die Geburtsorte des Paares lauteten Naumburg und Greiz. Nach dem Tod ihres Gatten – er starb 1896 in Katzendorf – übernahm die Witwe das Gut. Ende 1899 wurde sie, 66 Jahre alt, wegen ihres gesundheitlichen Zustandes entmündigt. Als einstweiliger Vormund wurde ihr Sohn Erich von Leipzig, Oberst und Militärattaché bei der Kaiserlich-Deutschen Botschaft in Konstantinopel, eingesetzt. Nur wenige Monate später starb seine Mutter und er übernahm das Anwesen. München war der Hauptwohnsitz der Familie. Es ist anzunehmen, dass Erichs Ehefrau Isabella von Veltheim mit Geburtsort Köln auch in Thüringen weilte. Sie starb 1925 in der bayerischen Landeshauptstadt. Erich von Leipzig fiel am 29. Juni 1915, während des Ersten Weltkrieges, an der Dardanellenfront, in Usunköprie in der Türkei, einem Attentat zum Opfer. Danach übernahm seine Tochter Erika, geboren 1895 in Straßburg, das Rittergut. Ihre jüngere Schwester Marie, die sich Marion nannte, geboren 1898 in Darmstadt, ehelichte 1926 den berühmten Dirigenten Hans Knappertsbusch, der zu diesem Zeitpunkt die Bayerische Staatsoper leitete.

Wenige Fotos sind vom Dorf erhalten geblieben. Annita Meyer besitzt davon nur noch Kopien. »Damals wurde wenig fotografiert und gefilmt. Die Apparate waren teuer, und die Leute hatten ganz andere Interessen.« Es gibt Bilder von Annita als Kind im Garten, mit Ziegen, dann als junge Frau. »Dieses Bild hier zeigt die Baronesse, eine schlanke, große Frau. Schick, das Kostüm und der Hut.« Geraucht wie ein Schlot soll sie haben, die Erika von Leipzig, die kinderlos blieb und nie heiratete. Sie holte die Dorfkinder in ihr Märchenschloss, schenkte ihnen Süßigkeiten. »Sie hat Klavier gespielt, war Pianistin«, sagt Annita Meyer. Ob Hans Knappertsbusch seine Schwägerin besuchte, daran kann sie sich nicht erinnern.

Die Baronesse war eine weltgewandte, manchmal strenge Frau, meint Annita Meyer. Ihr Schicksal war eng mit Katzendorf verknüpft. Hier wurde sie nach der Bodenreform in der Sowjetischen Besatzungszone 1945 enteignet, ausgewiesen, vertrieben. Es galt »Junkerland in Bauernhand«. Nähere Auskünfte gibt Wolfgang Schatzberg in holpriger Formulierung am 4. Januar 1994 in der *Ostthüringer Zeitung*. Er schreibt, dass die Baronesse Gegner des Nazismus bei sich aufgenommen hätte, »verfolgte Juden aus Wien [...] tauchten kurzzeitig hier unter. Herr Bergelt aus der Nachbarschaft, der einzige Besitzer eines Pkw im Ort, brachte die ihm Unbekannten dann zur Bahn.« Davon weiß Annita nichts. Wenn dies wahr ist, dann hat der Vater seine Tochter aus Sicherheitsgründen nicht in diese gefährlichen Aktionen eingeweiht. Weiter heißt es in dem Zeitungsbericht: »Nach der Verkündigung ihrer Enteignung offenbarte die Baronesse der Kommission für die Bodenreform ihren Widerstand gegen das Dritte Reich wie auch den ihres Schwagers [...] und hoffte auf Verschonung. Doch der Antrag dieser Antifaschisten aus dem Adel und Bürgertum stieß auf Ablehnung. [...] Der Abschied von Schloß und Gut blieb ihren Nächsten weitgehend verborgen. Sie verbrannte Papiere im Park, darunter ihre Kompositionen. Dann ging sie mit dem Einspänner nach Teichwolframsdorf, wo weitere Gutsfamilien zum Abtransport warteten. Mit zwei kleinen Koffern verließ sie ihren Besitz. Die 50jährige Baronesse wurde bald nach München abgeschoben. In den ersten Nachkriegsjahren arbeitete sie in einem antifaschistischen Ausschuß für Entnazifizierung. Aus Briefen erfuhr sie später den Verlust ihres Eigentums, den Untergang des Schlosses. Sie muß daran zerbrochen sein. Mitte der 50er Jahre starb sie in geistiger Umnachtung in München.«

Diese letzten Fakten stimmen nicht ganz, wie meine Recherchen ergaben. Am 8. Februar 2008 teilte mir das Kreisverwaltungsreferat der Landeshauptstadt München auf meine Anfrage hin mit: Erika Maria von Leipzig verstarb am 28. Juni 1968. Sie wurde 73 Jahre alt. Über ihr Leben konnte mir auch Peter Knappertsbusch, der Urenkel aus einer Seitenlinie, der eine Website über seinen prominenten Vorfahren ins Internet gestellt hat, keine Auskunft geben. Erikas Schwester Marion starb 1984. Ob beide Schwestern in Kontakt standen, konnte ich nicht ermitteln. Bis zum Zweiten Weltkrieg wohnte Erika in Münchens bester Stadtlage, in der Maximilianstraße. Ich denke, trotz ihrer schmerzhaften Erfahrungen wird sie das kleine Katzendorf in Thüringen nicht vergessen haben. Vielleicht stand sie ja auch noch mit einigen Bewohnern in brieflichem Kontakt?

Über die Umstände der Enteignung schreibt Wolfgang Schatzberg in seinem Zeitungsartikel. Er will wissen, wie sowjetische Offiziere und Mitglieder der Bodenreformkommission 1946 wertvolles Tafelsilber, Gemälde von Franz Lenbach und François Rousseau, Möbel und Teile der Bibliothek aus dem Schloss nach Greiz abtransportieren ließen. Danach sei das Anwesen »für die Dorfbewohner und die Landarmen freigegeben« worden. Was von diesen Kunstschätzen heute vielleicht zum Bestand von Museen gehört, wäre eine intensive Recherche wert. Und ob sich noch andere Gegenstände in Haushalten befinden, wer weiß? Im Greizer Heimatmuseum im Unteren Schloss werden neben historischen Dokumenten auch Ölporträts der Familie von Mannsbach aufbewahrt. Sie fanden sich lange nach dem Abriss von Katzendorf auf dem Dachboden der Culmitzscher Kirche. Ich frage Annita Meyer, ob sie davon weiß. »An diese Vorgänge kann ich mich nicht mehr erinnern. Es war ja eine unruhige Zeit. Mein Vater hätte darüber etwas sagen können.«

Annita Meyer war acht Jahre alt, als der Krieg begann. »Früh um acht Uhr ging es zur Schule, 15, 20 Minuten zu Fuß. Wir wurden meistens um zehn zurückgeschickt wegen Fliegeralarm. Dann mussten wir Kartoffelkäfer sammeln, Rüben verziehen, Flachs rupfen und Kartoffeln lesen. Zu essen hatten wir immer, und wenn es nur Kartoffeln mit Quark waren. Und wir wanderten über Culmitzsch hinauf zum ›Waldhaus Mücke‹, zum Kinderfest. 1943 oder 1944 sind hier neun Bomben gefallen, am helllichten Tag, auf freies Feld, zwischen unserem Rittergut und dem Felsenkeller Richtung Großkundorf. Im Dorf ein Kommen und Gehen. Viele Flüchtlinge und Ausgebombte, sogar aus dem Rheinland. So viele Leute haben hier nie wieder gewohnt. Einige sind geblieben als Neubauern. Gebaut wurde mit dem Abbruchmaterial vom Schloss. Am 8. April 1945, da bin ich mir fast sicher, denn an diesem Tag hatte meine Freundin Geburtstag, sahen wir die amerikanischen Panzer über die ›Mücke‹ nach Culmitzsch fahren. Im Ort hingen ein paar weiße Fahnen an den Fenstern. Als die Amis in unser Dorf einfuhren, standen wir alle auf der Straße. Bei Hemmanns wurde die Küche geräumt. Da habe ich – ich war 14 Jahre alt – den ersten Neger in meinem Leben gesehen. Die Russen kamen später, im Juni oder Juli, mit Panjewagen. Die hatten eine Gulaschkanone dabei. Der russische Kommandant ließ sich in Berga nieder.«

Annitas Vater wurde 1939 vom Gemeinderat mehrheitlich zum Bürgermeister gewählt. Er musste in die NSDAP eintreten, damit er dieses Amt ausüben konnte. Mit den Nazis scheint er aber nicht viel am Hut gehabt zu haben, denn er ließ sich Zeit beim Ausfüllen des Arier-Nachweises, ließ Spalten offen und wurde vom Landrat mehrfach ermahnt. Ein Bürgermeister in einem kleinen Ort wie Katzendorf genoss immer das Vertrauen seiner Mitmenschen. Es gab wenige Kandidaten, die für dieses Amt in Frage kamen. Oft wurde es durch Wiederwahl besetzt. Auch von Bergelts Vorgänger Otto Bratfisch wurden, wie Akten belegen, beglaubigte Abschriften zur arischen Abstammung streng eingefordert. 1940 wurde Albert Bergelt zum Bodenpersonal der Luftwaffe eingezogen. »Ich war zehn Jahre alt. Der Vater war weg. Wir waren nun allein, vier Weiber: Oma, meine Mutter, meine Schwester und ich. Oma Schmöller hat in der Landwirtschaft hart gearbeitet. Der große Garten hat uns gut ernährt. Es wurde auch untereinander im Dorf getauscht. Für die Hamsterer reichte es selten.« Nach dem Krieg besuchte Annita Meyer die Landwirtschaftsschule in Berga. Eine bäuerliche Zukunft war vorgezeichnet.

»Mein Vater kam im Dezember 1949 aus sowjetischer Kriegsgefangenschaft. Ich habe ihn fast nicht erkannt, und er hat geguckt, wie groß ich geworden war. Er hat im Gebiet um den Flughafen Wnukowo bei Moskau Straßen bauen und Eisenbahnschienen verlegen müssen. Wir hatten Jahre auf Post von ihm gewartet. 1947 erhielten wir eine Doppelkarte mit Rücksendeformular. Da standen nur zehn Worte drauf. Zuerst: Ich lebe. Dann konnte er erst nach zwei Jahren wieder schreiben, und dann stand er endlich vor unserer Tür.«

IV

Am 7. Oktober 1949 wurde die DDR gegründet. Vater Bergelt erlebte die Umbrüche hautnah, wurde regelrecht in die neue Zeit hineingeworfen und musste sich erst an die vielen Abkürzungen wie SBZ für Sowjetische Besatzungszone und SMAD für Sowjetische Militäradministration gewöhnen und an das fremde Wort »Wismut«, die Tarnbezeichnung für die am 2. Juni 1947 ins Handelsregister in Aue eingetragene Zweigstelle der Staatlichen sowjetischen Aktiengesellschaft zur »Gewinnung von Buntmetall«.

Das kleine Katzendorf geriet, ohne dass seine Einwohner es wussten, in das Getriebe des Kalten Krieges. Schuld daran war das selten vorkommende Uranerz, das hier, nur zwei Kilometer von der Lagerstätte Sorge entfernt, in der Erde schlummerte. Albert Bergelt ließ kaum Worte über den Krieg und seine Gefangenschaft fallen. Er war froh, am Leben zu sein und tatkräftig anpacken zu können. Seine Tochter Annita war inzwischen eine junge Dame geworden. Anfang Januar 1950 wurde Vater Bergelt mit fünf Stimmen Mehrheit wieder zum Bürgermeister gewählt und löste seinen Vorgänger Kurt Meißner ab. Seine erste Gemeindevertretersitzung nach dem Krieg leitete er im April. Damit wurde seine Wohnstube wieder zum Gemeindebüro und Mittelpunkt von Katzendorf. Abgelehnt wurde auf dieser Sitzung das Gesuch der Neubäuerin Hilde Scheffel »zwecks Entfernung einer Pappel vor ihrem Grundstück« mit der Begründung, »das Ansehen der gesamten Allee« würde darunter leiden.

Die spärlich vorhandenen Gemeindeprotokolle in Kurzfassung enthalten nur die nötigsten Informationen und vermitteln oberflächliche Einblicke ins Dorfleben. Doch der Ton der neuen Zeit ist unüberhörbar: Frieden, Einheit, erster Fünfjahrplan und Gedenken »des großen Weltfriedensführers J. W. Stalin«. Im Dezember 1950, nach der DDR-Volkswahl, wurde Albert Bergelt einstimmig in sein Bürgermeisteramt wiedergewählt. Inzwischen hatte die Gemeinde auch einen Patenbetrieb, den Kraftverkehr Greiz, der gemeinsam mit den Dorfbewohnern einen Kinderspielplatz mit Sandkasten errichtete. Im Gemeindeprotokoll vom 28. Januar 1951 ist zum ersten Mal von der Wismut AG die Rede. Die Bauern wollten wissen, was auf ihrer Flur geschieht. Im November diskutierten sie über die von den Wismut-Fahrzeugen beschädigten Straßen, im Dezember wurde vom Ausbau eines Kulturraumes »Abstand genommen«. Die Dorfgemeinschaft wurde aufgefordert, wie es in den Gemeindeprotokollen heißt, »sich noch mehr als bisher für den Frieden der Welt einzusetzen«.

»Mit 20 Jahren hatte ich andere Dinge im Kopf als Politik«, sagt Annita Meyer ganz direkt. »Aber die Zeit hat mich dann schnell eingeholt. Wir sahen ja, was in Sorge vorging. Wir gingen oft zum Tagebau, verstanden aber nicht, was los war. Ein riesiger Bretterzaun, an die zwei Meter hoch, versperrte die Sicht, alles militärisch bewacht. Dahinter entstand eine Mondlandschaft. Sorge war nicht wiederzuerkennen. Es verschwanden immer mehr Häuser. Warum? Das konnten wir einfach nicht begreifen. Es gab viele Gerüchte über Aue und Oberschlema im Erzgebirge, über die Schächte und Halden dort. 1949 oder 1951, ich weiß es nicht genau, da wurde mit Geigerzählern die Erde abgehorcht, dann kamen die Schürfer, alles Fremde, nach Katzendorf. Sie brachten viel Unruhe mit. Bäume wurden gefällt, von Sorge runter zu uns. Die Kirschallee wurde abgeholzt. Feldarbeit war nicht mehr möglich. Dann kamen die Bohrer mit ihren Geräten, später die Maschinenbohrer mit SIS-Lkw, hintendrauf die Bohranlage, die sah wie eine Pyramide aus. In dieser Truppe arbeitete auch mein zukünftiger Mann, der kam aus Altenburg. Wie die anderen verdiente er nicht schlecht, wurde gut versorgt mit Lebensmittelzuteilungen, aber die Arbeit war hart. Die Schürfer wühlten oft mit den bloßen Händen in der Erde rum. Wenn es Lohn gab, wurde viel getrunken. Die Männer konnten allerhand vertragen und torkelten dann auf der Straße hin und her. Im Dorf hatte es so etwas früher nicht gegeben.«

Auch im kleinen Katzendorf mussten die Bewohner Quartiere für die Wismut-Kumpels bereitstellen. Im Oktober 1951 informierte der Kreisrat des Landkreises Greiz die Stadt- und Gemeinderäte über die Höhe der monatlichen Mietpreise. Die Mieten waren durchschnittlich festgesetzt und für die Bergleute spottbillig. In Altbauten waren je Quadratmeter 35 Pfennig zu zahlen, bei einem 10-Quadratmeter-Zimmer also 3,50 Deutsche Mark. Für Bettwäsche, Handtuch, Waschen der Wäsche (»die Waschmittel sind vom Mieter zu stellen«), für Federbett und Kopfkissen,

Warmwasser und Kaffee sowie Bedienung fielen durchschnittlich 10,50 Deutsche Mark an.

Annita Meyer, frisch verheiratet, erlebte hautnah diese »wilde Zeit« der Wismut, über die Werner Bräunig, der 1953 als Fördermann ins Erzgebirge einfuhr, in seinem Roman *Rummelplatz* schreibt: »Die Wismut ist ein Staat im Staate, und Wodka ist ihr Nationalgetränk.« Aufgrund seiner kritischen Brisanz durfte dieses Opus magnum in der DDR nicht erscheinen und wurde erst 2007, über 30 Jahre nach dem Tod des Schriftstellers, veröffentlicht.

»In unserem Haus lebten nun mit meinem Mann sechs Leute. Von der Räumung des Dorfes erfuhr mein Vater als Erster. Bei uns wurde telefoniert, da blieb nichts verborgen. Die Leute waren durcheinander. Um uns herum viele Fahrzeuge, Laster, Kipper, Bagger, die Landschaft verwüstet. Es hieß immer, es kann sein, aber es kann auch nicht sein, dass ihr rausmüsst. Aber wenn, dann bekämen wir rechtzeitig Bescheid.«

Am 12. Januar 1952 wurde den Bewohnern von Katzendorf Nummer 8 mündlich mitgeteilt, dass sie in vier Wochen das Anwesen räumen und verlassen müssen. Annita war zu diesem Zeitpunkt schwanger. »Versprochen wurde uns: ›Ganz gleich, wo ihr hinmacht, die Katzendorfer werden alle unterstützt, von Erfurt, vom Land Thüringen.‹ Von dort kamen auch Genehmigungen, zum Beispiel für meinen Vater die Konzession als Gastwirt und Kohlenhändler. Das hat geklappt. Und wir sind für unser Anwesen und das Land entschädigt worden: 19 Pfennig pro Quadratmeter. Alles ging durch den Verkauf in Volkseigentum über. Auch für unser Waldstück, das in Richtung Trünzig lag, haben wir Geld bekommen. Später hat die Wismut in Gera, Berga und Seelingstädt Neubauten errichtet, für die Bergarbeiter und für die Ausgesiedelten. Bei uns hieß es: ›Ihr müsst euch selber was suchen oder ihr kriegt was zugewiesen.‹ Wir haben uns selbst was gesucht. Mein Vater kannte den Baumeister von Reudnitz. ›Horch drauf‹, hat der gesagt, ›ich wüsste was für dich, aber total kaputt, den Gasthof *Zum goldenen Löwen.*‹ Hier lebte die Witwe des früheren Gastwirtes mit drei Kindern. Ihr Mann war im Krieg gefallen. Wir haben nicht lange überlegt. Es war auch kein anderes Haus frei zum Verkauf. Wenn du nur ein paar Wochen Zeit hast, was willst du da überlegen? Wir brauchten ein Dach über dem Kopf. Es war ja mitten im Winter.«

Die Katzendorfer wurden nach den damals geltenden gesetzlichen Bestimmungen entschädigt. Dazu gehörte zum Beispiel die Verordnung vom 6. Dezember 1951 über die Inanspruchnahme von Grundstücken für bergbauliche Zwecke. »Über die Gesetze habe ich mir keine Gedanken gemacht«, sagt Annita Meyer.

Während die Familie packte und räumte und den Umzug vorbereitete, zeigte das Palast-Theater in Gera den DEFA-Film *Das verurteilte Dorf* – das Regiedebüt des Schauspielers Martin Hellberg. Das mittelmäßige Drehbuch des 1951 entstandenen Streifens schrieben Kurt und Jeanne Stern. Die fiktive Geschichte erzählt von einem Dorf in Franken, das 1950 dem Bau eines amerikanischen Militärflugplatzes weichen soll. Die Bauern von Bärenweiler wehren sich, erfahren Solidarität aus anderen Dörfern. Landesregierung und Kirche halten sich bedeckt. Die Polizei will Bärenweiler räumen, ein junger Bauer wird verhaftet und wegen »Widerstands gegen die Staatsgewalt« vor Gericht gestellt. Während der Gerichtsverhandlung treten die Arbeiter der Baufirma, die den Flugplatz errichten soll, in den Streik. Die amerikanische Militärpolizei unternimmt den nächsten Versuch einer Räumung. Aus Angst packen die Bauern. Die Situation eskaliert, als sich eine alte Frau erhängt. Die Kirchglocken läuten Sturm. Aus den umliegenden Dörfern eilen die Menschen herbei und zwingen die Amerikaner zum Abzug.

Als »ein großartiges Agitationsmittel in unserer großen nationalen Kampagne gegen Remilitarisierung, für die Einheit Deutschlands und den Abschluß eines Friedensvertrages« schätzte die Zentralstelle für Landfilm diesen Propagandastreifen ein und empfahl für Thüringen die Vorführung an Schwerpunkten der innerdeutschen Grenze, in den Kreisen Worbis und Hildburghausen. »Hier sollen feierliche Veranstaltungen möglichst mit westdeutschen Bauern durchgeführt werden.« Der Schwarzweißfilm, Länge 107 Minuten, lief vor ausverkauften Sälen, auch in anderen »Zonengrenzdörfern« im Vogtland, im Harz und im nördlichen Mecklenburg. Schulvorstellungen ab der 6. Klasse wurden organisiert. Die Filmvorführer erhielten eine schriftliche Einführung, die sie dem Kinopublikum vortragen sollten. Darin hieß es: »Unser Herz pocht stärker, wenn wir im Film sehen, welchen gewaltigen Auftrieb die unzähligen Briefe, Telegramme und Resolutionen aus den Betrieben und Gemeinden der Deutschen Demokratischen Republik den Bärenweilern geben. Die Handlung des Films ist nicht erfunden, die Menschen, die sich täglich und stündlich den Zwangsmaßnahmen der Amerikaner widersetzen, leben und ihre Zahl wächst.«

Annita Meyer las in diesen Tagen keine Zeitung. Kein Gedanke an Kinobesuche. Ob ihr der mit Günther Simon, Eduard von Winterstein, Albert Garbe, Wolf Kaiser, Helga Göring und Marga Legal hochkarätig besetzte Film über das kleine Dorf irgendwo im Fränkischen, das nur auf Zelluloid existiert, gefallen hätte, ist zu bezweifeln. Wahrscheinlich hätte sie diese Dorfgeschichte als Hohn auf ihre bedrückende Situation empfunden. In Katzendorf protestierte niemand öffentlich, alle schickten sich scheinbar in ihr Schicksal, sie wussten, dass sie machtlos waren, und wurden doch wütend, als die zugesagten Fahrzeuge für die Umzüge nicht erschienen. Währenddessen lief der Propagandafilm über das fränkische Dorf weiter vor ausverkauften Sälen. Die DDR-Führung benutzte ihn, solange er für ihre politischen Zwecke taugte. Am 26. Mai 1952 erließ der Ministerrat der DDR als eine Antwort auf die Ablehnung der Stalin-Note durch die Westmächte die »Verordnung über Maßnahmen an der Demarkationslinie zwischen der Deutschen Demokratischen Republik und den westlichen Besatzungszonen Deutschlands«. Die 1394 Kilometer lange »Grüne Grenze« zur BRD wurde endgültig abgeriegelt. Es entstanden Sperrgebiete und Schutzstreifen, bewehrt von Wachtürmen und Stacheldrahtzäunen. Die in den Sperrgebieten ansässige Bevölkerung wurde zwangsweise in der »Aktion Ungeziefer« ausgewiesen. Tausende Menschen verloren ihre Häuser und Höfe, ihre Heimat. Sie wurden ins Landesinnere umgesiedelt. Tausende flohen nach »drüben«. Die Grenzsoldaten standen unter Schießbefehl.

Angesichts dieser Tatsachen war *Das verurteilte Dorf* ebenfalls zum Sterben verdammt. Im Mai 1953 wurde der Streifen aus den Kinos zurückgezogen, zu brisant war sein Inhalt geworden, auch nachdem der Film bereits nicht mehr aufgeführt werden durfte. Am 4. Juni 1953 protestierten in Streufdorf bei Hildburghausen, in Südthüringen, Dorfbewohner gegen die Aussiedlungen. Ein junger Mann wurde verhaftet und zu sechs Jahren Zuchthaus verurteilt. Der Vorwurf des Gerichts, nachzulesen im Protokoll Nr. 97 der Sitzung des Politbüros des ZK der SED, lautete, der Aufwiegler hätte auf den demokratischen Film *Das verurteilte Dorf* hingewiesen und die Bevölkerung aufgefordert, »es ebenso zu machen wie die Bauern in diesem Film«. 1960 wurde der Film endgültig für den Verleih gesperrt. Die Begründung lautete: »In diesem Film tritt noch die USA-Besatzungsmacht als Urheber des Bauernlegens auf. In der Gegenwart ist jedoch das Adenauer-Regime dafür voll verantwortlich.«

V

Bis heute hat Annita Meyer den 14. März 1952, den letzten Tag in ihrem geliebten Katzendorf, nicht vergessen. Am 23. Februar 1952 war die Räumung des Ortes offiziell abgeschlossen. Die Bergelts hatten eine Frist bekommen, weil sie nicht so schnell in ihr neues Domizil umsiedeln konnten. In der sozialistischen Tagespresse beschäftigten sich die Schlagzeilen mit Stalins Note zur Wiedervereinigung und Neutralisierung Deutschlands. Als Antwort auf diese Initiative übernahmen Werktätige »neue Verpflichtungen für den Frieden«. Am 28. Februar 1952 geschah im Haldengelände zwischen Sorge-Settendorf und Katzendorf ein Verbrechen. Ein Wismut-Bergmann, beheimatet in Ronneburg, wurde erschlagen aufgefunden. Die Tat sorgte für Unruhe unter den Bergarbeitern. Sie drohten dem Täter mit Lynchjustiz und gaben viele Hinweise. Die Abteilung K des Volkspolizeikreisamtes Greiz ermittelte unter Hochdruck. Bereits am nächsten Tag konnte ein verdächtiger Bergmann festgenommen werden. Volkspolizei und Wismut verbuchten das als einen Erfolg der engen Zusammenarbeit. In der Presse erschienen nur die nötigsten Informationen. Das Wort »Wismut« tauchte nirgends auf.

Detaillierter informierte *Das Volk* am 26. Juni 1952 in der Geraer Ausgabe unter der Rubrik »Aus dem Gerichtssaal«. Darin werden Opfer und Täter mit ihren wirklichen Namen genannt. Der Name des Verfassers steht nicht unter dem Artikel. »Die Erziehung war schuld« lautet die Überschrift dieses beredten Zeugnisses, typisch für Stil und Ton der damaligen Zeit:

»Die Nachricht von einem Raubmord durchlief in den letzten Februartagen unsere Städte und Dörfer. Unsere Kriminalpolizei arbeitete gut und schnell: einen Tag nach der Untat wurde der Mörder festgenommen. Vor dem Schwurgericht in Gera sagte Rohmer aus, wie es zu der grausamen Tat kam. Beherrscht von dem unseligen Gedanken ›so oder so‹ die 80 Mark an sich zu bringen, die er in der Brieftasche seines Opfers wußte, nutzte er die Hilflosigkeit seines Arbeitsgefährten Walter Steiniger aus, der, des Trinkens ungewohnt, von einigen Flaschen Bier, die er mit Rohmer getrunken hat, sich seinem Gefährten völlig anvertraute. Lassen wir die grausamen Umstände beiseite, die der Täter, innerlich anscheinend unbeteiligt, seinen Richtern schilderte. Ein wertvolles Menschenleben wurde vernichtet, einer alten Frau der einzige Sohn geraubt, der sie unterstützte.

Und der Mörder? ›Ein Mensch mit primitivem Denken, haltlos, von einer außerordentlichen Gefühlskälte‹, war das Urteil des Sachverständigen. Beschränkt, aber voll verantwortlich zu machen für seine Tat. Eine Bemerkung in einem Schülerbogen und die Schilderung seines Lebens gaben die Erklärung für sein verhärtetes Innenleben, das ihn schließlich zum Mörder werden ließ.

1930 in denkbar schlechten sozialen Verhältnissen als Sohn eines Elternpaares geboren, das weder lesen noch schreiben konnte, gab es in seiner Kindheit nichts, was ihn hätte zum Guten entwickeln können. In den ersten Schuljahren erst erlernte er das Sprechen. Er war das Gespött der Dorfjugend. Das faschistische Schulsystem kannte keine Humanität. Was kümmerte es damals die Lehrer, wenn vor ihren Augen ein Mensch verkümmerte? Die Jugend Hitlers sollte hart werden wie Kruppstahl! Wohl machte man den Vermerk im Schülerbogen 1939: ›Ging mit dem Messer auf ein Schulmädchen los.‹ Weiter nichts! Jetzt sagte er es dem Staatsanwalt: ›Man hatte mich immer wieder so sehr verhöhnt wegen meiner Sprache.‹ Ein Vorwurf für das Gewissen der Menschen – eine Mahnung für alle Erzieher, Eltern und Kinder!

Unser Gericht weiß das gerechte Urteil zu finden. Gewissenhaft prüfte es alle Umstände. So grausam die Tat war, so grausam war das Leben des Mörders, der, obwohl schon Vater von zwei Kindern und so für eine Familie verantwortlich, selbst noch nicht geistig so entwickelt ist, wie er es in anderen Verhältnissen vielleicht doch hätte sein können. Von der menschlichen Gesellschaft *mußte* er isoliert werden, aber er wird Gelegenheit haben, doch noch Mensch zu werden. Nach dem Plädoyer des Staatsanwaltes, der eine lebenslängliche Zuchthausstrafe und Aberkennung der bürgerlichen Ehrenrechte auf Lebenszeit beantragte, erlebte man die erste Gefühlsbewegung bei dem Angeklagten. War es das Strafmaß, oder war es wirklich erwachtes Bewußtsein? Mit tränenerstickter Stimme bat er darum, für seine Familie arbeiten zu können, arbeiten zu können, damit er auch die alte Frau Steiniger unterstützen könne, der er den Sohn geraubt hat. Das Gericht gab dem Antrag des Staatsanwaltes statt. Der Täter wird eine Chance haben, sich als Mensch zu bewähren.«

Annita Meyer kann sich an dieses Verbrechen nicht erinnern. »Da wird schon in Katzendorf drüber gesprochen worden sein. Wir waren mit uns beschäftigt, mussten uns um uns kümmern. Was aus dem Mörder geworden ist, wer weiß?« Heute gibt es kaum noch Zeitzeugen, die von dieser Tat wissen. Ich bin ganz zufällig bei Aktenstudien im Thüringischen Staatsarchiv Rudolstadt auf diesen Fall gestoßen.

Ab Mitte März 1952 wohnten die Bergelts im Gasthof »Zum goldenen Löwen«. Im September brachte Annita ihre Tochter Ilona zur Welt. »Gemocht wordn isse noch in Katzendorf«, schmunzelt sie im schönsten Vogtländisch. »Ilona ist nicht die letzte Katzendorferin, nee, nee, da sind noch ein paar annere geboren worden. Die Ungethüms hatten fünf Kinder, die Gerbers viere und Donhauser zwee.« Auch die Schäferhündin Dina, ein Geschenk des Vaters zu Annitas 20. Geburtstag, zog mit um. Es war kein leichter Neustart. In Reudnitz war es mit der dörflichen Idylle gänzlich vorbei. Das neue Anwesen lag an der Hauptstraße. Hier herrschte starker Autoverkehr Richtung Greiz und Zwickau. Die Familie wohnte notdürftig, denn vieles an dem Gebäude war zu reparieren, beim kaputten Dach angefangen. Gut, dass Vater Bergelt Bretter, Türen und anderes Holz nicht in Katzendorf gelassen hatte. Es eignete sich vorzüglich als Baumaterial. Annita arbeitete beim Vater. Sie war eine fleißige Wirtin. »Der Laden hat gebrummt, es kamen viele Gäste.« Der große, stuckverzierte

Tanzsaal wurde nun nicht mehr als Getreidetenne der Bäuerlichen Handelsgenossenschaft genutzt. Feste wurden wieder gefeiert. Auf der kleinen Bühne spielte die Musik, und die Wirtsleute brachten frisch Gezapftes. Brauchten die Gäste Platz, schoben sie die gläsernen Seitentüren auf. 1954 wurde das zweite Kind, Sohn Peter, geboren. Oma Schmöller starb 1955 und wurde in Reudnitz beerdigt.

»Die Wismut hat damals verantwortungslos gehandelt, nicht gesagt, was uns bevorsteht«, sagt Annita Meyer und ist sich dabei nicht sicher, wem sie eigentlich die Schuld am Abriss ihres Dorfes geben soll. »In die leerstehenden Gebäude ist die Wismut eingezogen. Bei uns war wohl die Verwaltung, die Feuerwehr bei den Nachbarn. Die große Gutsscheune wurde zur Garage umgebaut, und die Wismut-Küche zog bei Hemmanns ein. Was aus dem weißen Stundenstein, dem Wegweiser vor unserem Haus, geworden ist, das frage ich mich heute noch. Der zeigte die Zeit an, die man von Katzendorf in die nächsten Orte brauchte. Das war unser Wahrzeichen. Eine rechteckige Säule. Um die hat sich keiner gekümmert. Die ist vielleicht im Tagebau verschwunden?«

Während des Auszuges aus Katzendorf nahm sich niemand das Leben und es starb auch keiner. Das geräumte Dorf versank sang- und klanglos in einer Mondlandschaft. Nirgends mehr Bäume, Wiesen und Sträucher. Die Bergleute wanderten dem Erzflöz nach, das nun in 15 bis 20 Metern Tiefe lag. Es wurde gesprengt, Löffelbagger und Kipper waren vor Ort. Kleine Züge fuhren den Abraum zu unübersehbaren Außenhalden. Der Verladebahnhof Trünzig wurde zum Knotenpunkt für den Weitertransport des Erzes. Der Tagebau erhielt den offiziellen Namen »IV. Parteitag der SED« – gängig waren Bezeichnungen wie »Trünzig-Katzendorf«, »Sorge-Katzendorf« und »Sorge-Trünzig« – und nahm eine Fläche von 134 Hektar ein. Die Außenhalden beanspruchten 120,7 Hektar. Das Areal wurde streng bewacht, allerdings ohne Bretterzaun. Man munkelte, die Sägewerke kämen mit dem Holz nicht nach. Nun konnte jeder in der Culmitzsch-Aue, auf den Höhen von Klein- und Großkundorf, drüben in Friedmannsdorf oder in Trünzig sehen, wie die Landschaft zerstört wurde. Doch darüber durfte nicht gesprochen werden. In der *Wismut-Chronik*, verfasst 2006, heißt es lapidar: »Aber auch Häuser und Gehöfte des Ortes Sorge-Settendorf, der gesamte Ort Katzendorf und große Teile des Ortes Gauern fielen dem Abbau zum Opfer.«

»Mein Vater hat nicht viel vom Dorf gehabt, nachdem er aus der Kriegsgefangenschaft zurückgekehrt war«, sagt Annita. »Aber er war rührig, hat angepackt und konnte mit dem Verlust wohl besser umgehen als meine Oma oder meine Mutter.« Bis das Erzvorkommen in Katzendorf erschöpft war, dauerte es nur ein paar Jahre. 1957 wurde der ausgeerzte Tagebau geschlossen. Der Tagebau Sorge-Settendorf wurde Mitte der sechziger Jahre mit Abraum von den abgetragenen Halden rückverfüllt, Flächen wurden planiert, und es entstand Grünland für die Landwirtschaft. Von Reudnitz durch den Werdauer Wald war die verlorene Heimat in kurzer Zeit zu erreichen. Doch Annita Meyer zog es nicht zurück. Später stand sie ab und an unterhalb des Hanges, wo das letzte Stück der Dorfstraße aus Richtung Culmitzsch in die Wismut-Auffahrt zu den Dämmen mündete. Nach dem Wegzug blieb sie mit ehemaligen Dorfbewohnern, die es meist ins Greizer Umland verschlagen hatte – nach Berga, Culmitzsch, Markersdorf, Seelingstädt, Obergeißendorf, Waltersdorf und Werdau –, in Verbindung. Die Gespräche drehten sich dann um den Alltag, die Gesundheit und natürlich um das verschwundene Katzendorf, das nun auf keiner Landkarte mehr zu finden war.

Geblieben sind vor allem die Erinnerungen, Dokumente, ein paar Fotos, alte Landkarten und ein Vermerk im *Sagenbuch des Voigtlandes,* 1871 von Robert Eisel, dem Geologen und Heimatforscher, in Gera veröffentlicht. Unter Sage Nummer 501 finden die unterirdischen »Diebshöhlen« in der »Katzendorfer Thalschlucht« Erwähnung.

1958 spendeten ehemalige Katzendorfer Geld für eine im Jahr darauf in Apolda von der bekannten Firma Schilling gegossene Kirchenglocke. Sie wiegt 360 Kilogramm, ihr Durchmesser beträgt 95 Zentimeter. Sie trägt ein Kreuz und die Umschrift: »Des Herrn Wort bleibt in Ewigkeit«. Auf der Rückseite steht: »So lehre sie dass nichts bestehet dass alles irdische vergehet«. Eine Tafel am Stahljoch erinnert an die Spender und den Namen ihres verlorenen Dorfes. Eine Glocke mit Schicksal, denn sie läutete mit zwei großen Schwestern im Turm der Culmitzscher Kirche noch etwa zehn Jahre lang, bis zum Abriss dieses Ortes durch die Wismut.

Die Glocken konnten gerettet werden. Im Kirchturm im nahen Paitzdorf fand das Dreiergeläut eine neue Heimstatt, es wurde im November 1969 geweiht und versieht noch heute seinen Dienst. Und es existieren noch ein paar Meter Schmalfilm mit einigen Einstellungen von Katzendorf, die der ehemalige Culmitzscher Reinhard Poltsch in seinem Fotoarchiv in Elsterberg wie seinen Augapfel hütet.

VI

In Reudnitz blieb die Zeit nicht stehen. Annita Meyer war mittendrin in ihrer Familie, die fest zusammenhielt. Im Zentrum stand die Gastwirtschaft, sie wurde nicht nur für die Bergelts zur zweiten Wohnstube. Es gab schöne Jahre, mit viel Mühe, und traurige Jahre voller Enttäuschungen. »Wir haben es nicht immer leicht gehabt in Reudnitz. Es hat schon manchem nicht gepasst, dass wir so eine gute Wirtschaft führten.« Ich frage Annita Meyer, was sie noch über den 17. Juni 1953 – Stalin war seit einem Vierteljahr tot – weiß. »Da war in Katzendorf in den Garagen allerhand los. Es wurde viel herumerzählt«, erwidert sie.

Obwohl Bergleute der Wismut als Schwerstarbeiter mehr Lebensmittel bekamen und besser verdienten als die Mehrheit der Bevölkerung, waren die Arbeitsbedingungen zu dieser Zeit katastrophal. Die Bergleute trugen Gummianzüge, manchmal sogar noch Stahlhelme aus dem Zweiten Weltkrieg, hantierten mit Hacken und Schaufeln. Manche von ihnen standen im Abbau bis zu den Knien in arsenhaltigem Wasser. Die Gesundheitsrisiken waren enorm: gefährlicher Staub vom Trockenbohren und Sprengungen mit Donarit, radioaktive Strahlung, Radongas. Unfälle waren an der Tagesordnung, Gesundheitsschäden mit Spätfolgen wie Silikose und Lungenkrebs auf Jahrzehnte vorprogrammiert. Die allgemeine Situation verbesserte sich erst mit Gründung der zweistaatlichen Sowjetisch-Deutschen Aktiengesellschaft, der SDAG Wismut, im Jahre 1954. An dieser Veränderung waren die Wismut-Kumpel, auch die von Katzendorf, maßgeblich beteiligt. Es begann schon 1951 im thüringischen Saalfeld. Dort protestierten Bergleute gegen soziales Unrecht. Zwei Tage dauerte es, bis dieser

Aufstand unter Kontrolle war. Staats- und Parteiapparat griffen durch. Es gab Verhaftungen und Verurteilungen zu langjährigen Haftstrafen. Am 17. Juni 1953 brach in der gesamten DDR ein Volksaufstand aus. In seinem Buch *Uran für Moskau* schreibt Rainer Karlsch: »In den Bergbau-Kreisen blieb die Intensität der Proteste hinter denen in der übrigen DDR zurück. Zu Streiks und Gewaltaktionen kam es vor allem in den Thüringer Wismut-Betrieben. Ausgangspunkt war die Garage Katzendorf bei Ronneburg. Die Kraftfahrer und Mechaniker fuhren mit ihren Fahrzeugen nach Weida und nahmen dort an Massenprotesten teil. Anschließend begaben sie sich nach Gera. Einer Einheit der KVP gelang es nicht, die erregten Wismut-Mitarbeiter zu stoppen. [...] Kurz darauf kam es zu spektakulären Aktionen in Gera. Erneut gingen die Bergleute aus Auseinandersetzungen mit KVP-Einheiten siegreich hervor. Danach demolierten sie mehrere Gaststätten und stürmten ein Polizeirevier in Berga.« Der Chef der Militärgarnison Gera, Oberst Aktschurin, verhängte am 17. Juni 1953 mit Befehl Nr. 1 den Ausnahmezustand über die Stadt. Tausende Menschen waren in den Straßen unterwegs, sammelten sich zu Kundgebungen, zerstörten Transparente und stürmten öffentliche Gebäude. Wismuter aus Culmitzsch protestierten mit Losungen: »Nieder mit der Regierung!«, »40 % HO-Preissenkung!« So umstellten auf dem Platz der Republik 200 Demonstranten zwei Soldaten der Roten Armee. Schüsse fielen. »Die Rädelsführer sind verhaftet«, heißt es in der Broschüre *Mir wolln unsere Freiheit wieder ham ...* der Geraer Gedenkstätte Amthordurchgang e.V.

Die DDR-Führung bezeichnete den niedergeschlagenen Volksaufstand als »faschistischen Putsch«. »Die Besatzungsmacht und die SED sahen sich zu einer Reihe von sozialen Zugeständnissen veranlasst«, schreibt Rainer Karlsch. Aus der SAG Wismut entstand 1954 die bereits erwähnte Sowjetisch-Deutsche Aktiengesellschaft, die SDAG Wismut. Vorstandsvorsitzender war Industrieminister Fritz Selbmann, als Generaldirektor fungierte General Walentin N. Bogatow. Das gigantische Wirtschaftsunternehmen setzte fortan auf verstärkte Sicherheit, Kontrolle und Geheimhaltung.

Während Annita Meyer in Reudnitz ihr Leben lebte, gingen auf dem Katzendorfer Plateau ab 1958 große Veränderungen vor sich.

Blick vom Trenndamm der ehemaligen Industriellen Absetzanlage Trünzig auf die Ortslage Katzendorf, 2007

Nach Einstellung der Uranerzförderung wurden die Dämme um das Tagebaurestloch erhöht. Zwei riesige Becken, A und B, die 1991 eine Fläche von rund 65 und 48 Hektar einnehmen sollten, entstanden. Der Mitteldamm, der beide Becken voneinander trennte, lag auf einer Höhe von 352 Metern. 1961 nahm die Wismut ihr modernstes Aufbereitungswerk im nahen Seelingstädt, die »Neue Fabrik«, AB 102, in Betrieb. Hier wurde das gewonnene Erz, auch aus Sachsen, in verschiedenen chemischen Prozessen aufbereitet. Am Ende stand ein Konzentrat, ein gelbes Pulver, das »Yellow Cake«, in Stahlfässern versandfertig für die Sowjetunion. Die radioaktiven Abfallschlämme, Tailings, wurden bis 1967 auf das Katzendorfer Plateau, in die Becken der entstandenen Industriellen Absetzanlage, kurz IAA Trünzig genannt, gepumpt – insgesamt 19 Millionen Tonnen.

In den fünfziger und sechziger Jahren erfasste das Uranfieber die Region Ronneburg. Lichtenberg, Schmirchau und Gessen waren betroffen. Es entstanden Bergwerke, Tagebaukomplexe, Halden, Fabriken. Der »Uranstaat« wuchs. Sein Wahrzeichen: die beiden

Konturierungsarbeiten auf dem Katzendorfer Plateau. Blick von der B 175, 2009

weithin sichtbaren an die 100 Meter hohen Doppelhalden von Reust und Paitzdorf, im Volksmund »Ronneburger Titten« genannt. Auch die Erzvorkommen der Lagerstätte Culmitzsch waren längst erkundet. Hier entstand ab 1955 ein Großtagebau mit einer Gesamtfläche von 226 Hektar. Die Halden des Großtagebaus schoben sich zu einem breiten künstlichen Gebirge zusammen, 30 bis 65 Meter hoch, das den Kirchturm von Culmitzsch bedrohlich überragte. Der Ort verschwand teilweise fast im Abraum.

In Reudnitz bekam Annita Meyer nur wenig von diesen gigantischen Zerstörungen ihrer einstigen Heimat mit. Sie konzentrierte sich voll auf ihre Arbeit in der Gaststätte. Doch die Familie geriet ins Visier der Staatssicherheit und litt unter staatlichen Repressionen. Annita Meyer kann darüber nicht erzählen. Sie bittet mich, sie nicht mehr über diese Zeit auszufragen. Zu schwer trägt sie an diesen Erinnerungen, die sie immer wieder schlagartig überfallen. Wäre alles anders gekommen, hätte sie in Katzendorf bleiben können? Annita zuckt mit den Schultern. Tränen steigen ihr in die Augen. Ich respektiere ihre Bitte und erfahre noch, dass sie in einer Greizer Färberei und danach viele Jahre im Wälzlagerwerk Fraureuth in der Schleiferei arbeitete. »Das war schwere körperliche Arbeit.« Und das bis zur Wende 1989. »Diesen Betrieb gibt es heute noch. Ist ganz modern.«

Die Gastwirtschaft »Zum Goldenen Löwen« wurde nach ihrer Schließung in den sechziger Jahren nie wieder geöffnet. Die Gäste kamen nicht mehr, wie Annita Meyer sagt, »zu Biere«. Der Tanzsaal verwaiste. Küche und Schankräume wurden fortan von der Familie als Wohn- und Arbeitsraum genutzt.

Annita Meyer kämpfte nach der Wende für ihre Rehabilitierung. Sie wurde Mitglied der Vereinigung der Opfer des Stalinismus, 1950 in der BRD gegründet. Ihre Vergangenheit kann sie nicht abschütteln, und es fällt ihr immer wieder schwer, darüber zu reden. Am liebsten erzählt sie über ihr Katzendorf, wo sie die schönste Zeit ihres Lebens verbrachte. Sie hat ein paar Zeilen für mich aufgeschrieben, für unser Gespräch, denn sie weiß: Sie ist fast die einzige Zeitzeugin, die noch etwas über Katzendorf weiß.

Neben die Dorfzeichnung, die sie mir schenkt, legt sie das Gedicht von Kurt Vogel, einst Bürgermeister in Friedmannsdorf. »Arinnrung an Katzendorf« ist es überschrieben. Und Annita liest mir den Anfang vor: »Wer kennt nicht den kleinen Ort am Berg, / hat keine Uhr und Kirche. […] / Es gab keinen Schuster und keinen Schneider, / Gemeindediener und so weiter. / Der Bürgermeister war alt, / hatte auch die Polizeigewalt. / Einen Anschlag brauchte er nicht zu machen / über Steuer und Gemeindesachen. / Er ruft es gleich zum Fenster raus, / da hört man es in jedem Haus …« Annita lächelt bei den Worten: »Wollt man ein junges Mädchen wählen, / musst man erst fünfzehn Pfennig hinzählen / und ihr ein Pfund Kirschen kaufen, / sonst brauchte man nicht nachzulaufen.« Ein einfaches Gedicht über ein kleines Paradies, in dem die Menschen friedlich zusammenlebten. »Katzendorf war ein richtig gemütliches Dorf«, sagt die Zeitzeugin. Auf ihrer Zeichnung, ihrer *mental map,* hat sie die nahe Grenze zu Sachsen nicht eingezeichnet. Die ist ihr nicht wichtig.

Annita Meyer ärgert sich mächtig, als ich ihr eine Kopie der »Global Karte« zeige, wo Katzendorf direkt an der Katzendorfer Straße liegt, die vom sächsischen Trünzig zu den Absetzbecken hinaufführt. »Das muss geändert werden«, sagt sie. »Kannst du

Die radioaktiven Schlämme aus der Uranerzaufbereitung von Seelingstädt wurden in riesige Becken gepumpt. Foto aus dem Jahre 1990

das nicht machen?«, fragt sie. Von den meisten Veränderungen, die seit 1990, im Zuge der Wiedervereinigung, im Ronneburger Gebiet vor sich gehen, erfährt Annita Meyer aus der Zeitung. Sie liest über das Ende des Uranerzbergbaus, registriert, wie viele Milliarden die Bundesrepublik für die Beseitigung der Wismut-Hinterlassenschaften ausgeben muss und dass in den nächsten zwei Jahrzehnten eine völlig neue Landschaft entstehen wird. Das beruhigt sie kaum, denn Katzendorf wird dadurch nicht wieder auferstehen. »Wenigstens sind die Schlammbecken von Trünzig nicht mehr zu sehen, weg sind die aber nicht«, sagt die Reudnitzerin, »sind abgedeckt. Da soll mal wieder Wald wie ganz früher drauf wachsen.« Da oben sei sie nie gewesen. Es sei doch alles umzäunt, abgesperrt. »Ich würde schon gern mal gucken. Kannst du mich nicht mal mitnehmen?«, fragt sie mich. Wir planen diese Fahrt ohne bestimmten Termin, irgendwann einmal.

Mit Katzendorf ist Annita Meyer jeden Tag verbunden. Sie hat zwei Bilder malen lassen, nach den letzten alten Vorlagen, die ein sonniges, buntes Dorf zeigen, in vielen leuchtenden Farben. Im

Kirche Sorge-Settendorf. Auch Annita Meyer erlebte hier, wie ein Ortskern verschwand, 2009

Frühjahr 2007 ist sie nach langer Zeit mit Bekannten auf die Höhe von Sorge gefahren, wo Johannes Weiser in der Kirche an die verschwundenen Dörfer erinnerte. Sie hat dem Erinnerer, den sie seit ihrer Kindheit kennt, einen Blumenstrauß überreicht, als Dank. Hinüber nach Katzendorf hat sie nur kurz geschaut. Zu anstrengend war ihr die Fußwanderung übers Plateau entlang des künstlich aufgeschichteten Hügels, unter dem die verwahrten Schlämme liegen. Dafür beantwortet sie später die Fragen der Schülerinnen aus Greiz, die eine Belegarbeit über Katzendorf und Culmitzsch schreiben. Eine davon, Julia Göldner, weiß einiges über die Zeit in den Dörfern, denn ihr Großvater lebte bis zur Umsiedlung auf der Culmitzscher »Mücke« im Gasthof.

Ob Annita Meyer jemals auf den über 470 Meter hohen Katzenberg bei Reudnitz, dessen Name sie vielleicht an ihr geliebtes Katzendorf erinnert, gestiegen ist, habe ich sie vergessen zu fragen. Die Antwort bleibt offen. Als Annita Meyer im März 2008 beim traditionellen Bockbierfest in Großkundorf fehlt, wundern sich ihre Schulfreundinnen. Wo ist nur Annita, die kommt doch immer? Zu diesem Zeitpunkt lebt sie schon nicht mehr. Annita Meyer verstarb am 26. Februar 2008, 77 Jahre alt, in ihrem Haus in Reudnitz.

Seit Juni 2009 befindet sich direkt an der B 175 zwischen Berga und Zwirtzschen ein symbolisches Zeitfenster, errichtet vom Bergbautraditionsverein Wismut. Am Rand grüner Wiesen, die als Weidefläche genutzt werden, wo einst das Wasserschloss von Culmitzsch stand, wird hier mit einer Informationstafel an das verschwundene Katzendorf und Culmitzsch erinnert. Auffällig die zwei eindrucksvollen Diabas-Gedenksteine mit eingemeißelten Namenszügen der Dörfer.

(2006/2009)

Erika Nettbohl und ihr Sohn Günter in Lichtenberg, 2008

Kuhgespann und Absetzerhalde

Lichtenberg: Erika Nettbohl lebt mit ihrer Großfamilie an der Wipse wie auf einer Insel

I

»Miez, Miez!« Erika Nettbohl ruft nach ihrem grau-weiß gestreiften Kater. »Das ist eene Mausekatze«, sagt sie. »Mehr wie eene brauch ich nich. Wenn hier eine Katze wär, käm vom Dorf oben, von Luutsch, der Kater.« Luutsch bedeutet Loitzsch, ein paar Häuser auf der Anhöhe überm Wipsetal Richtung Hilbersdorf. Erika Nettbohl wohnt Lichtenberg Nr. 30, auf einem alten Vierseithof. Hier leben drei Generationen unter einem Dach. Hier geht das Leben seinen gewohnten Gang. Hier wird der Tag nicht verschlafen, hier beginnt früh das Werken und Schaffen. Große Worte sind fehl am Platz. Es genügt der kurze Dialog beim morgendlichen Kaffeetrinken. So war das immer. So bleibt es. Erika Nettbohl, 73 Jahre alt, spricht einen deftigen Ronneburger Dialekt, mit vogtländischem Einschlag wie die Bewohner in Rückersdorf, Reust, Braunichswalde oder Vogelgesang. »Hul ämol gruße Sammeln vom Bäcke in Ronneborch!« Wer nicht aus der Gegend stammt, der versteht nur Bahnhof. Erika Nettbohl überlegt jedes Wort, plaudert nicht drauflos.

Langsam hält der Abend Einzug ins Wipsetal. Mit Erika Nettbohl sitze ich in der kleinen gemütlichen Küche und schaue aus dem Fenster. Hinterm Haus steigt der Kiefernberg auf 303 Meter an. Auf der Anhöhe weiden zwei Pferde. Die gehören der Freundin von Maik, Erikas Enkel. »Die Stute hat voriges Jahr gefohlt«, sagt Erika Nettbohl. »Der Kleene ist ein Hengst. Die Stute hat einen hellen Schwanz. Ihr Sohn ist schwarz. Ich putz die Pferde aber nicht, dazu hab ich keine Lust. Früher mussten wir die Kühe putzen, das ging ja noch. Striegeln ist anstrengend.« Vier Schafe grasen, die gehören Erika. »Da sind welche tragend«, meint sie. Wir sitzen entspannt am Küchentisch und lassen den Abend herein. Ein schöner Moment. Erinnerung an die Dämmerstündchen meiner Kindheit im Thüringer Wald.

Erika Nettbohl trägt eine blaue Küchenschürze aus Dederon. Davon hat sie mehrere. Die passen gut und sind praktisch. »Da brauch ich kein Kleid.« Erika Nettbohl hat Lichtenberg nur selten verlassen. »Ich musste auf dem Hof arbeiten, Vieh anspannen, ackern, später in der LPG Kühe melken.« Sie hat starke Arme und starke Hände. Eine Frau, die zupacken kann. Sie fühlt sich nicht einsam auf dem Vierseithof. Von ihrer Familie ist immer jemand da. Der Nachbar wohnt in Nummer 29A.

Die beiden Gehöfte sind Überbleibsel des einstigen Ortes Lichtenberg, der seit 1950 zum nahen Bauerndorf Kauern gehörte. Mit der Gemarkung Loitzsch zählen sie als Ortsteil zu dieser selbständigen Gemeinde. Doch so einfach ist es mit der Historie Lichtenbergs und des einige Steinwürfe entfernten Nachbarortes Loitzsch, den Erika Nettbohl »Luutsch« nennt, nicht.

Loitzsch wurde erstmals 1353 als Lozcicz, ein Dorf sorbischen Ursprungs, erwähnt, schrieb sich früher wohl auch Lotsch und Lotschicz. Loitzsch gehörte von 1554 bis 1928 wie Niebra und Otticha zur sächsischen Enklave Liebschwitz, bekannt als das »Ziegenhierdsche Ländchen«, über das der Weimarer Schriftsteller Wulf Kirsten in seinem Gedicht »Landschaft mit Schweifkuppeln« schreibt: »abgelegen zwischen karfreitag und ewigkeitssonntag«. Der sächsische Kartograph Paul Trenckmann (1676–1747) besuchte während seiner Vermessungsreise durch das Fürstentum Sachsen-Altenburg um 1718 auch diese Gegend und hielt über Loitzsch fest: »Ein Rittergut, welches itzo sehr eingegangen, so daß nur noch die Scheune steht nebst einem alten Häusel. Eine Mühle mit zwei Gängen ist aber reußisch. Vier Feuerstätten, welche Gärten haben, dürfen brauen. [...] Landart ist mittel, Nahrung ist Fronen und Tagelohn. Meisten Früchte Korn, die Schäferei ist itzo zu Lichtenberg. Steuern nach Leipzig.« 1790 stand in den Salztabellen über die Einwohnerzahl: »Vier Bauern, ein Tagelöhner, 16 Personen über zehn Jahre und 14 Kühe.« 1812 tauchte das Rittergut erstmals in diesen Dokumenten auf. Genannt ist als Besitzer Friedrich Theodor von Ziegenhierdt. Das Anwesen bestand aus einem stattlichen Wohnhaus mit angebauter Gesindestube nebst Kuh- und Viehstall. »Überbauter Torweg, Holzschuppen, oben Heu, Stroh und Getreideboden. Ein gegenüber stehendes Gebäude mit Pferdeställen und überbautem Torweg, zwei Ställe für Fronpferde,

Historische Postkarte, ca. 1930

Schafstall, oben Heu.« Gehalten wurden fünf Pferde, 17 Kühe, ein Bulle, drei Kälber, dazu vier Sauen und ein Eber. »Insgesamt sieben Wohnhäuser mit 58 Einwohnern.« 1874 kaufte die Familie Keil aus Gera das Gut. Der letzte Besitzer hieß Christian Schmidt. Er wirtschaftete von 1920 bis 1945. Nur wenige Wochen nach Ende des Zweiten Weltkrieges wurde er von seinem Grund und Boden vertrieben, enteignet und erhielt eine Unterkunft in der Loitzschmühle zugewiesen. Anschließend, erinnert sich Erika Nettbohl, floh er wie viele andere Großbauern aus der Sowjetischen Besatzungszone in den Westen. Das Rittergut wurde bald darauf abgerissen. Neubauern wie Franziska Bäcker, August Kramhöller, Hermann Palm, Otto Roß, August Steckel oder Else Wolter erhielten im Zuge der Bodenreform, Bestandteil der »Revolution von oben«, Landparzellen und bauten sich mit dem Abbruchmaterial des Gutes eigene Häuser.

Zu diesem Zeitpunkt existierte das Dorf Loitzsch schon nicht mehr unter seinem Namen. Seit 1. April 1939 gehörte es zu Lichtenberg, das bis 1920 den Reußen der jüngeren Linie unterstand. Der erste Grund für die Eingemeindung war der sächsisch-thüringische Gebietsaustausch von 1928. Da wechselte Loitzsch von Sachsen nach Thüringen, in den Landkreis Gera. Der zweite Grund: 1938 fand sich kein Kandidat für den Posten des Bürgermeisters, der Mitglied in der NSDAP sein musste. Das war eine gute Gelegenheit für das Kreisamt, wie der Liebschwitzer Ortschronist Stefan Bauch herausfand, den langgehegten Plan der Zusammenlegung der beiden Gemeinden zu verwirklichen. Zu den Befürwortern gehörte auch der Gutsbesitzer Christian Schmidt, denn zwei Drittel seiner Grundstücke lagen in der Lichtenberger Gemarkung. Richard Oertel, Bürgermeister von Lichtenberg, übernahm das Amt nun für beide Orte, die sich nach langem bürokratischen Hin und Her zusammenschlossen. Nach ihm führte der Bauer Rudolf Buchheim die Amtsgeschäfte.

Es war schwierig, einen gemeinsamen Ortsnamen zu finden, mit dem sich die Bewohner identifizieren konnten. Wegen der häufigen Namensverwechslung mit dem Ort Loitsch bei Weida fiel die Wahl schließlich auf Lichtenberg als neuer Ortsname. Dass Loitzsch als Name nicht in Frage kam, entschieden die Nazi-Behörden: »Loitzsch hat einen Ortsnamen mit slawischem Ursprung, deshalb empfiehlt sich nicht, diesen beizubehalten«, hieß es. Das kleinere Loitzsch verlor aus politischen Gründen die Namenswahl, doch für viele blieb es »Luutsch«. Eine erneute Umbenennung erfolgte nach 1945 nicht. Lichtenberg und Loitzsch – das konnten die 170 Einwohner damals noch nicht wissen – hatten nur eine kurze gemeinsame Zukunft vor sich.

Lichtenberg, zwischen Schmirchau und Loitzsch gelegen, wurde 1306 erstmals erwähnt. Der Name leitete sich wohl von der Bezeichnung »auf dem hellen Berg ab« und erinnerte an die charakteristischen reichen Sandvorkommen in der Gegend. Der Meininger Historiker Georg Martin Brückner schreibt in seiner *Landes- und Volkskunde des Fürstenthums Reuß*, 1870 in Gera veröffentlicht, über Lichtenberg: »Ein kleines Grenz- und Plateaudorf, dicht bei Kauern und dem Ronneburger Forst zwischen mäßigen Anhöhen am Hainbächlein, frisch, freundlich und gesund gelegen.« Wie Schmirchau oder Gessen eine landschaftliche Idylle, abgeschieden vom Stadtlärm, obwohl Ronneburg nur sechs Kilometer entfernt lag. Bis zum Stadtrand von Gera waren es zehn Kilometer. Besonders ruhig waren die beiden abgelegenen Höfe, ehemalige Drescherhäuser, überm bewaldeten Wipsetal, wo Erika Nettbohl seit ihrer Geburt lebt.

Brückner zählte in seiner Chronik auch den reichen Viehbestand auf wie 82 Rinder, 390 Schafe, 55 Schweine, 36 Gänse und 5 Pferde. Ihm fiel auf, dass es nur wenig Handwerk gab: 2 Maurer, 1 Schneider, 1 Schuhmacher und 1 Wagner. »Der Ort ist ebenso wohlhabend als fleißig und kirchlich sittlich.« »Nur ein Almosenarmer, auch nur eine kröpfige Person« wird aufgeführt. »Auf der Südostseite der Mulde eine Häuserzeile, die übrigen Häuser liegen etwas verstreut.« Die Schäferei war ein Vorwerk mit Dreschhaus. Es existierten ein Gemeindearmenhaus und eine Mühle, die Loitzschmühle, die schon der Landvermesser Trenckmann erwähnte. »Die meisten Häuser sind 2stöckig«, schreibt Brückner, »14 mit Hofraithen und Ziegeldächern. Mit Stroh sind 3 und ebenso viele mit Schiefer gedeckt.« Der bäuerliche Alltag drehte sich hauptsächlich um die Ernte, das Dreschen und Anspannen. Seit 1909 wurde Lichtenberg mit elektrischem Strom versorgt und die Dorfstraße ständig mit Schotter befestigt. Es existierte eine Feuerwehr.

Erika Nettbohl kann sich heute nicht mehr vorstellen, dass am sonnenreichen Südhang des Kanigsberges die Liebschwitzer Herren Weinbau betrieben. Aber sie erinnert sich noch gut an das »Weinberghäusl« und weiß, dass in der Loitzschmühle Bier gebraut wurde. Sie hat den Plan vom Dorf im Kopf und weiß, wo jeder wohnte. »Wenn man von uns hoch ins Dorf ging, kam zuerst links der Teich in einer Senke, dann links am Weg Bauer Arno Hillig, dann rechts am Weg der Gasthof, daneben wohnte der Bauer Willy Hilbert, dann kam Willy Dietel, ein Arbeiter. Schräg gegenüber von Dietel war das Gemeindehaus, dann folgte auf dieser Straßenseite Bernhard Kahlert, dann rechts Bauer Willy Jahn. Von der Straße zweigten Wege ab. Die führten in Richtung Ronneburg und Rußdorf. Dort wohnten Gerhard Obenauf und Richard Oertel, der hatte die größte Wirtschaft. Ein Steg führte über den Hainbach. Dort war der Tante-Emma-Laden von Reinhard Obenauf. Dort konnten wir einkaufen. Am Ortsausgang Richtung Ronneburg waren Höfe von Arno Sommermeyer und Willy Helm. Wir fuhren mit dem Rad nach Lichtenberg oder gingen zu Fuß, zehn Minuten.« Erika Nettbohl musste den Ortsnamen nicht wechseln, als Loitzsch hinzukam. »Ech wor domols vier Johr«, sagt sie in ihrem urigen Ronneburgisch. Sollen doch andere Hochdeutsch sprechen. Ich habe manchmal Mühe, ihrem verwirrenden Dialekt zu folgen und kann ihn nicht immer übersetzen.

Erika Nettbohl wurde als Erika Ludwig am 19. Dezember 1934 geboren, auf dem Bauernhof Lichtenberg Nr. 30. Ihr Vater hieß Alfred Oswin Ludwig, ein Landwirt, geboren 1902 in Dreba bei Pößneck. Die Mutter Ella Livia war eine geborene Lippold, eine echte Lichtenbergerin, Jahrgang 1907. Erikas Großvater, Robert Lippold, geboren 1879, war Landwirt, Maurer und Korbmacher. Er stammte aus dem nahen Kleinfalka. Er heiratete Martha Eichler aus Lichtenberg. Deren Eltern stammten aus Kauern und Haselbach bei Rückersdorf. Roberts Vater war Landwirt und Steinmetz in Großfalka. Robert fiel 1918 im Ersten Weltkrieg. Die Eichlers wohnten in Kauern, weiß Erika Nettbohl. Das Gehöft stehe heute noch. Die Nachkommen haben es verkauft.

Erika Nettbohl musste als Kind viel arbeiten. »Wir mussten alle daheeme helfen, Vieh hüten, ackern, Getreede hauen mit der Sense und einfahren. Unser Feld hatte viele Huckel, war bergig.« 1944

Lichtenberg, ca. 1930

musste Vater Alfred, der Gutspächter, noch an die Front zur letzten Schlacht. Als Soldat der Zweiten Deutschen Armee kämpfte er im zur Festung erklärten Danzig. Zu dieser Zeit war der Zweite Weltkrieg längst entschieden, die Schlacht von Stalingrad verloren. 150 000 deutsche Soldaten fielen dort, erfroren oder verhungerten. Goebbels rief den »Totalen Krieg« aus. Die Alliierten nahmen Kurs auf Hitlers »Festung Europa« und landeten in der Normandie. »Mein Vater ist 1945 gefallen, in Danzig. Die genauen Umstände kenne ich nicht. Vielleicht hat er eine Verletzung gehabt, war körperlich geschwächt, oder er ist an seiner Herzkrankheit gestorben. Er war noch nicht alt, 42 Jahre. Beerdigt ist er auf dem kleinen Soldatenfriedhof in Sproitz bei Kollm, das ist in der Nähe von Niesky. Heute ist dort ein Denkmal. Wir waren dorten, mit meinen Kindern habe ich die Anlage besucht. Als mein Vater starb, war ich 14. Die Last trug meine Mutter. Meine Kindheit war trotz des Krieges ruhig. Damals führte die Straße hier nach Loitzsch noch nicht vorbei. Die alte Straße ging gegenüber hoch zur Schäferei. Der Vater hat mir gefehlt. Es war schlimm, als er nicht aus dem Krieg zurückkehrte. Ich bin in Niebra getauft und konfirmiert worden. In Lichtenberg gab es keine Kirche und keine Schule. Ich besuchte die Schule in Hilbersdorf, auch in Kauern und Kleinfalka. Die Lehrer wurden eingezogen, da mussten wir wechseln. Ich kann mich noch gut an den Einmarsch der Amerikaner erinnern und an die Russen. In den Gehöften von Lichtenberg war kein Militär. Die Amerikaner teilten Kaugummi aus, auch an meine Schwester Margot. Sie ist ein Jahr älter, hat wie ich die Landwirtschaftliche Berufsschule in Ronneburg besucht, ist dann umgeschwenkt und hat Krankenschwester gelernt. Ich war immer auf dem Hof, später in der LPG. Ich konnte nichts anderes lernen. Die Mutter war alleene. Verdient haben wir wenig. Aber wir hatten daheeme alles, was wir brauchten: Milch, Eier, Butter und Fleisch.«

Erika Nettbohl glättet mit der rechten Hand ihre Schürze und räuspert sich. Sie spricht leise und vorsichtig. Kein Wunder, nach der Schilddrüsenoperation. »Ich hab noch eine ganz versoffene Stimme. Meine Stimmbänder sind wund«, sagt sie und lacht. »Das wird schon wieder.«

II

»Der Günter muss gleich kommen«, sagt Erika Nettbohl. Günter ist der älteste Sohn. Er ist der Einzige in der Familie, der sich mit Heimatgeschichte beschäftigt und alles über Lichtenberg sammelt, was er finden kann. Nach 18 Uhr schlägt draußen auf dem Hof Charly, der Wachhund, an. Günter Nettbohl, Jahrgang 1953, betritt die Küche. Er wirkt ruhig, fast müde, hat einen anstrengenden Arbeitstag als Bauarbeiter hinter sich, immer auswärts. Er hat für mich Fotomappen, Zeitungsartikel herausgesucht und eine CD mit Bildern zusammengestellt.

Wir gehen hinüber ins Wohnzimmer und setzen uns an den großen Tisch. »Da ist genug Platz für uns drei«, sagt Günter Nettbohl. Seine Mutter erzählt, wie sie ihren Mann Gerhard Nettbohl kennenlernte. »Der kam mit der Wismut, war Schürfer. Das ging im September 1950 los. Oben in Lichtenberg. In Luutsch passierte nichts. Auch auf unserem Feld auf dem Kiefernberg wurden Schürfgräben gezogen. 1952 ging's dort auch in die Tiefe, mit Tiefschurf 70. War aber nicht ergiebig, ist abgesoffen. Und bei uns hier gegenüber auf der Wiese war Tiefschurf 34. Auf dem Kiefernberg hatten wir Kartoffeln gelegt und eingeackert. Ich hatte die Kühe angespannt. Neben mir auf dem Feld wurde geschürft, mit Spitzhacke und Schaufeln. Die Proben wurden in Holzkisten gepackt und abgefahren. Gerhard hat in der Gaststätte oben im alten Dorf, bei Martha Pilniok, gewohnt. Näher kennengelernt haben wir uns beim Tanz in Gessen. Wir waren auch tanzen in Kauern, in Linda, Pohlen, Hilbersdorf. Ich war 17. Er war 20.« Gerhard Nettbohl, Jahrgang 1931, war kein Hiesiger. Er stammte aus dem Kreis Bubainen bei Insterburg in Ostpreußen und verbrachte in der alten Garnisonsstadt, die eng mit dem Lied »Ännchen von Tharau« verbunden ist, seine Kindheit. Mit seinen Eltern und Geschwistern floh er 1945 zu Fuß vor der anrückenden Roten Armee. Die kinderreiche Familie, aus ihrer Heimat an Inster und Angerapp vertrieben, fand 1948 in Nimritz bei Pößneck eine neue Heimat. Erikas Schwiegervater hieß Max Nettbohl und war von Beruf Eisenbahner, ein hochgeachteter Stand in Insterburg, seit 1870 Eisenbahnknoten für die Strecken Königsberg–Kaunas und Tilsit–Lyck. Minna, die Schwiegermutter, stammte ebenfalls aus Ostpreußen, aus dem Kreis Wehlau.

»Kaum hatte ich den Gerhard kennengelernt, wurde ich schwanger«, sagt Erika Nettbohl. »Sonst hätte ich noch mit dem Heiraten gewartet. Ich war noch keine 18 und durfte nur mit Erlaubnis der Mutter heiraten. Die Hochzeit war im November, und im Dezember war ich keine 17 mehr. In dieser Zeit mussten die ersten Lichtenberger ihre Häuser verlassen. 1953 ist Günter geboren. Dann ging es weiter mit Rainer, der hat in Rückersdorf Landwirtschaft gelernt, ist mit 18 an Lymphdrüsenkrebs gestorben. Er hat plötzlich keine Luft mehr bekommen, hatte geschwollene Drüsen, war zuerst in Ronneburg im Krankenhaus, dann in Jena. Dort ist er auch gestorben. Die Krankheit brach ganz schnell aus, und nach 14 Tagen war mein Sohn tot. Das dritte Kind ist meine Tochter Ilona, danach kamen Frank und Jens. Jede Menge Kerle. Eine große Familie.« Erikas Mann, der geborene Preußisch-Litauer, erzählte wenig über seine Kindheit in Ostpreußen, nichts über die berühmten Güter von Norkitten, Schwägerau, Woynothen, Stablacken oder Plathen, auch die »Dessauischen Lande« genannt, bis

1945 im Besitz des Herzoghauses Anhalt. Diese Namen hat Erika Nettbohl nie gehört. Nach ihrer Heirat arbeitete sie im Kuhstall in Hilbersdorf, in der LPG. »Der Kleine, der Jens«, sagt sie, »musste seine Bemmen selbst schmieren, weil ich früh losmusste. Die Großen haben ihm auch geholfen. Die wurden alle früh selbständig.« Gerhard Nettbohl belastete die schwere körperliche Arbeit über Tage. Vielleicht dachte er auch an seine Kindheit in Insterburg und Umgebung, an das gute Ackerland von Bubainen, als er der Wismut den Rücken kehrte. Er absolvierte einen Traktorlehrgang und arbeitete fortan in der Landwirtschaft, in der Vorzeige-LPG »Wilhelm Pieck« in Kauern. In den frühen Jahren der Wismut wurden auch Tausende Männer und Frauen zur Arbeit im Bergbau zwangsverpflichtet, der größte Teil bewarb sich aber freiwillig. Im Ronneburger Raum kursierte damals der Spruch: »Die großen Bemmen und die hohen Löhne, und keiner will zur Wismut!«

Bereits 1949 hatten sowjetische Geologen das Ronneburger Gebiet erkundet und waren auf eine reiche, riesige Uranlagerstätte in der Tiefe gestoßen. Rund ums alte Lichtenberg entstanden mehrere Tiefschürfe. Auch im nahen Schmirchau wurde tiefgeschürft. Insgesamt entstanden um diese beiden Orte 16 kleine Schächte in einer Tiefe von 30 bis 60 Metern. Im März 1952 wurde in Lichtenberg, unterhalb von Hilligs Sandgrube, der erste Hauptschacht Nummer 352 bis auf die 180-Meter-Sohle geteuft. Der Schacht befand sich am südlichen Dorfrand. »Das ganze Gelände wurde mit Stacheldrahtzaun und Eingangstor gesichert, von den Russen bewacht«, sagt Erika Nettbohl. »Als ich geheiratet habe, waren die ersten Gehöfte schon geräumt und standen leer, bis sie abgerissen wurden. In der Gaststätte war die Schachtleitung. Mein Mann hat mir erzählt, wie die Kumpels auf dem Erz gesessen und Frühstück gemacht haben. Vom Schacht hat er aber nichts berichtet. Er war ja nie unten.«

Mit dem Pilzsammeln im Wald rund um Schmirchau war es für die Nettbohls bald vorbei. Wege wurden gesperrt und waren fortan nicht mehr passierbar. Unruhe erfasste die Region. Zwei Bergwerke entstanden, Lichtenberg und Schmirchau. Fördergerüste, Förderbrücken und bald schon Halden prägten die Landschaft. »Wir hatten keine Lust mehr, nach Lichtenberg zu gehen. Die schöne Hügellandschaft war zerfurcht. Bei den Tiefschürfen standen die hölzernen Fördergerüste, und es gab Haspelbetriebe, da haben auch Frauen gearbeitet. Das ganze Dorf befand sich in Auflösung. Und die Leute mussten sehen, wo sie unterkamen«, sagt Erika Nettbohl. »Wir waren in großer Sorge, sahen, wie alle nach und nach ihre Gehöfte räumen mussten und wegzogen. Details haben wir nicht erfahren. Da waren wir zu weitab vom Schuss. Letzten Endes hat jeder seins gemacht. Fotografiert haben wir damals nicht. Das war verboten. Wir hatten auch keinen Apparat. Uns hat manchmal der Nachbar Karl Begandt geknipst.«

Bis Ende 1952 förderten die Wismuter 2000 Kubikmeter Uranerz aus dem Lichtenberger Grubenfeld. Die Bergwerke wurden auf Tausende Meter horizontal ausgebaut. Allerdings machte man bei Erkundung und Förderung Fehler. In Lichtenberg fanden sich Erzlinsen, aneinandergereiht wie eine Perlenkette, schreibt der Bergbautraditionsverein Wismut in seinem Buch *Die Pyramiden von Ronneburg*. »[…] man fühlte sich mit den bisherigen Erfahrungen der Wismut an erzgebirgische Gangstrukturen erinnert. So kam es auch zu dem Schluss, Abbauverfahren aus dem Gangerzbergbau anzuwenden. Eine fatale Fehlentscheidung, wie sich im weiteren Verlauf zeigte.« Mit Auswirkungen auf den Schacht 352 nahe Lichtenberg. Dort »war aber kein Erzgang, wie er für das Erzgebirge typisch gewesen wäre, sondern ein langgestreckter flächenhafter Erzkörper angetroffen worden«, heißt es weiter. »Die horizontale Ausdehnung der unregelmäßigen Vererzung hätte Abbau nach mehreren Richtungen erfordert […].« Deshalb experimentierten die Bergleute mit verschiedenen Abbauverfahren und entschieden sich für den Bruchabbau in Scheiben. Diese Bruchmassen entzündeten sich leicht und brachten auch die »riesigen Mengen an gesprengtem Ausbauholz« zum Brennen. Die zwischen Schmirchau und Lichtenberg existierende Sandlagerstätte, aus der ab 1933 Material für den Bau der Autobahn Gera–Meerane gewonnen wurde, hatte sich im Laufe der Jahre mit Wasser angereichert. »Von unten durch das Bergwerk angefahren, ereignete sich ein Einbruch von Schwemmsand, der zur Verfüllung der anliegenden Grubenbaue führte und über Tage einen Trichter von 25 m Durchmesser hinterließ«, lässt sich im Buch des Bergbautraditionsvereins nachlesen. Bergleute kamen dabei nicht ums Leben. Aber bei einem weiteren Einbruch von Schwemmsand waren zwei Todesopfer zu beklagen. Erika Nettbohl kann sich noch an die erste Havarie erinnern. »Haben nicht unsere Kinder in dem Trichter gebadet?«, fragt sie zögernd.

III

254 Bewohner mussten Lichtenberg verlassen. Die letzten gingen 1954, in dem Jahr der Umwandlung der Wismut von einer Sowjetischen in eine Sowjetisch-Deutsche Aktiengesellschaft. Die UdSSR verzichtete offiziell auf weitere Reparationsleistungen durch die DDR, aber sie behielt ein entscheidendes Mitspracherecht in der Wismut und zog ihre Militärposten von Schachtanlagen und Tagebauen zurück. Die Lichtenberger wurden vorwiegend nach Ronneburg, Wünschendorf, Seelingstädt und Lengefeld umgesiedelt. Der Ort, 1950 nach Kauern eingemeindet, starb vor sich hin. »Nach der Verlegung der Betriebsleitung zum Schacht 375 wurden nahezu alle Baulichkeiten, auch die des Ortes abgerissen«, heißt es in der *Chronik der Wismut.* »Als letztes Gebäude von Lichtenberg stand die Schäferei, diese wurde erst 1965 vor der Überkippung durch den Tagebau liquidiert.« 127 Kaufverträge über eine Fläche von 148,0342 Hektar wurden mit den Lichtenbergern abgeschlossen, listet die *Chronik der Wismut* auf. Für durch Schachtarbeiten zerstörte Flächen wurden die Bauern materiell entschädigt. Aus Akten im Kreisarchiv Greiz, Sitz Zeulenroda, geht hervor, dass auch durch motorisierte Einheiten der Roten Armee verursachte Schäden materiell ausgeglichen wurden. Außerdem gab es Entschädigungen für Wiesen und Ackerland, das mit Saat bestellt war, ebenso wurden landwirtschaftliche Betriebe entschädigt für bereitgestellte Flurstücke, für Wiesen, Äcker, Teiche, Gärten, Hutungen und Wälder. Das nach Lichtenberg eingemeindete Loitzsch blieb weitgehend verschont. Die Loitzschmühle im Wipsegrund stand noch einige Zeit, weiß Erika Nettbohl. In den sechziger Jahren wurde sie noch vor der Schäferei abgerissen. Ihr Sohn erinnert sich, dass in der Ruine Soldaten der Nationalen Volksarmee und auch die Wismut-Kampfgruppe Übungsmanöver abhielten. Auch einige andere Gebäude im Tal verschwanden, weil von der

Abraumhalde des Schachtes Lichtenberg »Gesteinsbrocken von beträchtlicher Größe hinabrollten und die unten stehenden Anwesen in Gefahr brachten«, schreibt Hermann Müller, der Heimatforscher aus Gera, 1995 in einem *OTZ*-Artikel über die Loitzscher Ortsgeschichte.

Einige Lichtenberger erlebten die Umsiedlung nicht mehr, wie das Ehepaar Tischendorf. Max starb 1949, Hedwig 1952. Der Grabstein auf dem Kiefernberg gedenkt auch ihres Sohnes Rudolf, 1941 gefallen. Der Bauer und ehemalige Bürgermeister Richard Oertel starb im April 1950 im Alter von 57 Jahren. Auch Berta Kwasnik, vertrieben aus ihrer schlesischen Heimat, starb 1951, fast 71 Jahre alt. »Hier ruht fern der Heimat«, ist ihr Grabstein überschrieben. Ein Schicksal, das Erika Nettbohl berührt. »Ich habe die Berta gekannt. Die lebte allein und hatte hier keine Angehörigen. Zuletzt hat sie in der Loitzschmühle gewohnt, hatte sich vielleicht gerade ein bisschen in Lichtenberg eingelebt.«

Der Friedhof von Lichtenberg wurde per Beschluss vom 30. Dezember 1947 angelegt, weil das Dorf durch seine gestiegene Einwohnerzahl, vor allem durch die Vertriebenen aus den Sudeten, aus Schlesien und Ostpreußen, auch mehr Sterbefälle aufwies. Der zuständige Friedhof in Niebra, Erika Nettbohl sagt »Niebern«, konnte nicht erweitert werden. Am 24. November 1948, dem Tag der ersten Beerdigung, fand die Einweihung der Anlage auf dem planierten und gerodeten Gelände statt. Die zwölf Grabstätten von Lichtenberg lagen auf dem Kiefernberg, mitten im Wald, nur ein paar Minuten vom Grundstück der Nettbohls entfernt. Heute zeigt sich verwuchertes, aufgelassenes Areal. Nur ein paar Grabsteine sind noch vorhanden, verborgen im Dickicht und unter einer dicken Laubschicht. Ein unwirtlicher Ort, eine neue Wüstung, schneller vergessen als das verschwundene Lichtenberg. »Der Friedhof müsste wieder hergerichtet werden«, sagt Günter Nettbohl. »Das sieht schlimm dort aus. Kürzlich wurden die Gräber aufgebrochen, es wurde gegraben. Das ist Störung der Totenruhe, ein Frevel. Wer hat bloß so etwas im Kopf?« Erika Nettbohl ergänzt: »Den Friedhof findet man nicht so leicht. Das ist su verwachsen. Ich hab den Friedhof mal Marianne Röhler aus Zschippern gezeigt. Ihr Enkel war auch dabei. Zu dritt sind wir da neigekrochen in das Hulz, da lagen die Schteene alle dort. Da war schon gegraben worden. Lauter Löcher.« Ein Grab im Außenbereich des verwilderten, von Immergrün vereinnahmten Areals fällt besonders auf: Hier ist Herbert Glatz begraben, der 1955 im Alter von 23 Jahren bei der Wismut verunglückte. Der Tod des jungen Bergmanns, der bei seinen Eltern in Loitzsch wohnte, geht Mutter und Sohn Nettbohl heute noch besonders nahe. Als Letzter wurde der Neubauer Willy Hahn bestattet. »Er hat keinen Grabstein bekommen«, sagt Günter Nettbohl. »Wo das Grab ist, weiß heute niemand mehr.«

Günter, der nicht nur historische Fotos von Lichtenberg sammelt, sondern auch Landkarten, fotografierte jedes der erhaltenen Gräber. Keines soll vergessen werden. Vielleicht wird er noch einmal das Gelände mit der Kamera betreten, denn der Friedhof wurde 2007 entweiht. Die Gemeinde Kauern ist für die Beräumung verantwortlich. »Jetzt haben wir Juli 2008, ich denke, in ein paar Monaten und ganz sicher nächstes Jahr ist dort drüben kein Grabstein mehr zu finden.«

»In Lichtenberg war immer etwas los. Es gab Kinderfeste. Da hab ich noch ein Bild, wo wir von Lichtenberg runtergehen.« Erika Nettbohl sucht im Fotostapel und wird fündig. Das Schwarzweißfoto stammt aus dem Jahre 1949. Es zeigt einen Zug fröhlicher Menschen, vor allem Kinder, die bei Kaiserwetter festlich gekleidet Blumengebinde mit sich führen. Es geht nach Hilbersdorf zum Kinderfest. »Den Weg, den wir da gehen, gibt's ja nicht mehr. Da entstand Tagebaugelände.« Unter den heiter Dahinspazierenden fallen drei blonde Mädchen auf, die sich eingehakt haben und forsch ausschreiten. »Die Größere in der Mitte, mit dem langen Rock, das bin ich«, sagt Erika Nettbohl und lacht. »Wir tragen keinen Sonntagsstaat, sondern haben uns verkleidet. Ich hab den Rock von meiner Nachbarin Emma Begandt an. Neben mir geht die Ingeborg Sperling, sie hat in der Schäferei gewohnt, trägt ein Kleid von mir. Die andere ist Sieglinde Bäcker, die Tochter von der Franziska aus der Schäferei. Sieglinde hat den Palm geheiratet und ist mit ihm nach Geißen bei Berga gezogen. Die Sieglinde hat auf der Post gelernt. Ihr Mann ist so alt wie ich. Wir haben heute noch Kontakt.« Neben dem Weg, auf der Wiese, laufen die Töchter vom Bauern Hillig, Lisbeth und Irene. »Der Milch-Kurtl ist auch drauf«, meint Erika Nettbohl. »Die mit dem Sonnenschirm

Im Hof der Schäferei, die zum Rittergut Lichtenberg gehörte, ca. 1946

und dem weißen Kostüm, das ist die Reichelt Erika, die lebte beim Bürgermeister Buchheim. Und der Kleine mit dem forschen Schritt, das ist Dohls Rudi aus Loitzsch.« Die fröhliche Schar führt ein älterer Mann an. Er stützt sich auf seinen Spazierstock, in der rechten Hand trägt er Blumen. »Das ist Richard Balzer, Bauarbeiter. Er hat bei uns auf dem Hof gewohnt mit seiner Frau Martha und Tochter. Er ging nach Wünschendorf auf Arbeit immer zu Fuß. Die Balzers haben oben gewohnt, wo mein Schlafzimmer war. Richard kam aus Schlesien als Flüchtling. Balzers haben lange hier gewohnt, bis zu meiner Heirat 1952. Dann mussten sie raus, weil wir Platz brauchten. Sie sind nach Endschütz, nach Endscht, gezogen. Von den Balzers kam zuerst die Frau mit der Tochter und dem Enkel. Sie hat ihren Mann übern Suchdienst ausfindig gemacht.« Neben dem alten Balzer marschieren seine Enkelin und Sperlings Hansi. Das Haus im Hintergrund gehört dem Neusiedler Kramhöller.

Das Foto, aufgenommen von Karl Begandt, Obertelegrafen-Sekretär im Ruhestand, ist für Erika Nettbohl eine Erinnerung an eine glückliche Zeit. Keiner in dem kleinen Festzug ahnte, was mit

Lichtenberg geschehen sollte. »Wir Dorfkinder sind eng miteinander aufgewachsen, waren in der Schule zusammen, dann sind wir tanzen gegangen. Wir kannten uns alle in den Dörfern hier.«

1956 war Lichtenberg verschwunden. Das gleichnamige Bergwerk blieb von 1951 bis 1961 in Betrieb. In Ronneburg entstand an der östlichen Stadtgrenze ein kleiner Tagebau, drei Hektar groß. Er maß 350 Meter in der Länge, 75 Meter in der Breite und war 30 Meter tief. Von 1952 bis 1956 wurden hier 4,66 Tonnen Uran gewonnen. 1952 nahm der Bergbaubetrieb Paitzdorf seine Tätigkeit auf. Im gleichen Jahr wurde nördlich von Culmitzsch die Lagerstätte Gauern entdeckt und erschlossen. Der intensive Abbau dauerte von 1954 bis 1957, bis der Tagebau ausgeerzt war. In Reust gab es ab 1956 ein weiteres Bergwerk, das bis 1987 selbständig arbeitete und 1988 mit Schmirchau zusammengelegt wurde. Die tiefste Stelle lag hier bei 525 Metern. 1956 ging der Tagebau Stolzenberg bei Posterstein mit sieben Hektar Fläche in Betrieb. 1955 begann der Aufschluss des Tagebaus Nord, Teil der Lagerstätte Culmitzsch. In diesen Jahren entwickelte sich die Brandschutzzeche, zu der mehrere Lehm- und Versatzwerke gehörten, als eigenständiger Betriebsteil. 1961 begann der neue, auf modernsten Standard gebrachte Aufbereitungsbetrieb Seelingstädt mit der Erzwäsche. In Culmitzsch und Katzendorf/Trünzig wurden die Tagebaue nach der Auserzung als Industrielle Absetzanlagen genutzt. Die Wismut vergrößerte ihr Unternehmen, oft »Staat im Staat« genannt, und baute große Schachtkomplexe mit modernen Förderanlagen, Einrichtungen für die Verwaltung und soziale Zwecke sowie Anlagen für den Werktransport. Für Moskau war das Uran ein unverzichtbarer Rohstoff. Moskau diktierte auch die Preise. Damit die DDR die Wünsche der sowjetischen Partner zur Zufriedenheit erfüllen konnte, musste sie die Wismut aus dem Staatshaushalt subventionieren. Der Handel mit dem Uran wurde zum knallharten Geschäft.

Von der Wismut, dem größten Arbeitgeber, profitierte eine ganze Region in allen gesellschaftlichen Bereichen. Wie in Gera wurden in Ronneburg neue Häuser, später auch Plattensiedlungen, gebaut. Dort entstand ab 1951 der Stadtteil »Glück auf« mit Kinderkrippe, Kindergarten, Verkaufseinrichtung und Schule. Die Ronneburger nannten die schmucke Siedlung »Neue Welt«. Doch der

Fortschritt hatte seinen Preis. Infolge der Teufarbeiten versiegten Mitte der fünfziger Jahre die beiden radioaktiven Quellen, für die Ronneburg als Heilbad europaweit bekannt war. Die Urquelle war 1766 als eine der ersten Heilquellen in Thüringen erschlossen worden. Ronneburg, auch das »Rothenburg Thüringens« genannt, besuchten Persönlichkeiten wie Herzog Friedrich III. von Sachsen-Gotha-Altenburg, der mit dem heilenden Wässerchen seine Gicht behandelte. Im nahen Löbichau empfing Herzogin Dorothea von Kurland ausgewählte Gäste, darunter Johann Wolfgang von Goethe und Jean Paul, auf ihrem Musenhof. Ob sie ihnen neben geistig anregenden Getränken auch das bekömmliche Ronneburger Heilwasser reichte? Auch Erika Nettbohls Mutter hat den Trank geschätzt, der, in Flaschen abgefüllt, weithin versendet wurde. Sie las bestimmt die damals weitverbreitete Anzeige, in der Quellenbesitzer Kurt Werner für das radonhaltige »Lebenselixier« warb. Der Kurbetrieb boomte bis 1900 und wurde 1935 eingestellt.

Die Nettbohls wohnten Ende der fünfziger Jahre noch immer auf ihrem Hof im Wipsetal. Bisher kam niemand zu ihnen, der die geplante Räumung verkündet hätte. Auch der neue Nachbar Alfred Kalons durfte in seinem Haus bleiben. Unruhe und Sorge vor einer ungewissen Zukunft bestimmten den Alltag. Schmirchau, Schmirche genannt, war längst von der Bildfläche verschwunden. »Von Kauern ging der ganz alte Weg nach Ronneburg. Da biste auf der Friedrichshaide rausgekommen. Durch Gessen sind wir nie gegangen. Wir sind am Dorf vorbei und gleich nüber«, berichtet Günter. Erika unterbricht ihren Sohn: »Und wir sind durch Schmirche gekommen.« Darauf Günter: »Den Weg kenn ich nicht mehr.« Das verwundert Erika. Günter sagt mahnend: »Mutter, da war das Dorf doch schon weg.« Er erinnert sich an die neue Straße durch Gessen, »unten an den Mühlen lang, weil die Nordhalde vom Tagebau Lichtenberg wuchs. Da kam man an der Zweifelsmühle in Ronneburg raus. Dort über das Tal führt heute die längste Holzbrücke der Welt, die stammt von der Bundesgartenschau.« Die alten Wege bleiben Erinnerung und gesellen sich zu den gesammelten Fotos.

1958 erfolgte der Aufschluss des Tagebaus Lichtenberg parallel zum Tiefbau im Bergwerk Schmirchau. »Der Tagebau«, vermerkt der Bergbautraditionsverein in seinem Buch *Die Pyramiden von Ronneburg*, »sollte die Erze von über Tage gewinnen, die in Schmirchau durch die Brandgebiete blockiert wurde.« 1961 wurde das Bergwerk Lichtenberg aufgelöst und an Reust angegliedert. Einen Kilometer südlich von Ronneburg lag der Anschnitt. »Im Verlaufe der Abbauentwicklung«, heißt es in der *Chronik der Wismut*, »dehnte sich der Tagebau im Norden bis an die Stadtgrenze von Ronneburg aus, liquidierte im Osten einen Teil des Bergwerkes Schmirchau einschließlich des Schachtes 356 und bedeckte die Anlagen des Schachtes 352 Lichtenberg [...] im Südwesten.« Die Fläche des Tagebaus Lichtenberg betrug 160 Hektar. Die Nordhalde dehnte sich auf fast 84 Hektar aus. Die riesige Absetzerhalde mit ihren rund 225 Hektar umfasste rund 66 Millionen Kubikmeter. Verglichen mit dem Volumen der Cheopspyramide von Gizeh, das 2,58 Millionen Kubikmeter beträgt, war die Absetzerhalde in ihrem Umfang etwa 30-mal größer.

Die Nettbohls lebten jahrzehntelang in unmittelbarer Nachbarschaft der Absetzerhalde. »Ich bin mit der Absetzerhalde groß geworden«, sagt Günter Nettbohl und zeigt mir ein Foto, auf dem zwei kleine Jungen zu sehen sind. »Der eine ist Holger Liehr, mein Cousin, der andere ist mein Bruder Jens.« Zwei Vierjährige fachsimpeln wie Erwachsene, sitzen selbstvergessen auf einem Stein. Hinter ihnen ein Stück Wiese. »Das Foto habe ich aufgenommen. Es stammt von 1969«, sagt Günter Nettbohl. »Hinten ist der Absetzer und noch weiter weg – das ist nicht zu sehen – der Tagebau. Nachts war der Tagebau beleuchtet. Der Dreck aus Schiefer wurde aufs Band gekippt und von Kauern aus über den Absetzer wieder aufgeschüttet. Das war eine richtig lange Halde. Bestimmt vier Etagen hoch. Wenn im Tagebau gesprengt wurde – und das war fast täglich – hat unser Haus gewackelt.«

Ein Foto aus dem Jahr 1959 vermittelt noch Idylle. Das Kuhgespann der Nettbohls lenkt Paul Lenzner aus Gera-Zwötzen, der auf dem Hof mithilft. Im Kastenwagen zwei Kinder: Günter Nettbohl und Brigitte Kalons, die Nachbarstochter. »In meiner Schul-

Kuhgespann mit Paul Lenzner, hinten die Kinder Günter Nettbohl und Brigitte Kalons, ca. 1959

Jens Nettbohl (links) und sein Cousin Holger Liehr, im Hintergrund die Absetzerhalde des Tagebaus Lichtenberg, 1969

zeit hatte unsere Klasse eine Patenbrigade bei der Wismut. Die hat uns mal zum Tagebau mitgenommen. Da durften wir reingucken. Das war gegenüber dem Pohlteich bei Gessen, bei der Gärtnerei. Da war der Tagebaubetrieb richtig im Gang.« Und er erinnert sich an die Geräusche aus dem Tagebau, die bis ins Wipsetal drangen. »Da war immer Lärm. Die SIS-, KRAS- und H6-Kipper fuhren voll beladen Tag und Nacht. Die Förderbänder quietschten.« Erika Nettbohl ergänzt: »Von der Absetzerhalde kam Gestank. Wenn der Wind von der Seite, von Osten, wehte, konnten wir keine Wäsche aufhängen, mussten die Fenster schließen. Auf der Treppe vorm Haus lag schwarzer Staub.«

Die Nettbohls sahen Tag für Tag, wie ihr Umland großflächig umgebaggert wurde, sich wild begrünte oder mit Kulturboden abgedeckt wurde. »Von radioaktiver Strahlung der Halden, von Radongas, Radium, Blei oder von Gammastrahlung haben wir nichts gewusst, nichts von der Gefährlichkeit. Woher auch? Da sprach doch niemand drüber. Wir lebten wie in einem Tal der Ahnungslosen«, sagt Erikas Sohn. »Blöd waren wir aber trotzdem nicht. Wir sahen vor der eigenen Haustür die Zerstörungen der Natur. Die Absetzerhalde hat oft gebrannt. Da hat sich der Schwefel im Schiefer entzündet. Musste mit Lehm und Sand abgedeckt werden. Die Halde hat richtig geglüht. Erst kurz vor der Wende wurde auf unserem Grundstück die Belastung gemessen. Da wurden Proben vom Gemüse aus dem Garten entnommen. Die Leute kamen von Jena. Von denen haben wir danach nichts mehr gehört.« Günter Nettbohl hat das gigantische Tagebaurestloch nie geängstigt. »Der Tagebau hat mich auch nicht besonders interessiert. Wir hatten uns dran gewöhnt. Das war halt so.«

1966 rutschte die Nordhalde auf Gessen zu, das Dorf musste geräumt und abgerissen werden. In direkter Nähe, im ehemaligen Lehmtagebau, entstand 1970 die Gessenhalde »als Laugungshalde zur Uranerzgewinnung aus Armerzen«, schreibt die Wismut GmbH im Internet. Die Gessenhalde, bis 1989 in Betrieb, war hochkontaminiertes Terrain. Fotos zeigen eine schwarz-graue bedrohlich wirkende Kontur von 45 Meter Höhe am Fuß der bewaldeten Nordhalde. Säure und aus dem Erz gelöste Metalle gelangten ungehindert in den Boden und ins Grundwasser. Dem veränderten Lebensraum passte sich die Vegetation an. Typisch für die versauerten und versalzten Böden das gehäufte Vorkommen der Salzflora, vor allem Melde, Queller und Gemeines Salzkraut.

Haldenrutsch, Gessen-Abriss und Errichtung der Gessenhalde blieben den Nettbohls nicht verborgen. »Das war nahe bei uns. Aber was da wirklich passierte, welche Gefahren dort lauerten, das wussten wir wie alle in den umliegenden Dörfern nicht. Da wurde nichts in der Presse drüber geschrieben oder im Fernsehen gezeigt. In Kauern hat die Wismut einen Neubaublock gebaut, der steht heute noch. Da sind einige von Gessen eingezogen. Die mussten schnell aus ihrem Dorf raus«, erzählt Günter Nettbohl. Auch die Wipse, der Bach, der östlich von Rußdorf entsprang und in Gera-Liebschwitz in die Weiße Elster mündete, war ein belastetes Wasser. In unmittelbarer Nähe der Wipse lag das Rußdorfer Sammelbecken mit einem Fassungsvermögen von 36000 Kubikmetern. Hier wurden die Abwässer der Bergwerksbetriebe Lichtenberg, Schmirchau und Reust geklärt. Die rückständigen Feststoffe blieben im Becken zurück. Trotzdem gelangten beispielsweise in den achtziger Jahren jährlich etwa zehn Tonnen gelöstes Uran in die Wipse, ist in der *Chronik der Wismut* nachzulesen. Weiter heißt es dort: »Diese Menge überschritt nicht die Ausstoßgenehmigung des Staatlichen Amtes für Atomsicherheit und Strahlenschutz.«

Die Wipse wurde ein gefährlicher Bach, besonders wenn sie über die Ufer trat. Bis heute erzählen die Liebschwitzer, dass sie Angst um ihre Kinder hatten und sie nicht im Bach spielen ließen, auch nicht am verschlammten Mühlteich, der später zugeschüttet wurde. Heute fließt die drei Meter breite Wipse als beruhigtes Wasser dahin. Die rote Farbe lässt auf Eisenerz schließen. Im 16. und 17. Jahrhundert gab es im Wipsetal Bergbauversuche, und in Sagen wurde das Gold des Baches besungen, das die Venezianer gesucht haben sollen. Dieses Gold gab es tatsächlich, wenn auch nur in winzigen Mengen. Günter Nettbohl hat nie ein Wipse-Goldkorn, das nicht mehr als einen Millimeter misst, besessen. »Ich habe auch nie danach gesucht.« Würde er Mineralien sammeln, dann befänden sich wahrscheinlich unter seinen Raritäten auch Vivianit oder Wavelit aus dem ehemaligen Tagebau Lichtenberg. Die Ronneburger Bergbaulandschaft gehört übrigens zu den weltweit reichsten Fundpunkten mit über 240 Mineralarten.

Die Nettbohls und ihre Nachbarn lebten nach dem Verschwinden des Dorfes Lichtenberg auf einer Teilwüstung. Inzwischen führte eine von der Wismut gebaute kurvenreiche Sandstraße, die heute asphaltiert ist, an ihrem Grundstück vorbei. »Die kommt von Kauern und geht nauf nach Loitzsch.« Der kleine Wald gegenüber blieb als natürliche Grenze vorm Tagebaugelände erhalten. Die Nettbohls befürchteten, eines Tages doch noch ihr Anwesen aufgeben zu müssen.

»Der Kalons, unser neuer Nachbar«, sagt Erika Nettbohl, »war Elektromeister bei der Wismut. Er stammte aus Schlesien, war Umsiedler und kam mit seiner Familie nach Schmirchau. Nach ein paar Jahren musste er wegen dem Abriss von dort weg wie alle. Er hat gesagt, er zieht nicht noch mal aus, und hat an Walter Ulbricht geschrieben.« Alfred Kalons, Jahrgang 1914, war ein mutiger Mann. Zweimal hatte er schon Abschied nehmen müssen von der Heimat und sein Zuhause verloren. Er protestierte mehrfach und beschwerte sich. Ob allerdings der Staatsratsvorsitzende Walter Ulbricht den Brief aus Lichtenberg auf seinen Schreibtisch bekam, ist fraglich. Die brisante Eingabe verschwand nicht unter den Akten. Nach einem Vorgespräch beim Rat des Bezirkes Gera, Abteilung für Wismutangelegenheiten, traf die Antwort des Abteilungsleiters Hädrich ein. Eine Nachricht, die den Familien alle Ängste und Sorgen nahm. In dem Schreiben vom 12. Februar 1964 heißt es: »Die durch unsere Abteilung angeforderte Stellungnahme der Generaldirektion der SDAG Wismut liegt uns nunmehr vor und wir können Ihnen mitteilen, daß entsprechend der Mitteilung der Generaldirektion eine Räumung der Häuser Nr. 29 und 30 im Ortsteil Lichtenberg nicht erforderlich ist, da es sich hier um einen Grenzfall handelt.« Damit wurde die Angelegenheit als erledigt betrachtet.

»Grenzfall« bedeutete, dass die riesige Absetzerhalde die beiden letzten Anwesen des Dorfes Lichtenberg nicht »schluckte« und hier auch keine Schutthalde angelegt wurde, die, so wissen es die Nettbohls und ihre Nachbarn heute noch, bis nach Otticha und Liebschwitz reichen sollte. An den vehementen und erfolgreichen Widerstand ihres Vaters erinnert sich Brigitte Wilhelm, die seit ihrer Kindheit auf dem Grundstück ihres Vaters, in Sichtweite der Nettbohls, lebt, noch gut. Sie wurde in Schmirchau geboren, war ein kleines Mädchen, als dieses Dorf verschwand. Ein paar alte Fotos, auch vom Abriss Schmirchaus, finden sich noch im Album, aber die Unterlagen ihres Vaters, gebündelt in einem Aktenordner, sind bislang nicht auffindbar.

»Hinten am Kiefernberg war ja nur Schutt«, ergänzt Erika Nettbohl, die wie alle Bewohner der beiden Gehöfte niemals Einzelheiten über das Vorgehen der Behörden erfuhr. Warum die Familien jahrelang im Ungewissen gehalten wurden, bleibt auch heute noch unverständlich. »Wir hatten schon ein neues Unterkommen in Caaschwitz bei Bad Köstritz ausfindig gemacht«, sagt Erika Nettbohl. »Das war ein Bauernhof, natürlich ein ganzes Stück von hier entfernt. Da wär der Abschied schwergefallen. Meine Mutter war mit dem Fahrrad dort, hat geguckt. An dem Tag, an dem der Brief vom Rat des Bezirkes kam, wollten wir den Hof besichtigen und den Kaufvertrag unterschreiben.« Auch Alfred Kalons schaute sich nach einem neuen Unterkommen um. In Pohlitz bei Bad Köstritz hätte er mit seiner Familie ein Einfamilienhaus beziehen können.

Den Kalons und den Nettbohls fielen Steine von den Herzen. Sie mussten nun nicht wegziehen und ihre Heimat aufgeben. Der 12. Februar 1964 wurde zum glücklichen Schicksalstag. Dieses Datum vergisst Erika Nettbohl nie. Einige DDR-Ereignisse aus dieser Zeit sind ihr noch bewusst, vieles hat sie vergessen. Am 2. Januar 1964 erhielten auch die Bewohner im Wipsetal ihren ersten »Personalausweis für Bürger der Deutschen Demokratischen Republik«. Im Bezirk Gera kam nach dem 12. Februar ein neuer Lkw, der W 50L mit Vierzylinder-Viertaktmotor und 110 PS, erstmals zum Einsatz, und der Werkdirektor des VEB WEMA Union Gera musste sich von der Bezirkszeitung *Volkswacht* die Frage gefallen lassen, warum er den Januarplan nur mit 98 Prozent erfüllt hatte. Seit dem 2. Februar fuhr der legendäre Kleinroller »Schwalbe« auf den DDR-Straßen. Margot Honecker war Volksbildungsministerin, und in Ost-Berlin fand das letzte Deutschlandtreffen mit Jugendlichen aus der DDR und der BRD statt. Ab dem Sommer konnten auch die Nettbohls neues DDR-Geld, Banknoten mit den Porträts von Engels und Marx, ausgeben. Die Mauer in Berlin, der »antifaschistische Schutzwall«, stand nun schon fast drei Jahre.

1969 gab Erikas Mutter, Ella Ludwig, vom Dreschacker am Kiefernberg ein Trennstück von 9,40 Ar für Bergbaumaßnahmen ab und erhielt für dieses Bodenreformland eine neue Fläche von 0,45 Ar. Der Dreschacker existiert heute noch, während andere Flurnamen in der ehemaligen Gemarkung, wie der Hain und das Kirchtal, der Schutzacker, der Joachimsacker, der Sielersacker oder der Steinbruchacker, nicht mehr aufzufinden sind. »Der Eulenberg oben auf der Höhe von Hilbersdorf, den wir von unserem Tal aus sehen«, sagt Günter Nettbohl, »wurde abgeholzt wegen der Melioration. Rechter Hand liegt der Culmberg, der ist fast 320 Meter hoch und bewaldet.« Auf Landkarten nicht mehr existent sind der Blaue Berg und der Kanigsberg, obwohl Letzterer, direkt am südlichen Rand der Absetzerhalde gelegen, heute gut zu erkennen ist. Geblieben ist die Flur Galgenberg südlich vom Reststück des Weidaer Forstes, direkt am Sanierungsgebiet.

Bis 1976 war der Tagebau Lichtenberg in Betrieb. In fast 15 Jahren wurden dort 160 Millionen Kubikmeter Gestein bewegt und rund 13 000 Tonnen Uran gewonnen. Die Erzförderung musste eingestellt werden, »da im Norden die Stadtgrenze von Ronneburg und im Osten die Anlagen des Bergwerkes Schmirchau eine Erweiterung unmöglich machten«, schreibt die Wismut GmbH. »Bis 1990 wurde dann u. a. Material aus umliegenden Schächten in den Tagebau verbracht.«

Wäre Günter Nettbohl ein aktiver Ortschronist, würde er auch die von Robert Eisel 1871 veröffentlichten Sagen sammeln. Sage Nummer 988 belegt, dass Lichtenberg einstmals ein Gotteshaus besaß, die Kapelle »Zum heiligen Licht«. Hier hielten die Wallfahrer vor über 800 Jahren Andacht auf ihrem Weg zur Veitskirche und zu den Klöstern von Mildenfurth und Cronswitz. Laut Sage 342 ging oberhalb von Lichtenberg eine dreibeinige Kalbe um. »Sie pfeift so stark, daß die Umwohner dadurch in Angst und Furcht versetzt werden.« Der Besitzer des zweiten Hauses am Ortseingang aus Richtung Ronneburg »wollte einmal einen Hasen schießen, den er auf dem Felde seinem Hause gegenüber sich herumtreiben sah. Wie er aber eben losdrücken will, ruft sein Bube: ›Schieß nicht, Vater, es ist ja ein Lamm.‹ Im Aufschauen sah der Bauer wirklich ein Lamm vor sich«, vermeldet Sage 320. Die »Wilde Jagd« raste auch über die Gehöfte hinweg, mit dem

»Hohhoh« eines alten Jägers und sämtlichen Hunden von Lichtenberg und Rußdorf. Ein anderes Mal tauchte der Wilde Jäger als kleines Graumännchen auf. »Wenn er schoß, klang es, als wenn ein Topf zerschellte.« Auf die Schäferei bezieht sich Sage Nummer 195. Der Schäfer besaß magische Kräfte, konnte Leute bannen. »Da er gestorben war, konnte er nicht zur Ruhe kommen und hat noch lange Zeit alle Nächte seine Schafe aus den Hürden heraus und in die Gegend des Ronneburger Forstes getrieben.« Das Oertelsche Anwesen war Schauplatz von Sage 190. Dort trieb ein Kobold sein Unwesen. »Der war sehr groß und hatte die Gestalt eines Soldaten«, schreibt Eisel. »Gewöhnlich hielt er sich auf dem Heuboden auf, manchmal stellte er sich aber mit seinen langen ausgespreizten Beinen den Leuten in den Weg und sollte sich bald todt lachen, wenn dann die Leute unten durchkriechen mußten.«

V

Wie sich die Landschaft um Ronneburg nach 1990 veränderte, erlebte Gerhard Nettbohl vor der eigenen Haustür. Mit seiner Familie wurde er Zeuge eines gigantischen Rekultivierungsprogramms. Er sah, wie die ersten Halden südlich der Autobahn allmählich das Lichtenberger Tagebaurestloch füllten. Die modernsten Radlader, Muldenkipper und Schwerlaster kamen zum Einsatz. Die Kipper transportierten in einer Stunde so viel Material wie 240 Lkws. Abtrag und Umlagerung der Reuster und Paitzdorfer Spitzkegelhalden konnte Gerhard Nettbohl, der am liebsten Zigaretten der Marke »Salem rot« rauchte, nicht mehr beobachten. Er starb 2001, 70 Jahre alt. Gern hätte ich ihn über seine ostpreußische Heimat ausgefragt, über die Vertreibung, über Thüringen, über seine Erlebnisse bei der frühen Wismut, seinen ersten Trabi, die Wende, deren Anfänge im abgeschiedenen Wipsetal fast unbemerkt blieben, ohne Montagsdemos und Kerzen in den Fenstern. Wie mag er in der LPG Kauern, kurz bevor er in Rente ging, die Erschütterungen der Währungs- und Wirtschaftsunion erlebt haben, die harten Gesetze der freien Marktwirtschaft? Vielleicht wäre er noch einmal in seine Heimat, nach Insterburg, das heute Tschernjachowsk heißt, gereist, in die Orte der Kindheit? Gerhards Frau, die Melkerin, blieb bis zur Rente in der LPG, im Kuhstall. 50 Kühe melken, früh und nachmittags, war für sie kein Problem. »Heute haben wir keine Felder mehr, die sind an die Agrargenossenschaft Kauern verpachtet«, sagt sie.

Günter Nettbohl sortiert die Fotos wieder in den Karton. Wem soll er sie vererben? Seinen drei Kindern, Maik, Mandy und Michaela? Die interessieren sich noch nicht für alte Dorfgeschichten, für eine Zeit, die nicht mehr zurückkehrt, von der ihm seine Eltern so viel erzählt haben. Das fängt schon beim Tanz an. »Das heißt heute Disco«, ergänzt Erika. »Die jungen Leute fahren mit dem Auto nach Linne, Braunichswalle. Wir mussten loofen.« Günters Vater hätte sich garantiert über seinen Sohn gefreut, als dieser 2006 zwei Schilder aufstellt, die zum Festumzug von Lichtenberg nach Kauern einladen. Gefeiert wird das 700-jährige Bestehen von Lichtenberg. Die Nettbohls schmücken einen Festwagen, spannen Pferde vor. Günter fotografiert. Erika geht ein Stück zu Fuß mitten im Festzug. Das Jubiläum wird ein Ereignis, das Gäste von außerhalb, darunter viele ehemalige Lichtenberger, anzieht.

Im Sommer 2007 besucht Erika Nettbohl die Bundesgartenschau in Ronneburg. Ihre Enkelin Michaela, »Michi«, sagt: »Komm, wir fahren mal rein.« »Muss das heute sein?«, fragt die Oma. »Na gut, da ge me mal. In Grobsdorf, da simer nei. Am Haupteingang, ha. Wir sinn bisschen rumgeloofen, e Stück, dann mit der Buga-Bahn gefahren. Ich kann doch so schlecht loofen.« Erika staunt über das Gelände. »Ich kannte das von früher nich su, weil da Häuser zwischen warn, gelle. Das Gessental ist jetzt ein breites Tal, ist jetzt viel besser.« Sie schimpft über den teuren Eintrittspreis. »16 Euro und fünf für den Bus. Wir waren nur zwei Stunden dort, und ich war geschafft.«

Die alte Bäuerin ist in ihrem Leben kaum verreist, einmal, in den achtziger Jahren, war sie in der Sowjetunion. »Dort waren wir auch in einem Kernkraftwerk, wohl bei Moskau. Das war beeindruckend. Aber ich kann mich an den genauen Ort nicht mehr erinnern.« Ihr Sohn meint, das könnte noch vor der Reaktorkatastrophe von Tschernobyl 1986 gewesen sein. »Was dort passiert ist, konnte ja nicht verschwiegen werden. Das war verheerend«, sagt er. »Das hat meine Familie auch beschäftigt, schließlich ist die radioaktive Wolke auch über Thüringen gezo-

Blick über die einstige Haldenfläche auf die Ortslage Lichtenberg, 2008

gen.« Was Günter Nettbohl nicht weiß: Damals wurden 135000 Menschen aus der Sperrzone evakuiert und sämtliche Dörfer in der Nähe des Atomkraftwerkes dem Erdboden gleichgemacht.

Das Uran, die Wismut, die Halden, der Tagebau – ein Reizwort genügt und setzt bei Erika Nettbohl Erinnerungen frei. Vor einiger Zeit im Krankenhaus in Gera hat sie auf der Station eine Frau kennengelernt, die aus der Mittelmühle im oberen Gessental stammt. Erika hat gefragt: »Haro Krause, kennst du den?« Spontane Antwort: »Das war mein Mann. Der lebt nicht mehr.« Die beiden Frauen unterhalten sich lange, sprechen über die Mühlen im Gessental, von denen heute nur noch die Collismühle existiert.

Das Wipsetal verändert sich. Nichts erinnert mehr an Haldengebirge. Die Fläche der verschwundenen Absetzerhalde wurde mit kulturfähigem Material aufgefüllt, Bäume gepflanzt. Ackerboden wird hier nicht mehr entstehen, aber Wald wachsen. Die Wipse ist kein ruhiges Bächlein, besonders nach starken Regenfällen. Die Wismut kontrolliert über eine Messstation die Wasserwerte. Gefahr für Hochwasser lauert auch in der ständigen Verlandung des Baches. Schuld daran sind die aus dem Wismut-Gebiet eingespülten radioaktiv belasteten Sedimente. Gefahr für den Menschen besteht nach Ansicht der Oberen Wasserbehörde nicht. Die

Wismut wird den Bach stärker belasten. Sie will das im Gessental austretende Flutungswasser der Schächte nach entsprechender Aufbereitung über die Wipse in die Weiße Elster leiten. 800 Kubikmeter Wasser sollen stündlich in den Bach gespült werden. Für Erika Nettbohl sieht das Wipse-Wasser klar und sauber aus.

Für die alte Bäuerin sind die »Lichtenberger Kanten« im ehemaligen Buga-Gelände von Ronneburg ein Hinweis auf die verlorene Heimat mitten im einstigen Uranerzrevier. Wichtiger ist ihr aber der Name »Lichtenberg« auf dem Ortsschild, wenige Meter vom Grundstück der Nettbohls entfernt. Ihr Sohn Günter geht oft über die Wiese hinüber zum vergitterten Wetterstolln von Schacht 352, im Sommer 1996 von der Wismut verwahrt und verfüllt mit Unterwasserbeton und Kies. Im Januar 2008 ist die letzte von zwölf Halden rund um den Tagebau Lichtenberg abgetragen. Es hat 17 Jahre gedauert, bis dieser Schutzdamm der Stadt Ronneburg verschwand. Auch der Damm am Teich in Raitzhain wird bis zum Sommer 2008 abgebaggert und zum Aufschüttkörper der Schmirchauer Höhe verlagert. Günter Nettbohl liest darüber in der Zeitung. Als Augenzeuge vor Ort kann er wegen seiner Arbeit auswärts nicht dabei sein. Im März 2009 unterzeichnet er eine Vereinbarung mit dem Bergbautraditionsverein Wismut. Er gestattet damit, dass der Verein auf seinem Grundstück, direkt an der Straße, einen »deutschen Türstock mit Pulttafel« errichtet. Dieses »Raum-Zeit-Fenster« ist Bestandteil des Zeitzeugniskonzepts »Vom Bergbau zur Sanierung«, zu dem auch die »Begehbare Landkarte« auf der Schmirchauer Höhe gehört. Durch dieses »Zeitfenster«, Station Nummer 29, ist seit Juni 2009 der Blick möglich auf die verschwundene Ortschaft Lichtenberg – ein Ereignis, das die Nettbohls mit ihren Nachbarn und Gästen aus Gera, Kauern und Liebschwitz vor ihrem Anwesen, mitten im Grünen, zünftig feiern. Nahebei auch die Erinnerung an die Deponie Lichtenberg und das Stolln Mundloch 352 mit den Stationen 27 und 28.

»Wir gehören zu Kauern«, sagt Erika Nettbohl. Das bedeutet: Hier sind wir zu Hause. Sie möchte nie mehr woanders leben. »Ich bin die älteste Lichtenbergerin.« Vor über zehn Jahren hatte Lichtenberg 27 Bewohner in acht Häusern mit zehn Haushalten, davon 18 Loitzscher. Die Zahl hat sich bis heute nicht wesentlich verändert. Vielleicht zieht mal jemand zu. Hat das kleine Lich-

Blick aus dem Gessental über die Kerbe nach Ronneburg, 2009

tenberg eine Chance, in der Zukunft zu überleben? Im Jahr 2050 wird der Freistaat Thüringen nur noch 1,6 Millionen Einwohner zählen. Das sind an die 700 000 weniger als heute. Erika Nettbohl glaubt nicht, dass ihre bodenständigen Enkel und Urenkel je ihre Heimat verlassen werden. Sie hat ihre Nächsten um sich. Günter und Frau Elke, deren Tochter Manuela und Freund Heiko und manchmal auch Maik. Und ihre Schwester Gisela kommt oft zu Besuch. Dann gehen sie ein paar Schritte oder sitzen im gepflasterten Innenhof. Zu Fuß hinauf nach Hilbersdorf, wo die Gräber ihrer Angehörigen liegen, kommt sie nicht mehr. »Das fällt mir schwer. Ich brauche immer einen, der mich fährt.«

Die Nacht ist längst über Lichtenberg gezogen. Der Walnussbaum im Garten verschwindet im Dunkel. »Ich fühle mich hier nicht einsam. Die Michi bringt mir mein Abendbrot und reibt mir den Rücken mit Rheumasalbe ein. Ein Gutenachtlied singt sie mir aber nicht«, sagt die alte Bäuerin. Wie stellt sie sich Lichtenberg in der Zukunft vor? »Still und ruhig. Wer weiß, was in 100 Jahren ist, da lebe ich ja nicht mehr.«

(2007/2009)

Dieter Sonntag in Rückersdorf, 2008

Feuerwehr und Geigerzähler

Schmirchau: Dieter Sonntag sucht sein Dorf am Fuß der Schmirchauer Höhe

I

Die Spitzkegelhalden von Reust konnte Dieter Sonntag vom Balkon seines Hauses in Rückersdorf nie sehen. »Dazu musste ich erst vom Fuchsloch zur Hauptstraße laufen, um dann am Wald, am Erlicht, vorbei um den Reuster Berg gucken zu können. Die beiden Pyramiden waren die ersten weithin sichtbaren Halden. Sie überragten das eigentliche Wahrzeichen der Gegend, den Bismarckturm auf dem Reuster Berg. Weiter hinten nach Ronneburg zu, direkt vorm Brunnenholz, standen die Paitzdorfer Zwillinge. Der Abraum kam aus den Schächten der Bergwerke Reust und Paitzdorf. Die vier Halden waren an die 100 Meter hoch. Die konnte man einfach nicht übersehen.« Als die Zwillingskegel, die »Ronneburger Titten«, langsam vor über 40 Jahren Gestalt annahmen, existierte Schmirchau, der Geburtsort von Dieter Sonntag, schon längst nicht mehr.

Vom blumengeschmückten Balkon schaut Dieter Sonntag auf die Häuser der Siedlung, die vor über 20 Jahren gebaut wurde, und beobachtet den Autoverkehr auf der Hauptstraße Richtung Ronneburg. »Ich habe eine schöne Aussicht«, sagt er und prüft den gut gelagerten Holzstapel unterm Balkon. »Das Holz habe ich bei Gauern geholt, das brauch ich zum Feuern. Holz wärmt.« Er geht nicht mehr bis zur Hauptstraße und guckt um die Ecke, denn die mit Birken bewachsenen Reuster Halden gibt es nicht mehr. 6,3 Millionen Kubikmeter Gestein verschwanden 2006 im 160 Meter tiefen Tagebaurestloch Lichtenberg. Damit war die Grube fast gefüllt, denn hier lagerte bereits abgetragenes Haldengestein in mächtigen Lagen. Mit 8,2 Millionen Kubikmetern Masse folgten anschließend die Paitzdorfer Zwillinge. »Berge versetzen«, umschreibt das die sanierende Wismut GmbH.

»Die Sanierung ist in Ordnung«, sagt Dieter Sonntag. »Aber die Paitzdorfer Halden hätte man doch stehen lassen können. Warum mussten die auch noch in den Tagebau? Die bedeuteten ein Stück Identität für die Menschen hier. Und Fremde, die sie gesehen haben, wussten, hier ist Wismut-Gebiet. Wo der Tagebau war, steht jetzt ein neuer, künstlicher Berg. Von dem bin ich nicht begeistert. Hier hat man Halden abgetragen, dort den neuen Berg aufgeschüttet.« Der neue Berg, die Schmirchauer Höhe, ist 373 Meter hoch und in direkter Nachbarschaft zum Reuster Berg platziert, der früher einmal bewaldet gewesen sein soll. Der Reuster Berg misst 370 Meter und ist die dominante historische Landmarke im Ronneburger Hügelland.

1724 ersuchte der Pachtmüller Johann Christian Lebmann aus Nauendorf um Erlaubnis, »auf dem unweit der Gemeinde Reust gelegenen Berge eine Windmühle erbauen und betreiben zu dürfen«. Die Windmüller nach ihm hatten nicht immer Glück mit dem Wetter. Blitze schlugen ein, entfachten Brände, und Stürme richteten Schäden an. 1874 wurde im Rahmen der sächsischen Landesvermessung auf dem Hügel eine 2,10 Meter hohe Rundsäule aus Rochlitzer Porphyr aufgestellt. Sie trägt noch heute die Inschrift »Station der europäischen Gradmessung und Kön.-Sächs. Triangulation«. Von dieser Säule wurden sieben weitere Stationen vermessen, wie der Rochlitzer Berg oder der Kuhberg bei Netzschkau. Die in der Nachbarschaft stehende Bockwindmühle musste um 1900 aus nationalen Gründen verschwinden. Das Deutsche Reich feierte sich im Gedenken an Reichskanzler Fürst Otto von Bismarck und baute ihm Denkmäler. Thüringen errichtete landesweit 24 Türme, die auch als Säulen bezeichnet werden, eine davon auf dem Reuster Berg, an der Stelle, wo die Windmühle ihre Flügel drehte. 1902 wurde die 21 Meter hohe »Feuersäule« aus Orlamünder Kalkstein nach dem Entwurf »Götterdämmerung« des Architekten Wilhelm Kreis eingeweiht. Über 6000 Menschen versammelten sich rund um den Reuster Berg und begrüßten das Ereignis. Kurz darauf wurde erstmals das weithin sichtbare Leuchtfeuer auf der Turmspitze entzündet. Der Reuster Turm wie auch die Gaststätte nebenan luden nun zum Besuch.

1956 wurde der Turm wegen des Uranerzbergbaus für die Öffentlichkeit gesperrt und der Gaststättenbetrieb bald geschlossen. Der Turm blieb vom Abriss verschont. Damit ist die wechselvolle Geschichte des Reuster Berges längst noch nicht erzählt.

Schmirchau, historische Postkarte

Bedrängten ihn einst die Spitzkegelhalden und nahmen ihm seine natürliche Höhe, hat er heute wieder das Nachsehen, denn er ist drei Meter niedriger als sein Gegenüber, die Schmirchauer Höhe. Der Name des künstlichen »Landschaftsbauwerkes«, wie es offiziell bezeichnet wird, erinnert ganz bewusst an das verschwundene Schmirchau.

In der *Chronik der Stadt und Pflege Ronneburg* von 1844, verfasst vom Rektor der Stadtschule, Eduard Böhme, nach *Dr. Löber's Historie,* heißt es über das ehemalige Amtsdorf: »Schmirchau, auch Schmircha, und vor alten Zeiten Schmirdewitz, Schmirchaw geheißen, liegt unweit Ronneburg nach Südwesten hin in einem Thale, welches sich nach dem Gessenthale zu öffnet und von einem kleinen Bache durchflossen ist. Der Name dieses Dorfes findet sich in einer Urkunde vom Jahre 1237, datiert von Zeitz den 17. März, nach welcher der Bischof von Naumburg, Engelhard, bestimmte, daß Schmirchau kein Filial von Ronneburg mehr sein sollte, sondern eine freie Pfarrkirche. Sicherlich ist dieß Dorf wendischen Ursprungs …« 1885 lebten in Schmirchau, das zum Herzogtum Sachsen-Altenburg gehörte, 176 Einwohner in 35 Wohnhäusern,

19 davon waren Bauerngüter. Die Bewohner teilten sich in jeweils 88 Frauen und Männer. Die Fläche des Dorfes betrug 293 Hektar. Wie andere Dörfer im Ronneburger Gebiet blieb Schmirchau von Kriegswirren und Katastrophen nicht verschont. 1611 brach im nahen Ronneburg die Pest aus. Weil dort auch die Pfarrer der Seuche erlagen, übernahm der Schmirchauer Pfarrer Johann Prüfer den Gottesdienst außerhalb der Stadt, auf den »Krautländern«. 1712 grassierte die Rote Ruhr, an der zehn Schmirchauer starben. Auch das Vieh wurde von Seuchen befallen, und es gab durch Unwetter bedingte Ernteausfälle, wie Chroniken berichten. Auch besondere Ereignisse wurden darin vermerkt, wie der Fund eines ausgesetzten Säuglings im Jahr 1765 in einem Garten. Weil das Findelkind unter einem Birnbaum lag, taufte der Pfarrer Johann Christian Albrecht es auf den Namen Johann Michael Birnbaum. Napoleons Truppen marschierten 1806 durch Schmirchau und plünderten die Bauernhöfe. Die Bewohner versteckten sich mit ihrem Vieh im Wald. 1841 wurde eine neue Pfarrei gebaut, 1845 eröffnete Gottlob Reichardt eine Kegelbahn in seiner Gaststätte.

Um 1900 lebten hier 15 Gutsbesitzer, es gab einen Gasthof, einen Schmied, einen Schuhmacher und andere Gewerke. Für Sicherheit und Ruhe sorgte der Nachtwächter. Seine wichtigste Route führte die Hauptstraße zwischen Gut und Abdeckerei entlang. 1938 wohnten 202 Einwohner in 14 Häusern, darunter Pfarrer Heinrich Kreye und Lehrer Paul Fröhlich, die hochgeschätzt wurden. Der Bürgermeister hieß Otto Seiler. Er gehörte zu den Erbhofbauern und besaß 13 Hektar Land. Neben den Bauern gab es mehrere Schlosser, Metall- und Fabrikarbeiter, einen Weichenwärter im Ruhestand, einen Baggerheizer und einen Viehhändler. Kurt Göthel war der Schmied. Otto Bratfisch führte die Material-Warenhandlung. 1948, drei Jahre nach dem Ende des Zweiten Weltkriegs, war die Einwohnerzahl auf 365 Personen gestiegen. Ins Meldeverzeichnis trugen sich Flüchtlinge aus den Sudeten und der Slowakei ein. Weitere Zuzügler kamen aus Halle, Weimar, Meerane, Werdau und aus den Dörfern der direkten Umgebung wie Gessen, Loitzsch, Linda, Grobsdorf, Liebschwitz, Thränitz oder Baldenhain. Es existierten 38 Wohnhäuser. Der Bürgermeister hieß Paul Jakob.

Historische Stiche und Ansichtskarten zeigen ein idyllisches Dorf inmitten von Getreidefeldern, sanft ansteigenden Wiesen, Hügeln und einzelnen Waldstücken. Rote und braune Ziegeldächer, Fachwerk. Die Kirche mit ihrem massiven spitzen achteckigen Schieferturm war weithin sichtbar. Der Bau, vor 1237 vollendet, ist romanischen Ursprungs, vermerkte Prof. Lehfeldt 1895 in seiner Geschichte der *Bau- und Kunst-Denkmäler Thüringens*. Errichtet wurde der neue Kirchturm 1876 unter Beteiligung zahlreicher Gewerke, darunter Maurermeister Friedrich aus Großstechau, Steinmetz Lippold aus Großfalke und Schiefermeister Haarhaus aus Schmölln. Kupferschmied Oertel aus Ronneburg schuf den Turmknopf.

Schmirchau lag auf der Hochfläche östlich des mittleren Elstertals, fast in der Nähe der Wasserscheide zwischen Weißer Elster und Pleiße. »Schmirchau hat sich ganz schön hingezogen«, sagt Dieter Sonntag, der noch genau weiß, wie sein Straßendorf aussah. »Es war nicht von der Welt abgeschnitten. Im Westen verlief die Straße ins nächste Dorf, nach Gessen. Von dort kam man weiter über Kaimberg nach Gera, alles gut zu Fuß. Im Westen führte eine Verbindung ins südliche Lichtenberg. Mitten im Ort teilte sich die Straße Richtung Norden nach Friedrichshaide. Das war früher mal ein Dorf, 1719 gegründet und nach Herzog Friedrich II. von Sachsen-Gotha-Altenburg benannt, es gehört seit 1922 zu Ronneburg. Ronneburg war die nächste größere Stadt. Wir konnten sie auf mehreren Verbindungen gut zu Fuß, mit dem Fahrrad oder Pferdewagen erreichen. Was mit unserem Dorf zu tun hatte, hatte auch mit Ronneburg zu tun.«

Dieter Sonntag wurde am 26. November 1939 in Schmirchau geboren. »Auf dem Bauernhof, mit Hilfe der Hebamme. Ich bin in einer Großfamilie aufgewachsen. Wenn die Eltern fortgingen, war immer jemand zu Hause, der auf die Kinder aufpasste. Das war auch noch später bei meinen Kindern der Fall. Meine Mutter war für sie da. Das gibt es heute nicht mehr.« Der Name Sonntag kommt in der Ronneburger Gegend oft vor. »Über die Vorfahren meines Vaters – sie stammten aus Wolfersdorf – habe ich keine Unterlagen. Aber dort leben heute noch einige Sonntags. Ich wollte da immer mal nachforschen.« Otto Sonntag, der Großvater, erbte das bäuerliche Anwesen, einen großen Vierseithof, in

Der Hof Sonntag in Schmirchau, 1913

Schmirchau von einer Tante. »Er hat, glaube ich, 1906 Elsa Oertel aus Pohlen, meine Großmutter, geheiratet«, ergänzt der Zeitzeuge. »Sie hatten vier Kinder, die kamen schnell, 1907, 1908, 1910 und 1913. Otto Sonntag ist schon 1914 gestorben. Er fiel im Ersten Weltkrieg in Frankreich. Oma war mit den Kindern allein. Sie hat wieder geheiratet, den Gerold Kurt. Der war Geschirrführer.« Die Lebensdaten seiner Eltern hat Dieter Sonntag im Kopf. »Mein Vater Albert wurde am 26. August 1908 geboren. Er starb am 4. Juli 1971. Meine Mutter Erna Sonntag, geborene Franke kam am 25. Oktober 1911 auf die Welt. Sie starb am 2. Juni 2005. Sie stammte aus Korbußen bei Ronneburg und wuchs in einer kinderreichen Familie auf. Ihre fünf Geschwister heirateten in Bauernhöfe. Der Name Franke ist alteingesessen, geht weit zurück. Diese Tradition gibt es bei den Sonntags nicht. Die Bauernwirtschaft in Schmirchau wurde nur zwei Generationen lang betrieben, weil wir den Hof aufgeben und den Ort verlassen mussten, alles wegen dem Wismut-Bergbau.«

Dieter Sonntag trägt viele Erinnerungen an seine Vorfahren mit sich. Fotos von ihnen oder von Schmirchau besitzt er nicht. »Auch

Rainer, mein fünf Jahre jüngerer Bruder, der mit mir hier auf dem Grundstück wohnt, hat keine Fotos. Nur zu besonderen Anlässen, Hochzeiten oder Kirmes, wurde bei uns auf dem Dorf fotografiert. Nicht jeder hatte einen Fotoapparat. Da zählten andere Dinge. Als die Wismut kam, war Fotografieren verboten. Die Wismut-Polizei steckte in jeder Ecke. Nur Wöllners Manfred hat schwarz fotografiert. Er stammte aus Gessen und wohnte in Schmirchau. Er hat zweimal sein Dorf verloren. Er besitzt viele Bilder, die er bei Vorträgen zeigt.«

Dieter Sonntag sitzt in seiner Küche am runden Holztisch und sortiert die Zeitungsfotos, die er in den letzten Jahren gesammelt hat. »Da sind auch Aufnahmen von den Zwillingshalden dabei«, sagt er. »Ich hänge immer noch an meinem Dorf, und ich weiß, wo es gestanden hat. Wenn mein Auto so richtig dreckig ist, dann fahre ich rüber ins Gelände, bis an die Werkbahn-Strecke der Wismut. Weiter rein darf man ja nicht. Das Wachhäuschen ist immer besetzt, die Schranke geschlossen. Für Unbefugte schaltet die Ampel auf Rot. Ich halte an und sehe den neuen Berg, die Schmirchauer Höhe, vor mir. An deren Fuß, in Richtung Norden, da weiß ich mein verschwundenes Dorf, das in meinem Innersten lebt. Komm ich wieder nach Rückersdorf, ist mein Auto noch dreckiger. Dann kann ich es waschen.«

II

Dieter Sonntag betrachtet die von Hand gezeichnete Karte mit allen Häusern und Höfen seines Dorfes. »Der Vierseithof dort, im Norden des Dorfes, als Nummer 20 markiert, das Riesending, das gehörte uns. Die Gebäude lagen nicht direkt an der Straße, sondern etwas zurückgesetzt. Wir hatten 16 Hektar, nicht zusammenhängend, da mal eine Fläche und dann woanders wieder eine. Unser Hof war von Feld umgeben. Im Westen führte die Straße nach Friedrichshaide. Das war günstig für uns, wenn wir nach Ronneburg wollten. Bis zum Rittergut waren es nicht mal 800 Meter. Wir besaßen zwölf Kühe, ein paar Schweine, Pferde und Schafe. Eben alles, was früher zu einem Bauernhof gehörte. Wir haben für unseren Eigenbedarf gewirtschaftet. Die Bodenreform 1945, das war ja noch in der sowjetisch besetzten Zone, hatte auf Schmirchau keinen Einfluss. In unserem Dorf gab es keine Rittergüter, die enteignet werden konnten. Daher wurde auch nichts abgerissen. Neubauern siedelten auch nicht bei uns. Das war im nahen Kauern schon anders. Wir lebten immer im ländlichen Milieu. Alle mussten mithelfen, im Stall, auf dem Feld. Wir haben von Rüben Sirup gekocht, Pflaumen zu Marmelade verarbeitet – vor allem nach dem Krieg. Den Sirup musste ich dauernd rühren, damit die Brühe nicht überlief und anbrannte. Wir haben Obst in die Sammelstelle gebracht, nichts auf dem Markt verkauft. Im Garten haben wir Gemüse angebaut, Beerenobst geerntet, aber keine Küchenkräuter wie Liebstöckel oder Fenchel.« Dieter Sonntag erinnert sich an die vielen Obstbäume auf der Wiese.

Die Sonntags, Vater und Sohn, kannten allerlei Schleichwege durchs Dorf. »Hier, die Nummer 27, war Lindners Gaststätte, gar nicht weit von uns entfernt. Beim Wirt Erich Lindner war immer etwas los. Neben der Kneipe war der Mottenbirnbaum. Wenn die reifen Früchte auf die Erde fielen, haben wir sie gesammelt. Alle Kinder waren davon begeistert. Der Baum war ein Wahrzeichen im Dorf.« Wahrscheinlich handelte es sich um den Wildling von Motte, eine der ältesten Birnensorten, in Thüringen auch unter dem Namen Große Crasanne, Grüne Bergamotte oder Grüne Herbstbergamotte bekannt. Eine mittelgroße, rundliche Birne, die auf gutem, feuchtem Boden gedieh, geschützte Lagen bevorzugte und im Oktober ihre Reife erreichte. Süß und würzig soll sie geschmeckt haben. »Unterm Mottenbirnbaum hat sich die Jugend getroffen«, ergänzt Dieter Sonntag seinen Bericht. »Ich weiß noch, wie die jungen Leute nach dem Krieg, also nach 1945, da war ich noch ein Junge, alle von Ronneburg zu uns rausgekommen sind. Das war enorm. Zur Gaststätte gehörte ein großer Teich, aber nicht mit Gondeln wie an der Talmühle in Gessen. Durch unser Dorf floss der Schmirchauer Bach, ein Zufluss des Gessenbachs. Und weiter östlich befand sich noch ein weiterer kleiner Teich.« Vater Sonntag ging regelmäßig zum Frühschoppen bei Linus Koch im Gasthof »Zum goldenen Adler«. »Er hat gerne mal beim Kegeln ein Bier getrunken«, sagt der Sohn. »Ich habe die Kegel aufgestellt und durfte auch eine Kugel schieben. Kochs hatten eine schöne Kegelbahn, einen Saal und einen großen Garten.« An den

Schmirchau, ca. 1954

»Goldenen Adler« grenzte das Vierfamilienhaus der Kochs, zu dem neben dem kleinen Landwirtschaftsbetrieb auch eine Saatgutreinigungsanlage gehörte. Paul Koch, der erste Wirt in der Familie, kam aus Gauern und übernahm das stattliche Anwesen von der Familie Reichardt. »Das ganze Gebiet um Ronneburg war für Ausflügler wunderbar: mit den Mühlen im Gessental, der Fasanerie mitten im Wald und der Gaststätte auf dem Reuster Turm«, sagt Dieter Sonntag. Und wo ging die Familie einkaufen? »Bei Bratfisch im kleinen Kolonialwarenladen, auch bei Lätsch gab's bissel was.«

Dieter Sonntag kam 1945, im November, ein halbes Jahr nach Kriegsende, in die Schule. »Ich war der Jüngste mit fünf Jahren. Bin viel zu früh eingeschult worden. Ich hatte deshalb immer Probleme mit dem Lernen, mit der Aufmerksamkeit. Meine Mitschüler waren ein Jahr älter. Die kamen besser zurecht. Bei mir ging es dann auch aufwärts. Ich ging zwei Jahre in die Schmirchauer Schule, gegenüber der Kirche. Wir saßen in einem Raum, erste bis vierte Klasse zusammen. Unterrichtet hat uns der alte Kantor Fröhlich. Dann kam ein Neulehrer, der Hietschold, der ging dann nach Paitzdorf. 1947 wurde die Schule aufgelöst, und wir kamen nach Ronneburg.« Was war das Schönste an der Schule? »Der Schulweg«, lautet die spontane Antwort. »Wir hatten einen langen Schulweg, fast zwei Kilometer bis nach Ronneburg rein. Unterwegs haben wir uns Zeit gelassen, mal beim Bäcker ein kleines Gebäck geholt. Es gab wenig nach dem Krieg. Und es gab mächtige Kämpfe mit der Bande von Friedrichshaide. Meine Bande war stärker. Da waren die beiden Wöllner-Brüder Herbert und Manfred. Sie leben heute in Linda und Rußdorf bei Blankenhain. Und Schmidts Conny, der ist in Ronneburg. Wir treffen uns immer noch, zu den Geburtstagen.«

Dieter Sonntag zeigt mir ein Foto, eines der wenigen aus der Kindheit. Es ist Winter. In Schmirchau liegt Schnee. Drei Jungen sind zu sehen. Die beiden Wöllners haben Dieter Sonntag in die Mitte genommen. »Wir hatten keine richtigen Schneeschuhe. Das waren Holzbretter. Die Stöcke waren auch ein Provisorium.« 1947 wurde Dieter Sonntag als Schützenkönig von Schmirchau gefeiert. »Der Pfarrer Schein«, sagt er, »hat sich sehr im Dorf engagiert. Wir haben Laienspiele aufgeführt. Oft besucht habe ich auch Göthel Willi, den Schmied, gegenüber von der Kirche. Er hat mit Vater und Bruder die Pferde beschlagen.«

Am 12. Mai 1945 wurde Paul Jakob, 1901 in Schmirchau geboren, von der sowjetischen Kommandantur in Gera als Bürgermeister in seiner Heimatgemeinde eingesetzt. Der gelernte Hobler war Kommunist und gehörte vor 1933 der KPD an. Durch die Zwangsvereinigung von SPD und KPD zur SED wurde er Mitglied der neuen Partei. Im August 1946 berichtete er dem Landrat des Landkreises Gera: »Mit der amerikanischen Besatzung bin ich gut ausgekommen. Mit der russischen Besatzung und Offizieren sowie Mannschaften habe ich durch langes Verhandeln den Bauern manches Stück Vieh erhalten. Heute komme ich mit den Russen sehr gut aus.« In den erhaltenen Gemeindeakten ist nachzulesen, dass im Dezember 1945 jede Person im Dorf, außer den Selbstversorgern, 100 Gramm Butter zusätzlich erhielt, »worum uns die meisten anderen Gemeinden beneidet haben«. 1946 wohnten 329 Menschen in Schmirchau. Der Ort war vorbildlich bei der Ablieferung von Eiern, Getreide und Fleisch. Die Feuerwehr gab den Ton an und weihte 1947 ihr neues Gerätehaus ein. Im gleichen

Jahr feierte die Gemeinde den »Tag des Kindes« – »trotz ungünstiger Witterung« ein »Erfolg«. Der Straßenbau ging voran. »Wer sich um die Arbeit drücken wollte, wurde vom Bürgermeister ganz gehörig geschüttelt«, heißt es im Gemeindeprotokoll. Jeder Flüchtling erhielt eine Notunterkunft, auch wenn das Dorf aus allen Nähten platzte. Das Jahr 1947 klang mit einer »Weihnachtsfeier für Kinder und alte Leute« aus. Fazit des Bürgermeisters: »Was wir geschaffen haben, geht nicht wegzuwischen.«

Dieter Sonntag weiß wenig über diese Zeit. »Ich war einfach viel zu klein. Gut erinnern kann ich mich an zwei Mädels, die machten bei uns auf dem Hof ihr Landjahr. Eine kam aus Schmirchau. Ich weiß auch noch, wie die Amerikaner über die Autobahn kamen. Von dort wurde ins Dorf geschossen.« Auf einen unbekannten deutschen Soldaten, gestorben am 15. April 1945 in Schmirchau, macht ein Grab auf dem Ronneburger Friedhof aufmerksam. »Der ist von den Amis erschossen worden, auf der Wiese zwischen Nummer 10 und Nummer 20«, sagt Dieter Sonntag. »Wie der hieß, das wusste niemand. Hinter dem Gasthof ›Zum goldenen Adler‹ hatte der Wirt Linus Koch eine Wiese, ein halber Hektar. Dort stellten die Amis ihre Fahrzeuge ab und das war auch ihre Reparaturwerkstatt. Da bin ich als Fünfjähriger hin und habe meinen ersten Kaugummi gekriegt. Das vergesse ich nie. Von Vergewaltigungen unserer Frauen und Mädchen durch die Russen habe ich nichts gehört. Die Russen sind nur durchmarschiert. Ich weiß nur noch, dass im Nebengebäude unseres Hofes bis 1953 der Umsiedler Alfred Schöpke mit seiner Familie wohnte. Er bekam in Ronneburg eine Neubauwohnung.«

III

Das Dorfleben normalisierte sich. Idyllisch der Teich direkt an der Straße, die schmucken Fachwerkhäuser. Ein paar Enten waren immer unterwegs und auch ein Pferdegespann. Autos fuhren hier selten. Schmirchau war auf dem Weg, ein vorbildliches sozialistisches Dorf zu werden, doch schon ein paar Jahre später war davon keine Rede mehr. Im November 1951 beschloss die Volkskammer der DDR das Gesetz über den ersten Fünfjahrplan zur

Entwicklung der Volkswirtschaft. Darin hieß es: »Für unsere Produktion sind die in der DDR vorhandenen Bodenschätze in schnellem Tempo zu erschließen. Die Förderung in den neu erschlossenen Lagerstätten ist kurzfristig zu beginnen.« Nach umfangreichen Sucharbeiten im Jahre 1949 erkundete das Wismut-Objekt Nummer 30 ab 1950 die bedeutende »erzführende« Lagerstätte Ronneburg. Die Messung hoher Radonwerte ließ auf reichhaltige Uranvorkommen in den verschiedenen Revieren schließen. Deshalb wurde 1951 das Bergbauprojekt 90, Sitz Gera, gegründet. In der Gemarkung Schmirchau erwarb die Wismut 276 Hektar Fläche für ihre bergbauliche Tätigkeit.

»1951 wurden auf unseren Feldern Schürfgräben gezogen. Die waren zuerst 20, 30 Meter lang, dann 100 bis 150 Meter und vielleicht anderthalb Meter tief, einen Meter breit«, berichtet Dieter Sonntag. »Die russischen Radiometristen kamen mit Geigerzählern. Sie haben uns die Geräte gezeigt. Sie wussten von der Strahlung, haben die Werte in Bücher eingetragen. Was da eigentlich vorging, blieb uns verborgen. Wir wurden nicht eingeweiht. Das war übelste Sorte, was da abging. 1952 ging's richtig los. Bei uns war auch Einquartierung, ein Ingenieur aus dem Erzgebirge. Der ist oft heimgefahren. Den Namen weiß ich nicht mehr. Abends hat er mal ein Glas Bier mit dem Vater getrunken. Was die sich erzählt haben, darum habe ich mich nicht gekümmert. Mein Vater hat da nicht rumgetratscht.« 1951 requirierte die Wismut zunächst zwei Gehöfte und die Gaststätte »Zum goldenen Adler« zur Unterbringung der Verwaltung und von Werkzeug. Linus Koch, der Wirt und leidenschaftlicher Jäger, weigerte sich. Er wollte seinen Grund und Boden nicht verlassen. Er sagte offen, dass das Uran aus Schmirchau einen neuen Krieg auslösen könne. Das blieb nicht ungehört. Eine Hausdurchsuchung fand statt. Dabei wurden zwei Jagdgewehre gefunden und beschlagnahmt. Linus Koch und sein Sohn Rudolf, der als Buchhalter bei der Wismut arbeitete, wurden wegen angeblicher Wirtschaftsvergehen und wegen illegalem Waffenbesitz angeklagt und zu mehrjährigen Haftstrafen verurteilt. Das Vermögen der Familie wurde restlos eingezogen. Nach dem 17. Juni 1953 wurde die Strafhöhe deutlich reduziert. Nach ihrer Freilassung fanden die Kochs ein völlig verändertes und fast zerstörtes Schmirchau vor. Ihnen wurde Wohnraum in

Ronneburg zugewiesen. Einige heimlich aufgenommene Fotos blieben als Erinnerung. »Was mit den Kochs passierte, wusste jeder in Schmirchau«, sagt Dieter Sonntag. »Das war hart.«

Am Nordrand von Schmirchau, nahe bei den Sonntagschen Feldern, teufte die Wismut im März 1952 den Schacht 356, auch »Schacht 1. Mai« genannt. Es handelte sich um den ersten Hauptförderschacht des Bergwerkes Schmirchau. Dort begann Ende 1952 die Förderung. 7000 Kubikmeter Erz wurden auf der 30-Meter-Sohle abgebaut. Später ging es bis zur 120-Meter-Sohle hinab. »Die maximale Ausdehnung des Grubenfeldes betrug in Ost-West-Richtung 3,8 Kilometer, in Nord-Süd-Richtung 4,4 Kilometer und umfasste eine Gesamtfläche von 11,7 Quadratkilometern«, schreibt die Wismut in ihrer *Chronik*. Die Dorfidylle war längst verschwunden. Fördertürme aus Holz, Förderbrücken und Schachtgebäude verschandelten die Landschaft. Um die Schächte waren Zäune gezogen, sie wurden von Wachposten streng bewacht. »Das Bergwerk Schmirchau drängte sich immer enger an den Ortsrand«, schreibt der Bergbautraditionsverein Wismut in seiner Schrift *Die Pyramiden von Ronneburg*. »Unter Tage wurden indes an den neuen Schächten die technologischen Räume wie Füllorte (Umschlagplätze von der horizontalen zur vertikalen Förderung), Sammelbecken für das Grubenwasser, Pumpstationen und Transformatorenstationen sowie Zugänge für die Mannschaften hergestellt.« Zeitgleich war auch das nahe, zu Kauern gehörende Dorf Lichtenberg betroffen. Dort war noch vor Schmirchau das Erzrevier erkundet worden, und 1952 wurde Schacht 352 als zweiter Hauptschacht bis zur 180-Meter-Sohle geteuft. Die Lichtenberger mussten ab 1951 ihr Dorf bis auf zwei Gehöfte räumen. Über 250 Menschen verloren ihre Heimat. Für den Verkauf der Grundstücke wurde eine Entschädigung von 19 bis 51 Pfennig pro Quadratmeter gezahlt. »Anwohner, die nicht freiwillig zum Verkauf ihrer Grundstücke bereit waren, wurden mit Gesetzeskraft zum Verkauf gezwungen«, bekennt die Wismut in ihrer *Chronik*.

Unter Schmirchau sprengten und pickerten sich die Bergleute immer tiefer in die Erde. Das Erz wurde Scheibe für Scheibe gebrochen, ein nicht ganz ungefährliches Vorgehen in einer Lagerstätte, die eigentlich nicht im Gangerzbergbau zu erschließen war. »Die Bruchmassen wurden zu glühenden Gesteinspaketen«, schreibt der Bergbautraditionsverein in seiner bereits erwähnten Schrift. »In den Bruchmassen oxidierte durch den Zutritt von Sauerstoff der Pyrit. Die entstehende Wärme wuchs dabei ständig an und entzündete die kohlenstoffhaltigen Schiefer wie einen Haufen Braunkohle.« Außerdem setzten diese endogenen Brände Gase frei. »Im IV. Quartal 1953 kam es im Bergwerk Schmirchau auf der 30-m-Sohle zum ersten offenen Brand auf dem Abbaublock der Brigade Ganswig. Schnell waren Vermutungen von Brandstiftung und damit Sabotage geäußert, die Untersuchung klärte aber die natürliche Entstehung des Brandes: Selbstentzündung!«

Zur Eindämmung dieser Brände und auch zur Verfüllung von Hohlräumen verwendeten die Bergleute eine weiche Masse aus Lehm, die Pulpe. Zur Herstellung der Pulpe wurden im Laufe der Zeit mehrere Lehmwerke gebaut. Der Lehm kam aus einer Grube zwischen Gessen und Schmirchau. Gleichzeitig verpflichteten sich die Bergleute im Kollektiv, vor allem in Jugendbrigaden, zur Planübererfüllung von 150 bis 160 Prozent. »Losung des Wettbewerbes von Mann zu Mann, von Brigade zu Brigade und Revier zu Revier war ›Für die Erhaltung des Friedens, für den Aufbau des Sozialismus mehr, besseres und billigeres Erz!‹«, heißt es in der Betriebsgeschichte des Bergbaubetriebes Schmirchau. Ferner ist dort zu lesen: »Die Bewohner von Ronneburg und dem Dorf Schmirchau waren nicht ausnahmslos erfreut über das Auftauchen der Wismut-Kumpels und ihr Treiben. Unbekannt war ihnen der Wert des Erzes für die Erhaltung des Friedens und für den Warenaustausch mit der Sowjetunion, unbekannt die Notwendigkeit seiner Gewinnung für die Brechung des Atommonopols der imperialistischen USA.«

Am 1. Februar 1953 erstellte das Bergbauobjekt 90 einen »Kurzbericht zur Umsiedlung der Ortschaft Schmirchau«. Darin wurde die aktuelle Zahl von 45 Häusern und 269 Bewohnern, von denen 34 bei der Wismut beschäftigt waren, genannt. »Infolge der Entwicklung der bergmännischen Arbeiten gelangt Schmirchau in eine Deformationszone; die Einwohner der Ortschaft sind umzusiedeln. [...] Ausgehend vom Plan für bergmännische Arbeiten 1953 werden sich zwei Wohnhäuser mit einer Gesamtwohnfläche von 329 m² in einer Bruchzone befinden. In diesen beiden Wohnhäusern (Nr. 9 u. 43 [...]) wohnen 7 Familien mit insgesamt 22 Per-

Abbruch des Dorfes Schmirchau, ca. 1955

sonen. Die Umsiedlung der Bewohner soll im September 1953 erfolgen.« In der dazugehörigen in russischer Sprache verfassten Liste der Familien ist unter Hausnummer 9 Albert Sonntag aufgeführt. Anzahl der Personen: fünf, Wohnfläche: 81 Quadratmeter.

Wenige Tage vor seinem 14. Geburtstag am 26. November 1953 erlebte Sohn Dieter den schlimmsten Einschnitt seines Lebens. »Mein Vater hat immer gesagt: ›Du bleibst hier, du bist bodenständig.‹ Dann kam alles anders. Wir waren die Ersten, die aus Schmirchau wegmussten. Das war am 19. November 1953.« Dieses Datum muss Dieter Sonntag nicht im Kalender nachschlagen. Es hat sich tief in sein Gedächtnis eingebrannt. »Wir wären nie von Schmirchau weggezogen. Die Ursache für die Umsiedlung lag in der Bergbautätigkeit der Wismut. Wir mussten raus, weil alles einfiel, die Gebäude Risse bekamen und jederzeit einstürzen konnten. Es wurde nahe an der Erdoberfläche gesprengt. Davon zeugte bei uns ein riesiges Loch im Feld. Da war die Erde eingebrochen. Eines Morgens im Mai 1953 bin ich vor Schreck aus dem Bett gesprungen. Im Bergwerk wurde wieder gesprengt. Das Wohnhaus hat gebebt, die Teller sind vom Küchenbord heruntergefallen. Von nun an war es gefährlich für uns. Die Scheune hatte sich um zehn Meter gesenkt. Die Tenne aus Beton bekam viele Risse und hatte sich gesetzt. Auch draußen auf der Weide sah man breite Spalten. Da haben wir unsere Kühe reintreiben müssen. Es war kein Leben mehr für uns.« Die Stimmung im Dorf war gedrückt. »Die Leute hatten Angst«, sagt Dieter Sonntag. »Wir konnten uns doch nicht wehren. Das hätte schlimme Folgen gehabt. Das waren damals ganz andere Verhältnisse als heute. Da war der Russe noch dran. Eine Umsetzung der Kirche wie in Heuersdorf wäre nie möglich gewesen. Daran hat damals niemand gedacht.«

Die Presse veröffentlichte keine Meldung über das Verschwinden von Schmirchau, das seit Gründung der DDR-Bezirke 1952 zum Bezirk Gera gehörte. Am 19. November 1953, einem Donnerstag, standen auf der Titelseite der SED-Bezirkszeitung *Volkswacht* Nachrichten über die deutsch-sowjetische Freundschaft, das Ringen um die Planerfüllung und den Stimmenverlust der CDU bei Kreistagswahlen in Baden-Württemberg. Landwirtschaftsexperten aus Tomsk und Moskau hielten an der Universität Jena Vorlesungen »über Probleme der Bodenfruchtbarkeit und über die Arbeit der Lomonossow-Universität«. Der Brigadier Erich Müller aus dem Ernst-Thälmann-Werk in Saalfeld stellte seine Druckmaschinen in der Pause nicht ab und erhöhte damit den Ausstoß von Einwickelpapier für Butter und Margarine auf stündlich etwa 11000 Bogen. In den Keramischen Werken Hermsdorf brachten die Verbesserungsvorschläge der Arbeiter und Techniker 380000 Mark Reingewinn, und das ISO-Preßwerk in Rottenbach bei Rudolstadt plante zu Ehren der deutsch-sowjetischen Freundschaft die Herstellung von monatlich 13000 Waschschüsseln über den Plan für HO, Konsum und die Deutsche Handelszentrale.

Albert Sonntag las keine Zeitung. Er fuhr in den letzten drei Monaten in der Gegend umher, suchte ein Gehöft für den Neuanfang. »Wir hatten kein Auto. Der Vater war mit dem Rad unterwegs, und er hat Hilfe bekommen von MAS und MTS«, sagt der Sohn. »Die Entschädigung hat gerade gereicht für den Kauf eines neuen Gutes. Falls doch was übriggeblieben war, wurde das fürs Bauen ausgegeben. Durch den Abriss unseres Anwesens in Schmirchau sind wir nicht reich geworden. Es gibt Leute, die sagen, das hat es gegeben. Aber das stimmt nicht. Vielleicht haben die Bewohner von Culmitzsch später mehr rausgeholt aus ihren Zwangsverkäufen.« Albert Sonntag fand im nahen Rückersdorf am Fuchsloch einen geeigneten Vierseithof, der 1900 nach einem Brand des alten Hofes dort errichtet worden war. Er legte selbst Hand an, deckte das Dach neu, transportierte Möbel, Wirtschaftsgerät, Futtermittel, Getreide und Tiere. »In Schmirchau haben wir ein Gebäude abgerissen und als Schweinestall in Rückersdorf aufgebaut, mit Hilfe von Baumeister Schmidt aus Reust.«

Für den 19. November 1953 meldete der Wetterdienst: »Bei schwachen bis mäßigen Südwestwinden überwiegend heiter, strichweise Frühnebel. Tagestemperaturen wenig über 5 Grad, örtlich noch östlicher Bodenfrost, zum Teil auch leichter Nachtfrost.« An die genauen Abläufe dieses Tages kann sich Dieter Sonntag nicht mehr erinnern. Die Ereignisse liegen inzwischen mehr als ein halbes Menschenleben zurück. Doch ganz bestimmte Eindrücke sind geblieben. »Ich hab dem Vater beim Umzug geholfen, bin oft zweimal am Tag mit dem Bauernwagen und zwei vorgespannten Pferden nach Rückersdorf gefahren. Auf den Wagen konnten wir 40 Zentner Umzugsgut laden.« Auf dem riesigen Oberboden des Wohnhauses in Schmirchau blieben viele alte Möbel zurück. »Da waren auch Zentrifugen dabei«, ergänzt Dieter Sonntag. »Heute könnte man damit ein Museum füllen. Aber es ist nichts erhalten geblieben. Die anderen Höfe hatten auch viel und konnten nicht alles mitnehmen.« Unbedingt muss er noch von Roland, dem Deutschen Schäferhund, erzählen. »Der ist die ersten vier Wochen nach unserem Umzug täglich nach Schmirchau gelaufen, hat dort vor der Haustür übernachtet und tauchte am nächsten Morgen wieder in Rückersdorf auf. Er ist immer gewandert. Der Hund war sechs oder sieben Jahre alt. Ein treues Tier.«

IV

Die Sonntags waren die Einzigen, die es nach Rückersdorf verschlug. 1954/55 wurden in Schmirchau weitere Gebäude geräumt. Der Friedhof an der Kirche war gesperrt. Sichtblenden verwehrten neugierige Blicke auf das Gelände. Dort wurden die Gräber geöffnet, um die sterblichen Überreste nach Ronneburg zu überführen. Im hinteren Teil des dortigen Friedhofes entstand ein Areal für

Schmirchau. Das Kriegerdenkmal retteten einige Dorfleute vor der Zerstörung, indem sie den Stein per Fuhrwerk auf den Friedhof von Ronneburg transportierten. Jahre später sollten dort auch die Gessener mit einem Gedenkstein an ihre Verstorbenen erinnern. Ab 1955 wurde Schmirchau abgerissen. Im gleichen Jahr erfolgte die Sprengung der Kirche. Nachdem die letzten Bewohner das Dorf verlassen hatten, blieben jahrelang Ruinen stehen. 1962 verschwand die letzte Scheune. Auch Teile von Friedrichshaide, dem Ronneburger Ortsteil, mussten dem Bergbau weichen.

Doch Schmirchau tauchte als Name immer wieder auf, als würde sich das verschwundene Dorf beständig gegen das Vergessen wehren. Ein besonderes Beispiel dafür ist das Schicksal der Schmirchauer Orgel, 1895 von Adam Eifert, Großherzoglich Sächsischer Hoforgelbauer aus Stadtilm, errichtet. Vor der Kirchensprengung ausgebaut, kam das Instrument nach Gera-Tinz in die Kirche St. Margareten. 1956 erhielt es durch die Orgelbaufirma Schmeißer aus Rochlitz einen neuen Prospekt, ein elektrisches Gebläse, und fünf der zehn Register wurden klanglich verändert. Allerdings wurde die Orgel selten gespielt; Feuchtigkeit und Holzwürmer setzten ihr zu. Deshalb stand der nächste Umzug an, 1978 in die St.-Johannis-Kirche in Gera. Nach dem Neuaufbau stand sie dort neben der großen Kreutzbach-Orgel und erklang zu Gottesdiensten und Konzerten. Ab 1984 verstummte sie, weil ihr Schäden an den Windladen zu schaffen machten. 2002 fasste der Tinzer Gemeindekirchenrat den Entschluss, die Orgel wieder zurückzuholen. Spenden und Fördermittel ermöglichten im Frühjahr 2005 den Abbau des Instruments. Anschließend folgten Instandsetzung und Restaurierung durch Orgelbaumeister Georg Wünning aus Großolbersdorf. Im August 2005, nach über 20 Jahren, erklangen erstmals ihre fünf Register. Diese zweite Wiederauferstehung feierte die Kirchgemeinde mit einem Fest.

Andreas Schaller, der engagierte Pfarrer, sagt: »Wir sind stolz auf unsere Orgel aus Schmirchau.« In seinem Sprengel beerdigt er öfters Wismut-Kumpel, die an Lungenkarzinomen und Leukämie verstorben sind. Wer von ihnen heute 69 oder 70 Jahre alt sei, stünde in einem kritischen Alter, erklärt der Pfarrer von St. Margareten, der mir in seiner kleinen Kirche voller Stolz die Schmirchauer Orgel vorführt.

Abriss Schmirchau, ca. 1955

Auch das Spritzenhaus der Schmirchauer Feuerwehr wurde gerettet. Die Gemeinde Naulitz baute das Gebäude 1956 ab und errichtete es ein paar Jahre später in ihrem Dorf. Wer heute den kleinen Friedhof in Naulitz besuchen will, muss den Durchgang im Spritzenhaus der Freiwilligen Feuerwehr benutzen.

»Ich habe damals schon begriffen, dass ich meine Heimat verliere«, sagt Dieter Sonntag. »Meine Eltern haben sehr an Schmirchau gehangen. Die Mutter hat viel geweint, und sie hat bis zuletzt an Schmirchau gedacht. Sie könnte Ihnen, wenn sie noch leben würde, viel erzählen.« In Rückersdorf fand er schnell Anschluss an die gleichaltrige Dorfjugend. »Ich hab mich gut eingewöhnt. Bei den Eltern war das anders. Und es war auch nicht mehr so wie in Schmirchau, wo wir alle in der Stube zusammengesessen haben. Es war alles enger und kleiner.« In Rückersdorf arbeitete Dieter Sonntag beim Vater auf dem Hof, von 1953 bis 1960. »Berufliche Träume gab es nicht. Der Vater war schon zeitig krank, der Großvater konnte auch nicht mehr so richtig. Da musste ich mit einsteigen. Deshalb hatte ich nie Wünsche nach einem bestimmten Beruf. Ich besaß schon früh ein Moped, dann ein Motorrad. Wir sind in der Clique viel ausgefahren mit unseren Jawas und DKWs. Da war das Leben in Ordnung.« Die Sonntags traten in die LPG »Roter Stern« ein, bewirtschafteten 14 Hektar Land. Der Vater führte ein Pferdegespann. Die Mutter fütterte für die LPG die Schweine. »Manchmal hat der LPG-Stern geleuchtet, manchmal auch nicht«, sagt Dieter Sonntag. Das heißt, es gab gute und auch weniger gute Zeiten.

Rückersdorf ging mit der neuen Zeit im Arbeiter-und-Bauern-Staat. 1953 wurde im Dorf ein Konsum eröffnet. Wismut-Kumpel halfen beim Neubau der Polytechnischen Oberschule und bei der Getreideernte, damit die LPG den Staatsplan erfüllte. Die Felder und Äcker befanden sich wie andernorts im Ronneburger Land nahe den Halden und Bergbauanlagen. Kühe und Schafe weideten an Bächen, die schädliches Grubenwasser aufnahmen. Die Bauern hatten sich daran gewöhnt. Manch einer liebte seine Kleingartenidylle am Kirschberg mit Aussicht aufs Tagebaurestloch von Lichtenberg.

»Das auf den Halden verbleibende Uran mit seinen radioaktiven Zerfallsprodukten wird zum Teil als Staub vom Wind verweht, gelangt so auf umliegende Felder und Ortschaften und verunreinigt dort Boden und Atemluft. Uran und Radium werden vom (sauren!) Regen ausgewaschen und gelangen in Grundwasser und Flüsse. Radon entweicht noch Hunderttausende von Jahren aus dem Haldenmaterial in die Luft«, schrieb der Bürgerrechtler Michael Beleites in seinem kritischen Report *Altlast Wismut*, erschienen 1992, für den er mit versteckter Kamera fotografierte. In einem Abschnitt auf Seite 39 erinnert er kurz an die zerstörten Orte.

1958 leisteten sich die Sonntags ihren ersten Fernsehapparat. »Ab 1960 habe ich drei Jahre lang die Agrarfachschule in Stadtroda besucht und als staatlich geprüfter Landwirt abgeschlossen. Ich hätte nach dem Norden gehen können, dort wurden Fachkräfte gebraucht. Aber ich bin in Rückersdorf geblieben.« Bis zum Jahr 2000 arbeitete Dieter Sonntag ohne Unterbrechung in der LPG, als Brigadier, als Abteilungsleiter. »Ich war immer in der Viehwirtschaft. Zuletzt habe ich alles gemacht, Schweine nach Altenburg in den Schlachthof gefahren und im Stall gearbeitet. Wir hatten 33 Kuhställe.« 1968 kaufte sich Dieter Sonntag ein Auto, einen gebrauchten Trabant. Er heiratete, gründete eine Familie, wurde Vater von zwei Kindern.

In Rückersdorf ist Dieter Sonntag heute fest verwurzelt. »Das Leben hier hat sich aber seit der Wende verändert. Bis 1997 war die Gaststätte Häusner ein Mittelpunkt. Der Wirt hat bei der Wismut gearbeitet und nach Feierabend Bier ausgeschenkt. Jetzt ist die Kneipe geschlossen. Es fehlt ein Ort, wo man sich trifft. Ich bin da auch hingegangen. Jetzt treffen wir uns halt privat, auf Einladung, bisschen Bier und was. Mal eine Stunde oder zwei.« In Rückersdorf werden Dorffeste gefeiert. Aber es ist anders als zu DDR-Zeiten. »Wir haben in der LPG kräftig gefeiert, dann gab es den 1. Mai und das Sportfest. Man muss bedenken, dass die eine Hälfte der Einwohner in der LPG tätig war, die andere Hälfte bei der Wismut. Ein paar haben noch im Felgenwerk in Ronneburg gearbeitet. Den Wismut-Leuten ging's besser als uns. Die hatten frisches Obst, Südfrüchte, und wir nicht. Sie haben aber damit nicht rumgeprotzt. Man wusste, wenn einer von denen ein neues Motorrad oder Auto hatte. Auf einen Trabi brauchten die auch nicht zwölf Jahre und länger zu warten. Heute sind die meisten in Rente und genießen ihren Lebensabend.«

Als Dieter Sonntag mit seiner Familie 1953 Schmirchau verlassen musste, waren Sorge und Katzendorf schon Wüstungen. »Das haben wir in Schmirchau nicht gewusst. Wir hatten keine Verbindung da nauf«, sagt er. »Es war ja alles geheim. Später war die Wismut ein offenes Geheimnis. Es konnte nicht alles verborgen bleiben. Die Wismut-Kumpels aus Rückersdorf haben schon mal was erzählt. Wenn etwas passiert war im Schacht, das sprach sich rum. Es gab wohl zwei, drei tödliche Unfälle. Das ist hingenommen worden. Eine Frau geriet mit ihrem Arm ins Förderband. Einer wurde verschüttet. Namen will ich nicht nennen. Die Angehörigen haben bestimmt Entschädigungen erhalten.« Manchmal hörte Dieter Sonntag, wie im Grubenfeld Reust gebohrt und gesprengt wurde. »Die Geräusche kamen aus der Tiefe direkt unter unserem Haus. Die waren nur bei Schichtwechsel zu hören. Früh von fünf bis sechs, mittags von eins bis zwei und abends von neun bis zehn.«

Die ehemaligen Schmirchauer, die so fest mit Ronneburg verbunden waren, hat es übers Land verschlagen. Sie leben in Rußdorf, Linda, Heukewalde, Posterstein, Korbußen und Großenstein. Auch die alten Flurnamen gerieten allmählich ins Vergessen. »Zwischen Schmirchau und Kauern soll mal ein Vorwerk gelegen haben, das hieß Queißen. Und es existierte wohl auch ein Waldstück mit dem gleichen Namen. Im Pohlteich zwischen Kauern und Gessen hat man alte Mauerreste gefunden. Das war ein Sumpfgebiet. Da sind wir als Kinder immer gestromert. Und es gibt wohl auch eine Sage«, meint Dieter Sonntag und ergänzt: »An den Sagen ist ja meistens e bissel was dran.« Mit Spukgeschichten und Märchen ist er nicht aufgewachsen, und auch auf dem »Kuhtanz«, einem alten Sagenort im nahen Gessental, hat er keine tanzenden Kühe gesehen.

Robert Eisel erinnert in seinem *Sagenbuch des Voigtlandes,* veröffentlicht 1871, gleich an mehrere Flurnamen aus dem Schmirchauer Umfeld, die in der Sagenwelt eine Rolle spielen. Auf dem »Rothenberg« soll eine alte Frau im Busch sitzen. »Wer sie erblickt, erschrickt gewaltig.« Dort ist auch »eine weiße Frau gebannt. Sie hieß Wildgrothen und war des Ronneburger Scharfrichters Frau.« Sage Nummer 166 erzählt vom Wald zwischen Friedrichshaide und Schmirchau. Dort »erblickten Holzleser in einem hohlen Baume einen weißen Mann. Eine Frau, die sich alsbald zum Fliehen wandte, bemerkte dabei mit Schrecken, wie ihre Begleiter in weiter Ferne nach Friedrichshaide hineinliefen.« An den Kalbenweg erinnert Sage Nummer 343. Dort soll ein schwarzes Kalb zwischen Schmirchau und dem Kuhtanz erschienen sein. Seltsame Geräusche, ein Klatschen, waren nachts im Schmirchauer Dorfteich zu hören, vermeldet Sage Nummer 613. »Ein altes Mütterchen in Schmirchau, es war die Wittwe eines früheren Pfarrherrn, prophezeite einst: es werde dem Dorf ein großes Unglück widerfahren. Es ließ auch nicht lange auf sich warten, denn bald darauf stand der ganze Ort in Flammen. Da sah man nun jenes alte Mütterchen auf einem schwarzen Kalbe sitzend um die Bäume des nahen Kuhtanzes herumreiten und nach dreimaligem Umritt – war das Feuer erloschen.« Das Waldstück Queißen und den Roten

Berg gibt es nicht mehr. Vom Weidaer Forst ließ die Wismut Rudimente zurück, die heute am östlichen Rand des Sanierungsgebietes stehen.

»In Schmirchau herrschte ein großer Zusammenhalt«, bekräftigt Dieter Sonntag. »Jeder kannte jeden. Die Feuerwehr war der Mittelpunkt. Die hat viel fürs Dorf getan.« Einige Details aus der Geschichte des Bergbaubetriebs Schmirchau kennt er vom Hörensagen. 1959 besuchte Otto Grotewohl, der erste Ministerpräsident der DDR, das Bergwerk und lobte die deutsch-sowjetische Zusammenarbeit innerhalb der Sowjetisch-Deutschen Aktiengesellschaft. Bis unter die Stadt Ronneburg erstreckte sich das Grubenfeld. Es entstanden elf Schächte, darunter südwestlich von Schmirchau die Doppelschachtanlage 367/368, die bis zur 240-Meter-Sohle aufgefahren wurde. 1958 wurde der Tagebau Lichtenberg aufgeschlossen, »um die tagesnahen Vorräte des Bergwerks Schmirchau zu gewinnen, die durch untertägige Brände blockiert waren«, schreibt Hartmut Sänger in seinem Buch über die *Flora und Vegetation im ehemaligen Uranbergbaurevier Ostthüringens*. Die Grundfläche des Tagebaus betrug 160 Hektar, die Länge zwei Kilometer und die Breite 850 Meter. 1988 erfolgte die Zusammenlegung des Bergwerkes Schmirchau mit dem Bergbaubetrieb Reust. 1991 kam Paitzdorf hinzu, und es bildete sich der Bergbaubetrieb Ronneburg. Im gleichen Jahr wurde der Uranerzbergbau eingestellt. Bis 1991 förderte Schmirchau 43 Millionen Tonnen Erz, davon 44,923 Tonnen Uran. Die Betriebsfläche betrug 130 Hektar. Die tiefste Sohle lag auf 570 Meter. Ende 1989 waren in der SDAG Wismut etwa 42 000 Mitarbeiter beschäftigt, vier Jahre später noch nur 6900. 1993 gründete sich der Sanierungsbetrieb Ronneburg, der heute neben den anderen ehemaligen Wismut-Bergbau- und Aufbereitungsbetrieben in Ostthüringen und Westsachsen zur Niederlassung Ronneburg gehört.

Dieter Sonntag findet diese Zahlen und Fakten wichtig. »Leider besitze ich keine schriftlichen Zeugnisse über unsere Umsiedlung. Auch im Nachlass meiner Mutter habe ich nichts gefunden. Es wurde über die langen Jahre nichts mehr aufgehoben. Aber es gibt noch ehemalige Schmirchauer, die Unterlagen aufbewahren, wie Manfred Wöllner in Linda.« Nach unserem Gespräch lädt mich der Rückersdorfer zur Autotour ein und wählt die Route vom

Bergbaufolgelandschaft Ronneburg, links die »Lichtenberger Kanten«. Blick über den Schmirchauer Graben ins Gessental, 2009

Fuchsloch über Reust zum Ortsrand von Ronneburg. Am Fördergerüst des ehemaligen Materialschachts 407 biegt er links ab. Hier betreibt der Bergbauverein Ronneburg ein Schaubergwerk und bietet Führungen im technischen Denkmal an. Wir fahren zum »Rondell«. »Da geht es ins Schachtgelände«, sagt der Zeitzeuge. »Dort rechts war früher die Schinderei und hier links im Wald die Fasanerie. Und dort vorn, am Fuß der Schmirchauer Höhe, wo jetzt der rote Laster fährt, da war Schmirchau.« In Gedanken ist Dieter Sonntag ganz in seinem alten Dorf. Der Schlagbaum an den Gleisen geht für uns nicht auf. Die Ampel zeigt rotes Licht. Es fährt gerade kein Sandzug aus Kayna vorbei, dessen Ladung für die Abdeckung der Schlammbecken benötigt wird. Die Schmirchauer Höhe, eingebettet in ein beeindruckendes Landschaftsbauwerk, zeigt sich kahl. Auch die zweite kleinere Erhebung in der Nähe ist noch ohne Pflanzenwuchs. »Der künstliche Berg wird vielleicht einmal grün«, sagt Dieter Sonntag und erinnert an die ehemaligen durch Sukzession begrünten Kegelhalden und an Biotope auf Deponien, im Schachtgelände, an Versatzstellen, neben

Die Bismarcksäule auf dem Reuster Berg, historische Postkarte

Die Bismarcksäule 2009

Bergbaufolgelandschaft Ronneburg. Blick vom Kirschberg auf die Schmirchauer Höhe, wo einst das Dorf Schmirchau lag, 2009

Bahngleisen der Werkbahn, an den Spülstränden der Absetzanlagen und an belasteten Fließgewässern. Hier wuchs nicht nur zum Erstaunen der Botaniker eine vielgestaltige Flora, die teilweise auf Roten Listen steht. Allein auf den Paitzdorfer Halden existierten über 250 Arten.

Wir fahren am Reuster Berg vorbei. 1991 wurde die Bismarcksäule vom Turm- und Verschönerungsverein saniert und im Sommer 1992 als Aussichtspunkt eröffnet. Der Blick ist wieder frei bis zum Leipziger Völkerschlachtdenkmal und bis ins Erzgebirge. »Vom Bismarckturm herunter führte der Herzog-Ernst-Weg durch die Felder bis nach Ronneburg«, sagt Dieter Sonntag. »Hier ist die Spur noch zu sehen, wie sie in der Wiese verschwindet.« Noch erinnert niemand an diesen vergessenen historischen Weg und gibt ihm ein Stück alte Strecke zurück. Wir biegen in die Wismut-Straße ein und fahren durch dichten Laubwald des alten Weidaer Forstes. »Drei Kilometer nach rechts rein, da war Schmirchau. Wenn wir durch den Wald gehen, kommen wir dort heraus, wo wir eben an der Schranke gestanden haben. Hier suche ich oft

Pilze, auch drüben im Erlicht.« Plötzlich befinden wir uns auf dem Wismut-Betriebsgelände. Auf dem Parkplatz stehen die letzten Kipper von Europas größter Caterpillar-Flotte, mit der auch die Reuster Halden zum Tagebau Lichtenberg transportiert wurden. Wir wenden und fahren zurück.

Dieter Sonntag kennt jeden Weg um Rückersdorf. Die Fahrt dauert nur ein paar Minuten. Von der Rückersdorfer Hauptstraße deutet mein Begleiter hinüber zum Sommerweißschen Bauerngarten, der in den Grundrissen von 1908 angelegt ist. »Der ist doch wunderschön, hat auch Preise während der Bundesgartenschau erhalten«, sagt Dieter Sonntag. Am Fuchsloch angekommen, verabschieden wir uns. Wenn Dieter Sonntag heute nicht noch mal losmuss, wird er vielleicht sein Auto waschen.

(2007/2009)

Renate und Günther Baum, 2008

Sommerfrische und Haldenrutsch

Gessen: Renate Baum sah Bäume wie Streichhölzer knicken

I

Renate Baum wohnt im Zwickauer Land, in Lichtentanne. Sie empfahl mir, mit dem Auto die Strecke von Gera über die Ronneburger Dörfer zu fahren, durch Werdau bis Steinpleis und dann rechts abzubiegen Richtung Thanhof bis in die Ruppertsgrüner Straße. Das ginge viel schneller und ohne Stau. Wie recht sie hat, erfahre ich bei meiner ersten Tour über die A4. In Zwickau reiht sich eine Baustelle an die andere. Der Autoverkehr zwängt sich im Stadtzentrum durch enge Straßen. Baulärm, Dreck und Staub. Dazu verfahre ich mich mehrmals und komme mit fast zweistündiger Verspätung in Lichtentanne an. Das Anwesen der Familie liegt ruhig, fast abgeschieden, an einem asphaltierten breiten Fahrweg. Der Blick schweift über Felder und Äcker. Hier wachsen Getreide und Mais. Eine leicht hügelige Landschaft mit kleinen Wohnsiedlungen. Im Osten sieht Renate Baum hinüber nach Maxhütte, ein weiterer Ortsteil von Lichtentanne. Nicht weit ist es nach Stenn und Schönfels oder nach Neu-Planitz, das gehört schon zu Zwickau. Fährt sie zum Einkaufen in den Ort, dann kommt sie schon mal zur Kohlenstraße. Der Name erinnert an den über 600 Jahre lang betriebenen Abbau von Steinkohle in der Region und auch an die reichen Silber- und Kupfervorkommen, die im späten Mittelalter unter Markgraf Friedrich dem Gebissenen geschürft wurden.

Zwickau und Bergbau – dafür steht die Region, und das prägt ihren Ruf bis heute. Da sind auch die Spuren des Uranerzes zu finden, die das Leben der Familie Baum veränderten. Etwa 13 Kilometer nördlich von Lichtentanne erinnert das Sanierungsgebiet bei Oberrothenbach, nahe Zwickau, an die Tätigkeit der SDAG Wismut. Die betrieb in Crossen am Standort einer ehemaligen Papierfabrik einen Aufbereitungsbetrieb, genannt AB 101. Hier wurde auch Erz aus Thüringer Lagerstätten verarbeitet. Vier Kilometer entfernt befanden sich die Schlammteiche der Industriellen Absetzanlagen Dänkritz und Helmsdorf. Helmsdorf war von 1958 bis 1989 in Betrieb. Der Name steht für den gleichnamigen Ortsteil von Oberrothenbach. Helmsdorf wurde ab 1958 entsiedelt. Die letzten Einwohner mussten nach einer Havarie in der Schlammdeponie im Jahre 1964 den Ort verlassen. Auch hier hieß es Abschied nehmen von einer schon lange zerstörten Umwelt, die Umsiedlung verkraften und neu anfangen …

Seit 40 Jahren wohnt Renate Baum in Lichtentanne im oberen Pleißental auf 320 Meter Höhe. Im Ortsteil Ebersbrunn entspringt die Pleißenquelle, die nach ihrer Flussreise durchs Altenburger Land in Leipzig in die Weiße Elster mündet. »Meine Heimat ist aber nicht hier, nein, nein, meine Heimat ist in Gessen«, sagt Frau Baum, »und das gibt es nicht mehr. Geboren wurde ich in Kaimberg, im ältesten Haus des Dorfes. Schon meine Mutter kam dort zur Welt. Heute wohnt meine Großcousine in dem Haus.«

Oft besucht Renate Baum in Begleitung ihres Mannes Günther die Angehörigen in Kaimberg, das seit 1950 zu Gera gehört. Von Lichtentanne geht es über Land nach Ronneburg, weiter über Grobsdorf und Kauern. Von dort sind es nur zwei Kilometer bis nach Kaimberg. In Kauern wird haltgemacht. Durchs Dorf geht es hinunter zum Pohlteich. Dort, wo vor über vier Jahrzehnten das Dörfchen Gessen in einem Kerbsohlental auf der vogtländisch-thüringischen Hochfläche lag, überragte die über 40 Meter hohe Gessenhalde aus gelaugtem Erz die Landschaft. Dahinter erstreckte sich die bewaldete, fast 84 Hektar große Nordhalde des Tagebaus Lichtenberg. Heute ist der Weg frei in den Talgrund. Die Halden sind verschwunden. Und auch Grobsdorf auf der Höhe ist wieder zu sehen. Wo sich die Gessenhalde befand, entwickelt sich ungestört ein Biotop. Im eingezäunten Gelände breitet sich auf einem halben Hektar eine neue Wasserfläche aus – der »Himmelsteich«, gespeist vom sprudelnden Gessenbach. Röhricht säumt das Ufer. An die zwei Meter hoch wächst dichtes grünes Schilf, das leichter Wind niederdrückt. Auf dem Wasser schwimmen Stockenten und Blesshühner. Klee, Lupine und Gemeiner Löwenzahn vermehren sich ungehindert. Frösche quaken, und die gut getarnten, gern in Kiesgruben und auf Deponien lebenden Ödlandschrecken verstecken sich im Steingeröll. Eigentlich ist diese sich wieder erholende

Die Talmühle in Gessen, historische Postkarte

Natur eine Folge glücklicher Zufälle, denn das Areal am Rand der Bundesgartenschau 2007 war nicht in die Ausstellung eingebunden und wurde auch nicht von der Wismut renaturiert.

Beim vierspurigen Ausbau der A4 zwischen Hermsdorfer Kreuz und Rüdersdorf wurde erheblich in Natur und Landschaft eingegriffen. Aufgrund dieses »Kompensationsdefizits« suchte die DEGES, die Deutsche Einheit Fernstraßenplanungs- und -bau GmbH, nach einer Alternative für die Renaturierung. Die 28 Hektar große Aufstandsfläche der Gessenhalde bot sich dafür an. Der Plan eines »vielgestaltigen Biotopkomplexes« für einen Extremstandort wurde entwickelt. Bis 2010 wird die DEGES hier wirken. Sie hat im umfriedeten Gelände bereits Gehölze gepflanzt und will Rückzugsräume für Reptilien und Insekten schaffen. Nach Einschätzung von Geologen wird es Jahrhunderte dauern, bis sich der nährstoffarme, von chemischen Substanzen ausgelaugte Boden erholt. Wissenschaftler von der Universität Jena errichteten mit Unterstützung des Bundesforschungsministeriums ein Testfeld, auf dem sie bereits im Jahr 2004 Klee, Mais, Lupinen und Sonnenblumen anbauten – Pflanzen, die dem Boden Schadstoffe entziehen. Den »Schwermetallstress« der Pflanzen sollen Bodenbakterien verhindern, und Mykorrhizapilze sollen die Nährstoffaufnahme verbessern.

Noch zeigt sich das Umfeld des Himmelsteiches außerhalb der Umzäunung teilweise als Ödland. Manchmal testen Jogger den noch unbefestigten Weg unterhalb von Madersberg und Mühlholz. Ob sie wohl wissen, dass sie hier ein verschwundenes Dorf queren?

Gessen, das wohl auch Bach und Tal den Namen gegeben hat, wurde 1358 unter den Vögten von Weida erstmals als Guzen, eine Ableitung vom sorbischen Gozdno, was auf Wald schließen lässt, erwähnt. In der *Chronik der Stadt und Pflege Ronneburg,* 1844 von Eduard Böhme herausgegeben, wird der Ort kurz beschrieben: »Gessen, in dem reizenden Gessenthale gelegen, zählt 14 Häuser, worunter 8 Anspann-, 5 Handgüter und 2 Mühlen, und in 16 Familien 86 Seelen. Es hat seinen eignen Gottesacker. Die Kinder dürfen bis zum 10. Jahre die Schule in dem näheren Kauern besuchen. Das Areal der Ortsflur beträgt 299 ¾ Acker 5 ½ Ruthen.« 1926 erschien das erste Einwohnerbuch des Landkreises Gera. Zu diesem Zeitpunkt lebten 98 Menschen in Gessen. Das Dorf lag 10,5 Kilometer von Gera entfernt. Der Gemeindevorsteher hieß Franz Weise. Gessen war eingepfarrt nach Ronneburg. Die Schule befand sich in Schmirchau. Der Friedensrichter war Max Tischendorf in Lichtenberg. Der zuständige Gendarmerieposten saß in Friedrichshaide. 1938 zählte das Dorf 85 Einwohner. 1948, drei Jahre nach dem Ende des Zweiten Weltkrieges, hatte sich die Einwohnerzahl fast verdoppelt. Fast 80 Flüchtlinge aus dem Osten, viele aus Ostpreußen, Schlesien und den Sudeten, wurden auf engstem Raum untergebracht. Der Bürgermeister Gerhard Helcig stammte aus Leipzig. Er war ausgebombt worden und mit seiner Familie bei den Gerths untergekommen.

Renate Baum sieht vor ihrem inneren Auge das kleine Bauerndorf, in dem sie aufwuchs, ihre Jugend verbrachte, heiratete und eine Familie gründete. Aus dem Gedächtnis kann sie jedes Fachwerkhaus beschreiben, die Gehöfte, Dingers Gaststätte, die Talmühle mit dem Gondelteich und das Bahnwärterhäuschen an der alten Eisenbahnlinie Gera–Glauchau. Wie überschaubar sich Gessen im Sachsen-Altenburgischen ausbreitete, belegen alte topographische Karten. Das Messtischblatt 5138 von 1908 gibt einen Überblick über die guten Verbindungen in die nächsten Orte: im Norden über die Bahngleise nach Grobsdorf, im Westen nach Kaimberg, im Süden nach Kauern und im Osten nach Schmirchau. Hier kreuzten sich noch einmal Wege nach Friedrichshaide und Kauern.

Eine Luftaufnahme von 1953, entstanden während eines sowjetischen Erkundungsflugs im Auftrag der SAG Wismut, zeigt ein unberührtes Dorf mit wenigen, eng zusammengedrängten Gehöften, mit Gärten, Bäumen und Wald am Mühlberg, mit 295 Metern die höchste Erhebung überm Gessenbach. Auffällig die gut ausgebaute Straße aus Richtung Kaimberg, die das Dorf in zwei Hälften teilte. Etwas abgelegen, in Richtung des noch nicht betriebenen Lehmtagebaus, lag der Dreiseithof von Horst Heinicke. Direkt an der Straße standen nebeneinander die Vierseithöfe von Albert Weise, Erhard Wedel, etwas zurückgesetzt mit eigener Einfahrt Herbert Gerth, Hermann Reichardt und durch ein Gartengrundstück getrennt die Anwesen von Landwirt Richard Lippold und Fuhrunternehmer Otto Brattge, beide in unmittelbarer Nachbarschaft der Gesse und des Madersberges. Schräg gegenüber von Weise der Dreiseithof der Wally Magwitz, dazwischen Garten und Bäume. Daneben der Dreiseithof von Alfred Simon, der Vierseithof von Iwan Junghanns und der Dreiseithof von Willy Wöllner. Direkt an die Straße gedrängt das Fachwerkhaus von Lagerverwalter Erich Jährling. Dahinter Richtung Talmühle das »Restaurant zum Gessental«, um 1900 eine Brauerei und ab 1914 reine Gaststätte. 1926 kaufte Erich Dinger aus Zwötzen die Restauration mit Gaststube, Saal und Biergarten. Hier, in der Nummer 16, betrieb der Wirt auch die Poststelle mit dem öffentlichen Telefon, und er fungierte als Fleischbeschauer. Weiter südlich, etwa 50 Meter von Dingers Restauration entfernt, am Weg nach Kauern, unterhalb des Mühlholzes, lag das »Gasthaus zur Talmühle«. Die ehemalige Schrotmühle wurde 1557 erstmals erwähnt und blieb bis 1925 in Betrieb. 1903 kaufte Hugo Haupt, ein Kellner aus Zeitz, das Anwesen. Nach ihm führte sein Sohn Edmund die Gaststätte bis zur Aufgabe Mitte der sechziger Jahre. Die Gäste freuten sich über den Tanzsaal mit Bühne, über den Gartenbetrieb und das Gondelfahren auf dem Mühlteich. Sie

Blick vom Gessental nach Bad Ronneburg, links die Zweifelsmühle, historische Postkarte, 1906

wanderten nicht nur durchs liebliche Gessental mit seiner reichen Flora und Fauna, sie rasteten an der Collismühle, an der Gessenmühle oder bestiegen die Teufelskanzel. Sie kamen auch vom Mineralbad Ronneburg, vorbei an der Zweifelsmühle, herüber. Für Gäste aus Berlin und anderen Städten waren die Sommerfrischen von Dingers und Haupts ein Geheimtipp. Im Gessenbach mit seinen zahlreichen Zuflüssen – Badergraben, Zellenbach, Mühlbach, Schmirchauer Bach, Kleiner Gessenbach, Lammsbach und Thränitzbach – tummelten sich Bachforellen, Elritzen und Schmerlen, ebenso Karpfen, Schleie, Hechte und Aale. Die Teiche und Staubecken der Mühlen boten Lebensraum für Laubfrösche, Knoblauchkröten und Gelbbauchunken.

Diese alte Kulturlandschaft war einzigartig. Hier stießen Geologen auf Grapholiten, und Botaniker wiesen über 360 Gefäßpflanzenarten nach. Auch heute existiert eine reiche Flora – mit zahlreichen bedrohten Arten. Ausgestorben ist das Ackerleinkraut. Geißbart, Schlangen-Wiesenknöterich, Igel- und Bergsegge, Thymianseide und Sumpf-Weidenröschen stehen zum Beispiel auf der Roten Liste des Freistaates Thüringen. Die Idylle im Tal der Gesse war immer bedroht. Während im Heilbad Ronneburg die

Gäste kurten, war es öfters schlecht bestellt um das gelobte klare und reine Wasser des Baches. In den Akten des Herzöglich Sächsischen Landratsamtes in Ronneburg finden sich aus den Jahren 1907 bis 1921 zahlreiche Beschwerden über den Zustand des Fließgewässers. Albin Zergiebel, der Besitzer der Zweifelsmühle, beklagte sich über die starke Verschlämmung seines Mühlteiches, durch den der Gessenbach lief. Schuld daran waren die eingeleiteten Abwässer der Stadt Ronneburg.

Bemerkenswert in der Historie des Gessentals ist das Kapitel der frühgeschichtlichen Besiedlung. 1874 wurde in der Nähe der Gaststätte »Schöne Aussicht« in Gera-Pforten die »Lindenthaler Hyänenhöhle« entdeckt, mit sensationellen Funden aus der Ära des »Eiszeit-Menschen«. Und auf dem Höhenzug zwischen Pforten und Collis fanden Archäologen ein Hügelgrab aus der jüngeren Steinzeit und einen Heidengottesacker mit bronzezeitlichen Urnengräbern.

»Gessen war ein schönes, friedliches Bauerndorf, nicht flach, sondern bergig«, sagt Renate Baum. »Von Kaimberg ging es runter ins Tal. Und am Friedhof ging es wieder hoch Richtung Schmirchau. Die Leute kamen gut miteinander aus.« Günther Baum, der ehemalige Wismut-Kumpel, ergänzt: »Es war alles in Ordnung.«

II

Renate Baum kam am 7. Mai 1937 als Renate Gerth in Kaimberg bei Gera zur Welt. Sie wuchs in Gessen Nummer 12 auf dem väterlichen Vierseithof auf. »Mein Vater war mit Leib und Seele Bauer, ein echter Gessener. Seine Eltern, Ida und Florius, stammten aus Baldenhain, die hatten den Hof gekauft. Der Vorgängerbau war mal abgebrannt. Meine Mutter Irmgard hat dort eingeheiratet, ohne den Kontakt zu ihrer Familie in Kaimberg abzubrechen.« Auf dem Hof in Gessen lebten mehrere Generationen. Da waren auch noch Großmutter Ida Gerth und die Schwester von Vater Herbert, Lucie Rutkowski, mit zwei Kindern, Werner und Ruth. Lucies Mann, Karl Rutkowski, stammte aus Ostpreußen. Er war 1932 nach Ronneburg gekommen, hatte dort als Zimmermann gearbeitet und dann nach Gessen geheiratet.

Renate verlebte trotz des Krieges eine friedliche Kindheit. »Ich musste mithelfen in der Landwirtschaft, hatte aber auch viel Spaß. Ich war ab und an mit auf dem Feld, ich musste kochen und putzen. Hatte man was geschafft, wurde man belohnt. Das Wichtigste war das Essen auf dem Tisch. Wir hatten auch ein Dienstmädchen, weil wir so viele Leute auf dem Hof waren. Das half auch auf dem Feld mit.« Einige Abenteuer ihrer Kindheit hat sie bis heute nicht vergessen. »Wir Kinder – da war auch mein Cousin Werner dabei – haben vom Hof ein Kuchenblech geklaut und sind im Winter damit den Berg runtergerodelt bis zum Gessenbach. Wir haben aufgepasst, dass es nicht gescheppert hat. Wir hatten ja alle einen Backofen und haben auch Brot gebacken.« Einer ihrer Spielgefährten hieß Siegfried Weise, der Sohn von Albert Weise. »Der Siegfried war so alt wie ich. Wenn wir was ausgefressen hatten, hat er das immer seiner Mutti erzählt. Und weil er das gemacht hat, habe ich ihn verdroschen. Das hat er auch seiner Mutti erzählt. Die hat mich dann rangenommen. Der Siegfried hat für mich alles gemacht, zum Beispiel an der Zweifelsmühle im Gessental einen Blumenstrauß gemaust.« Renate Gerth besuchte die Schule in Schmirchau, dann in Ronneburg, zuletzt in Kauern und schloss die achte Klasse ab. »Ich arbeitete zu Hause, auf dem Hof, mit, war kurze Zeit Verkäuferin, dann habe ich geheiratet und blieb Hausfrau.«

Vom Gerthschen Anwesen existieren einige Bilder, die Renate Baum sorgfältig aufbewahrt und jetzt mit ihrem Mann wie schon so oft auf dem Tisch in der Diele für mich ausbreitet. Sie wurden 1966 aufgenommen, in den letzten Tagen des Dorfes. Das stattliche, gerade frisch geweißte Wohnhaus präsentiert seine schöne Fassade. Blumenkästen, bepflanzt mit Pelargonien, schmücken die zehn Fenster im Erdgeschoss und in der ersten Etage. Das breite Dach ist mit roten Ziegeln gedeckt. In der Mitte das hölzerne Eingangstor unterm Rundbogen. Links daneben die Stallungen, davor der Gemüsegarten. »Die Gebäude an der Straße waren aus Lehm gebaut«, erinnert sich Renate Baum. »Nur unser Haus war massiv.« Das Wohnzimmer der Familie Gerth befand sich im Hochparterre, darüber lagen die Schlafräume. »Der Hof war groß, mit vielen Zimmern. Wir haben auch vermietet. Unter einigen Wohnräumen waren die Ställe, ein kleiner Schweinestall mit Futterkam-

Das Wohnhaus der Familie Herbert Gerth in Gessen, ca. 1958

mer, der große Schweinestall, der Kuhstall, die Runkelkammer. Alles war unterkellert. Wir hatten den ersten Selbstbinder im Dorf. Wenn wir den nicht mehr gebraucht haben, wurde er weitergegeben.« Ein Blickfang ist der neugezogene stabile, mit weißer Farbe gestrichene Holzzaun mit Rautenmuster. Er schützt den Vorgarten, in dem gerade die Sommerblumen prächtig blühen: Astern, Bartnelken, Kornblumen, Fleißiges Lieschen, Wohlriechende Wicke, Reseda, Löwenmäulchen, Königskerzen und Levkojen. »Die Einfahrt vor unserem Haus war breit, ein richtiges Dreieck. Hier konnte man mit dem Auto wenden.«

Herbert Gerth besaß eine Landwirtschaft mit 15 Hektar Fläche. »Wir waren die drittgrößten Bauern im Dorf. Das meiste Land, über 23 Hektar, besaß Junghanns Iwan, das erbte sein Sohn Ernst. Willy Wöllner bewirtschaftete 19 Hektar. Dann kamen Hermann Reichardt, Erhard Wedel und Simons. Die kleinen Bauern waren die Kuhbauern, die wurden deswegen aber nicht dumm angeguckt. Wir haben von der Landwirtschaft gelebt, waren Selbstversorger, hatten zwei Pferde, mehrere Kühe und Schweine.« Mit ihrem Vater besuchte Renate Gerth oft die Zweifelsmühle. Er ließ dort

Getreide mahlen. Die guten Kartoffeln verkaufte Bauer Gerth zur Einkellerungszeit in Gera auf dem Zschochernplatz. Nach dem Zweiten Weltkrieg, erinnert sich Renate Baum, die damals noch ein Schulkind war, kamen auf dem väterlichen Hof auch Flüchtlinge aus Schlesien unter. »Das waren Georg Kölbel, ein Wirtschafter, und seine Familie. Viele der Umsiedler blieben jahrelang in Gessen, die meisten bis zum Ende der fünfziger Jahre.«

Kurz vor dem Ende des Zweiten Weltkrieges musste Herbert Gerth an die Front. »Er war wegen Krankheit immer zurückgestellt. Die Nazis haben doch zuletzt alle genommen. Er geriet in belgische Gefangenschaft und kam am 11. November 1947 heim. Ich weiß das ganz bestimmt, weil da ja Fasching war. Aber so ein richtig fröhliches Fest war das damals nicht.« Am 8. Mai 1945 erklärte Nazideutschland seine »bedingungslose Kapitulation«. Der Krieg war beendet. Einen Tag zuvor war Renate Gerth acht Jahre alt geworden. Kein gewöhnlicher Geburtstag in diesen schweren Zeiten, die auch im kleinen Gessen für Unruhe sorgten. Wochen vorher hatten die Dorfbewohner Schreckliches erlebt. Im März warfen Flieger der Air Force Sprengbomben in der Feldflur südöstlich der Gemeinde ab. Niemand aus der Gemeinde kam durch die Explosionen zu Schaden, kein Gebäude wurde zerstört. Wahrscheinlich handelte es sich um einen Notabwurf auf dem Rückflug der Maschinen vom Bombardement der Stadt Chemnitz. Herbert Gerths Tochter erinnert sich an die tiefen Trichter und an Metallsplitter, die herumlagen.

Am 14. April 1945 – die Amerikaner hatten das Gessental erreicht und besetzt – verschanzten sich einige Wehrmachtssoldaten in einer Feldscheune. In seinem Gessen-Report von 2006 schreibt der Geraer Heimatforscher Hermann Müller: »Die Scheune wurde beschossen und alle Soldaten wurden verwundet gefangen genommen und nach Gessen gefahren.« Renate Baum sagt: »Ich war ein kleines Mädchen, und das, was ich gesehen habe, hat mich schockiert. Bis heute habe ich es nicht vergessen. Die schwerverletzten Soldaten lagen auf der freien Fläche vor unserem Hof. Wir durften nicht zu ihnen. Sie haben vor Schmerzen geschrien, wurden auf einen Panzerspähwagen geworfen und weggefahren. Dann hörten wir Schüsse aus dem Gessental.« In den Gemeindeakten von Grobsdorf steht, dass Einheimische die Toten in der Nähe der Thränitzer Flur beerdigten. Die Überführung der sterblichen Überreste auf den Friedhof von Thränitz geschah im Mai 1947. Das Grab mit Steinkreuz existiert heute noch und wird von Mitgliedern der Kirchgemeinde gepflegt.

III

1956 heiratete Renate Gerth. Ihren Mann Günther Baum hatte es durch Zufall nach Ostthüringen verschlagen. Er stammte aus Stendal. Ein junger Mann, 20 Jahre alt, der eine sichere Zukunft suchte und sie bei der Wismut fand. Er war mit seinem Vater nach Ronneburg gekommen. Der hatte vorher in Schlema Erz abgebaut und fuhr nun in Schmirchau in den Hauptschacht 356 ein. Die beiden erlebten das Ende der »wilden« Wismut-Jahre. Ab 1955 wurden endlich Strahlenschutzvorkehrungen für die Bergleute getroffen, und es begannen die Messungen der Radonkonzentration. »Ich konnte in Ronneburg, in der Stadt, nicht sein«, sagt Günther Baum, Jahrgang 1936. »Ich bin auf dem Dorf aufgewachsen und da wollte ich wieder hin. Zuerst war ich bei der MTS – das war noch zu Hause –, dann bei der Armee, der NVA. Nach 14 Tagen in Ronneburg wohnte ich schon in Gessen als Untermieter bei den Gerths. Da waren Renates Cousin Werner Rutkowski noch da und Heinz Wöllner. Die beiden waren unzertrennlich. Da hatte ich gleich Bekannte. Der Werner war auch bei der Wismut, Hauer in Schmirchau, hat später Lehrlinge ausgebildet.«

Günther Baum erfuhr die Herzlichkeit der Gessener. »Fremde wurden sehr gut aufgenommen.« Er war ein Suchender, immer aktiv. Er kam in der Wismut herum, über Tage und unter Tage. Zuerst bei der Wismut-Polizei, dann war er Kipperfahrer im Tagebau Culmitzsch auf der Mückenhalde, später Sprenghauer und Schießer im Bergwerk Reust, Schacht 374. »Wir wussten nicht, was in den anderen Bergwerken geschah. Es war verboten, darüber zu reden. Und es gab auch kaum Gelegenheit, mehr zu erfahren. Die Kumpels kamen zur Schicht, zogen sich in der Kaue um und fuhren ein. Nach der Schicht ging's raus, umziehen, heimfahren. Wenn die Kumpels runterkamen und lachten, wussten wir, oben ist schönes Wetter.« Günther Baum verdiente gut bei der

Wismut. Dafür schuftete er schwer. Mit Herz und Seele war er Bergmann und ist heute noch stolz darauf. Die regelmäßigen Zuteilungen von akzisefreiem Branntwein, »Kumpeltod« genannt, rührte er selten an, er brachte den hochprozentigen Schnaps, Preis pro Flasche 1,12 Mark, mit nach Hause. Ein heißbegehrtes Tauschmittel. Günther Baum bekam dafür Baumaterial, das er für den Hof brauchte. Auch für die Eierlikörherstellung eignete sich der »Kumpeltod« gut. Die meisten Bergleute glaubten, der Schnaps sei ein Allheilmittel gegen die gefährliche Staublunge.

Günther Baum lernte die Gefahren unter und über Tage kennen. »Jeder Hauer hat mal einen Schaden gehabt. Ich bin immer auf Sicherheit gegangen. Aber das hat nicht immer geschützt.« Im September 1969 – Gessen war längst geräumt – wurde Günther Baum in Reust verschüttet. »Da kam ein Brocken von oben, so groß wie ein Kleiderschrank. Hat mich gestreift. Ich hatte keine Haut mehr auf dem Rücken. Habe Glück gehabt. Bin auch nicht ins Krankenhaus, da meine Frau gerade mit dem dritten Kind schwanger war. Ich lag nur im Bett. Am nächsten Tag kam die Bergwacht. Das war aber nur ein Krankenbesuch. Es wurde kein Unfallprotokoll geschrieben, weil der Schacht, die Brigade gut dastehen sollte. Ich bin froh, dass damals nichts Schlimmeres passiert ist.«

Mit der Wismut veränderte sich eine ganze Region. Um Gessen herum wuchsen über Tage die Bohrtürme, Schachtanlagen und Tagebaue. Was da eigentlich drüben unter Schmirchau aus der Erde geholt und in die Sowjetunion transportiert wurde, wussten die Gessener nicht genau. Sie waren ein kleines Rädchen im riesigen Getriebe Uranstaat. Mitte der fünfziger Jahre war von der ländlichen Ruhe nichts mehr zu spüren. Im Grubenfeld Schmirchau wurde im Rekordtempo Erz gefördert. Zur Eindämmung der immer wieder ausbrechenden endogenen Brände verwendete die Wismut Lehm, den sie zwischen Gessen und Kauern aus einem reichen Vorkommen gewann. »Für meine beiden Jungs war die Lehmgrube ein Abenteuerspielplatz, vor allem, wenn es geregnet hatte, da war es dort schön glitschig«, erzählt Renate Baum. »Die Jungs sind dort runtergerutscht. Ich habe damals viel Wäsche waschen müssen und war froh, als ich für die beiden Lederhosen bekam. Ich dachte, die kriegen sie nicht kaputt. Es hat nicht lange gedauert, da waren die durch.«

Im Laufe der Jahre vergrößerte sich das Gelände. Nur ein paar Kilometer östlich wurde 1958 der Tagebau Lichtenberg aufgefahren und eine Rollbahn aus Holz gebaut, für Laster und Kipper. Die Straße nach Kauern verschwand. »Die Kipper fuhren Tag und Nacht. Das war ein Höllenlärm, der bis in unsere Häuser drang«, erinnert sich Renate Baum. »Die Holzbohlen klapperten. Dazu die lauten Motor- und Fahrgeräusche und der Staub. Es war furchtbar, vor allem, wenn es regnete.« Am Tagebaurand entstand ab 1962 die Nordhalde, die in den kommenden Jahren über 80 Hektar Fläche einnehmen und sich über Gessen auftürmen sollte. »Die Halde war erst vier Etagen hoch, das waren vier Sohlen. Die Wismut wusste nicht mehr, wohin mit den Massen an Gestein«, sagt Günther Baum. Von Gessen nach Kaimberg oder Ronneburg gab es nur eine Verbindung durch den schmalen, niedrigen Eisenbahntunnel. »Das Leben in Gessen machte keinen Spaß mehr. Auf die Dauer hätten wir es bestimmt nicht mehr ausgehalten. Die Kipper brachten glühendes Gestein auf die Halde. Der Rauch zog bis zu uns. Ich bekam oft Kopfschmerzen. Vor allem mein Vater, der mit seinem Boden so fest verwurzelt war, hat gelitten. Wenn er hinten aus unserem Hof rausging, sah er den ganzen Dreck. Wer konnte da noch auf den Feldern arbeiten?«, fragt Renate Baum.

Die Wismut diskutierte in diesen Jahren über ihre abbaufähigen Uranvorräte, verhandelte mit sowjetischen Experten und Politikern über die weitere Finanzierung des »Staates« der »Sonnensucher« und rechnete mit dem aufwendigen Uranerzabbau weit über das Jahr 2000 hinaus. Für die DDR-Bürger blieben diese Prognosen geheim, stattdessen konnten sie neben staatstragenden Parolen wie »Überholen ohne einzuholen« hymnische Verse des Wismut-Kumpels und Dichters Horst Salomon lesen. 1960 veröffentlichte er im Verlag Neues Leben Berlin den Gedichtband *Getrommelt und gepfiffen.* Im »Lied der Wismut-Brigaden« heißt es im zweiten Vers: »Was unsere Hände heut fördern, / zu Tag aus der steinernen Nacht, / läßt Träume zur Wirklichkeit reifen, / zum Ruhme der Arbeitermacht. / Dumpf dröhnen im Berg unsre Hämmer, / und donnernd zerbirst das Gestein. / Uran wird die Traumkraft der Zukunft / in Händen der Arbeiter sein.« Darauf folgt der Refrain: »Glück auf, Kumpel! Glück auf! / Anschläger, gib das Signal! / Empor aus der Nacht / taucht das Fördergestell, / mit strahlenden Erzen beladen, / bringt Grüße zu Tag / an die Arbeitermacht, / Grüße der Wismut-Brigaden!« Die glorifizierende Lyrik verriet nichts von den Gefahren für Mensch und Umwelt, die vom »strahlenden Erz« ausgingen. 1961 nahm die Aufbereitungsanlage in Seelingstädt den Betrieb auf. Bis 1967 pumpte sie die Erzschlämme in den ehemaligen Tagebau von Katzendorf/Trünzig, ab 1967 füllte sie die Culmitzscher Becken. Seit 1961 wuchsen die Kegelhalden von Reust, ab 1966 die Paitzdorfer.

IV

Als Vorzeichen der nahenden Katastrophe deuteten später viele Gessener den 15. März 1965. Der von der Wismut in einer Betonrinne begradigte Gessenbach trat über die Ufer und überschwemmte das untere Dorf. Das Wasser stand kniehoch in den Gehöften, an einigen Stellen fast bis zu einem Meter. Nachdem es abgelaufen war, räumten die Einwohner auf und beseitigten, so gut es ging, die Spuren der Überschwemmung. Der Lehmtagebau zog sich inzwischen nach Süden. Die Nordhalde war weitergewachsen und lag nun direkt an der Eisenbahnlinie. »Wir waren richtig eingekesselt. Das war furchtbar. Und das Dorf war nicht wiederzuerkennen. Da musste ja mal was passieren«, sagt Frau Baum.

In der Nacht zum Freitag, dem 21. Oktober 1966, begann Günther Baum seine Schicht auf der Nordhalde. »Ich bin immer mit dem Moped zur Arbeit gefahren, hinten gleich aus dem Hof raus und auf die Halde hoch. Ich kannte dort oben jede Ecke. Am Friedhofsberg entdeckte ich die Risse in der Erde, die waren mindestens einen halben Meter tief und zehn Zentimeter breit. Ich musste vorsichtig fahren mit meinem SR 2, damit ich nicht steckenblieb. Mir schwante nichts Gutes. Ich bin sofort zu meinem Kolonnenschieber und hab gesagt: ›Manfred, wir können heute keinen Lehm fahren. Die Halde rutscht.‹« Günther Baum, parteilos wie fast alle in Gessen, erinnerte die Kollegen an seine Pflichten als Arbeitsschutzobmann. Die Halde wurde daraufhin sofort gesperrt. Auch auf der Straße von Gessen nach Ronneburg zeigten sich Risse. Am Freitagmorgen um acht Uhr kam Renates Ehemann von der Nachtschicht zurück und befahl seiner Frau aufgeregt: »Lass den Großen nicht nach Hause kommen. Der soll von der Schule in Kauern gleich rüber zu den Verwandten nach Kaimberg.« Danach legte er sich schlafen und wurde eine Stunde später von der Sirene geweckt. Um neun Uhr setzte sich die Nordhalde langsam Richtung Gessental in Bewegung. »Man hat es nicht gehört, aber gesehen«, sagt Günther Baum. »Das ging alles lautlos. Die Halde schob sich über den Friedhof wie Brotteig. Das Transformatorenhaus kippte um, und der Strom fiel aus.« Seine Frau ergänzt: »Meinen Kleinen habe ich schnell nach Kaimberg gebracht. Meine Leute waren sehr erschrocken, als ich aufgeregt sagte: ›Die Halde kommt!‹ Der Große ist von der Schule gleich nach Kaimberg gelaufen. Auf dem Rückweg, kurz vorm Pohlteich, habe ich den Bürgermeister von Kauern getroffen. Als ich ihm sagte: ›Die Halde kommt!‹, hat er mir erst nicht geglaubt. Er kam dann nach Gessen, hat später den Ort mit geräumt.«

Am Sonnabend, dem 22. Oktober, rutschten drei Millionen Kubikmeter Gestein auf einer Länge von 650 Metern aus 70 Metern Höhe und stoppten direkt vor den Häusern. Niemand aus dem Dorf wurde verletzt oder verschüttet, auch kein Bergarbeiter. Tote waren nicht zu beklagen und auch keine Verluste beim Vieh.

Renate Baum hat niemals vergessen können, was damals geschah. Wie ein Film spulen sich die Ereignisse ab, immer und immer wieder. Darüber erzählt sie zum ersten Mal, unterstützt von ihrem Mann, 2006 in der MDR-Filmdokumentation *Die verschwundenen Dörfer* von Joachim Tschirner und Burghard Drachsel. Und für mich erzählt sie das Erlebte, als wäre es gerade geschehen: Familie Rohmert saß in ihrem neuen Haus unterhalb des Mühlberges beim Frühstück. Als ein Verantwortlicher von der Lehmgrube in die Küche stürzte und sagte: »Verlasst sofort das Haus!«, dachten alle, der sei betrunken. Inzwischen rückte die Halde auf das Haus zu. »Die Bäume knickten wie Streichhölzer«, sagt Renate Baum. »Das Geräusch höre ich heute noch.« Und ihr Mann ergänzt: »Da sind Apfelbäume von dem schwarzen Dreck geschoben worden, die blieben dann stehen und haben ein Jahr später wieder geblüht. Das war eigenartig. Wir hatten alte Leute im Ort. Hermann Reichardt, unser Nachbar, der war Anfang

Die Nordhalde in Gessen vor …

80, der hatte lange vorm Rutsch zu den Wismut-Leuten gesagt: ›Ihr könnt die Halde nicht so hoch schütten, da ist Schwemmsand drunter.‹ Neben dem Friedhof war ein Karpfenteich. Der wurde nicht entwässert. Dort wurden die Gießkannen für den Friedhofsbesuch gefüllt. Wenn es trocken war, befand sich immer Wasser im Teich. Die Halde schob ihn einfach zu.«

Im Kreisarchiv Greiz, Sitz Zeulenroda, konnte ich die Akte über den Haldenrutsch in Gessen einsehen. Abgeheftet sind Protokolle und Einsatzpläne. Dort ist nachzulesen, wie schnell die Wismut und die Abteilung Inneres beim Rat des Bezirkes Gera handelten. Unter der Leitung des Wismut-Objektes 90 fand sich eine Einsatzleitung zusammen, die regelmäßig an die staatliche Leitung Bericht erstattete. Im Wismut-Archiv kann ich die Durchsagen der Einsatzleitung am 22. Oktober »auf Regierungsapparat durch den Vorsitzenden des Rates des Bezirkes an Bereitschaftsdienst des Ministerrates« lesen. Um 16.15 Uhr und um 16.25 Uhr wurde über die »Katastrophe durch Haldenrutsch bei der SDAG Wismut« kurz und präzise berichtet. Anmerkung: »Die Abraumhalde ist nicht radioaktiv verseucht.«

... und nach dem Haldenrutsch im Oktober 1966

260 Einsatzkräfte waren vor Ort. Das Lehrrevier Reust versorgte sie im Zweistundentakt mit Imbisswaren und Getränken, mit Weintrauben und Apfelsinen, mit F6-Zigaretten und Bockwürsten. Gelobt wurde die »schmackhafte und kräftige Warmverpflegung«. Von dieser Sonderversorgung konnten die 70 Gessener nur träumen. Für sie war über Nacht die Welt zusammengebrochen. Renate Baum spricht aus, was damals alle dachten: »Wir hatten Angst. Kommt die Halde auf den Ort? Werden wir verschüttet? Was geschieht hinterher, wird alles Lehmtagebau?«

Am Montag, dem 24. Oktober, druckte die *Volkswacht* auf Seite eins unter der Überschrift »Haldenrutsch in Gessen« folgende Meldung der Presseagentur *ADN* ab: »Aus bisher ungeklärter Ursache geriet am Sonnabend ein Teil einer Abraumhalde in der Nähe der Ortschaft Gessen in Bewegung. Dadurch wurde der Verkehr auf der Straße zwischen Gessen und Ronneburg unterbrochen. Der Friedhof von Gessen sowie Lichtleitungen wurden in Mitleidenschaft gezogen. Personen kamen nicht zu Schaden. Drei in der Nähe der Halde gelegene Wohnhäuser und ein Gehöft wurden aus Sicherheitsgründen geräumt. Die örtlichen Organe haben unverzüglich alle erforderlichen Schutzmaßnahmen getroffen. Die Bewegung der Gesteins- und Geröllmassen ist inzwischen beendet.« Sieben Sätze – mehr war über die Vorgänge in Gessen nicht zu erfahren. »Fotografieren war verboten. Aber wir haben trotzdem Bilder gemacht«, sagt Renate Baum und zeigt mir die Aufnahme vom Haldenrutsch, der sich tief ins Dorf zieht. »Wir durften auch draußen nicht zu dritt stehenbleiben und reden«, sagt sie. »Das ist uns untersagt worden. Man hatte wohl Angst, wir würden uns zusammenschließen und protestieren, denn wir waren aufgebracht und aufgewühlt.«

Was die Gessener nicht wussten: Sie waren nicht allein in ihrem Unglück. Vielleicht hatte doch einer von ihnen am Sonnabendmorgen, dem 22. Oktober, einen Blick in die Zeitung geworfen, bevor die Halde rutschte. An diesem Tag war vom Start der unbemannten Forschungssonde »Luna 12« Richtung Mond und vom Treffen der »Bruderparteien, Regierungschefs und Verteidigungsminister« in Moskau zu lesen. Teilnehmer aus der DDR waren Walter Ulbricht, Erich Honecker und Armeegeneral Heinz Hoffmann. Ebenfalls auf Seite eins meldete die *Volkswacht:* »Abraumhalde begrub Kindergarten. – London. (ADN) Eine Katastrophe noch nicht übersehbaren Ausmaßes ereignete sich am Freitag in der südwalisischen Bergarbeiterortschaft Aberfan. Eine Abraumhalde, die den Ort überragt, geriet in Bewegung und begrub den Kindergarten sowie mehrere Häuser unter sich. Zur Zeit des Unglücks befanden sich nach bisherigen Ermittlungen rund 200 Kinder in dem Gebäude. Bis zu den Mittagsstunden wurden die Leichen von 17 Kindern und sieben Erwachsenen geborgen. Die genaue Zahl der Vermissten steht noch nicht fest. Langanhaltende Regenfälle hatten hinter der Halde einen See entstehen lassen, der vermutlich den Erdrutsch auslöste.« Gessen und Aberfan, Aberfan und Gessen. Die beiden Ereignisse hatten nichts miteinander zu tun, doch sie fanden fast zeitgleich statt. Am Freitag begann in Gessen um 9.00 Uhr die Halde langsam zu rutschen. Um 9.15 Uhr setzte sich in Aberfan – in Gessen war es wegen der Zeitverschiebung bereits 10.15 Uhr – die Abraumhalde Nummer 7 der Merthyr-Vale-Zeche in Bewegung. Zwei Millionen Tonnen Schlacke und Schlamm, durchsetzt mit Bäumen, bahnten sich aus 800 Meter Höhe ihren Weg ins Tal. Fotos zeigten die mehrere Hundert

Meter breite Lawine und ihre zerstörerische Spur. Am Unglücksmorgen lag Nebel über Aberfan, aber in den Bergen schien nach tagelangem Regen die Sonne. Auf Halde Nummer 7, Ausläufer eines riesigen Haldengebirges, wurde wie immer abgekippt. Eine gefährliche Stelle, durchnässt und teilweise verflüssigt. Die Lawine zerstörte eine Farm und 20 Häuser, raste auf die Pantglas-Grundschule zu, machte sie dem Erdboden gleich und schlug eine Schneise in die benachbarte Mittelschule. Die meisten Schüler befanden sich gerade in der Aula und sangen zur Einstimmung auf den Unterricht die anglikanische Kinderhymne »All Things Bright and Beautiful«. Sie wiederholten den Refrain, der sich auf das Bibelzitat von Genesis 1.31 bezieht: »Gott sah alles an, was er gemacht hatte; und siehe da, es war sehr gut.« Doch kein Gott half in Aberfan. 144 Menschen wurden getötet, 116 davon waren Kinder im Alter von sieben bis zehn Jahren. Eine Handvoll lebender Kinder wurde aus den Trümmern gegraben.

Die Medien in der DDR berichteten spärlich über das Aberfan-Desaster, die größte Bergbau-Katastrophe des 20. Jahrhunderts in Großbritannien. Eine Verbindung zwischen Gessen und Aberfan stellte in Ostthüringen niemand her. Und die Menschen in Aberfan erfuhren auch nichts von den Ereignissen in Gessen. Was hätte in dem kleinen ostthüringischen Dorf noch geschehen können angesichts des Szenarios im fernen Merthyr-Tal? Wie hätten Bevölkerung und Staatsapparat reagiert auf unzählige Tote und ein verschüttetes Dorf? Während in Aberfan verzweifelt Väter mit den Händen, mit Schaufeln und Hacken nach ihren verschütteten Kindern gruben, hatten die fassungslosen Gessener noch ein paar Stunden Schonfrist. Ihre Halde kam erst am Sonnabendmorgen richtig in Bewegung. Am Sonntag, dem 23. Oktober, fand in Gessen eine Einwohnerversammlung statt. Dort stellten sich die Verantwortlichen der Einsatzkommission den Fragen der Bürger. Sie vermieden die Worte »Unglück« und »Katastrophe«, weil ihrer Meinung nach, vermute ich, das Ereignis für alle glimpflich abgelaufen war. Stattdessen sprach man von einer »Havarie«. Das Dorf, dessen Abriss nie geplant war, wurde zum »Deformationsgebiet« erklärt. Ein Begriff, den die Wismut zum Beispiel auch für die Orte Schlema und Schmirchau verwendete. Gessen wurde abgesperrt. Wer aus dem Ort heraus oder hineinwollte, wurde von der Deutschen Volkspolizei kontrolliert, musste seinen Personalausweis vorzeigen. Fremde durften nicht ins Dorf. Verwandte mussten nachweisen, wen sie besuchen wollten.

Die Gessen-Akte vermerkt, dass die Einwohner immer wieder fragten, warum der Haldenrutsch nicht rechtzeitig erkannt worden war. Großer Schaden sei für die Volkswirtschaft entstanden, wurde notiert, und die Wismut bekannte bergbauliche Fehler. Der Bergbautraditionsverein schreibt von »fehlender Vorfeldberäumung und nicht durchgeführter Standsicherheitsberechnung«. Das heißt, der Abraum wurde auf Mutterboden abgekippt. Die mit Feuchtigkeit vollgesaugte Halde rutschte wie auf einem Schmierfilm. Zudem hatte es vor dem Ereignis heftig geregnet. Die Gessener forderten »eine endgültige Lösung des Problems«. Auch die Baums machten ihrem Ärger Luft. Angesprochen wurde auch das Benachrichtigungssystem über Stoßsprengungen im Tagebau. Der verschüttete Friedhof sollte beräumt und wieder zugänglich gemacht werden. Die Gessener schlugen vor, das Dorf vollkommen zu räumen. »Die Bevölkerung fühlt sich schlimmer als wie auf einer Insel«, heißt es im Protokoll. Ab 23. Oktober verkehrte eine extra eingerichtete Buslinie von Gessen über Orte wie Kauern, Gera-Zwötzen, Linda, Rückersdorf und Reust nach Ronneburg – »für die Bevölkerung und persönliche Besorgungen«.

Für die Gessener stand die Zukunft auf dem Spiel, und sie schauten misstrauisch auf die gerutschte Halde. Würde da noch mehr kommen? Doch die Halde beruhigte sich und rutschte nicht weiter. Die Wismut setzte an der Bahnstrecke Lichtmasten und stellte riesige Scheinwerfer auf, die in der Nacht die Unglücksstelle anstrahlten. Tag und Nacht kontrollierten Posten das Gelände. Der Gessenbach war verschüttet. Der Teich der Talmühle wurde als Speicherbecken benutzt. Pumpen verhinderten das Überlaufen. Am Dienstag, dem 25. Oktober, wurde die Sonderversorgung für die Einsatzkräfte aufgehoben. Für die ersten Familien, die Gessen verlassen mussten, stellte die Wismut Lastkraftwagen. Bergleute halfen beim Verladen. Renate Baum erzählt von der alten Frau Walzel, einer Umsiedlerin. »Mein Mann hat sie mitsamt dem Stuhl, auf dem sie saß, runtergetragen, die wollte nicht aus ihrem Zimmer raus. Ihre Schränke, voll mit Geschirr, wurden auf den Laster gestellt. Da war keine Zeit, um Umzugskartons zu packen.«

In Aberfan gruben Bergleute, Einwohner und Rettungskräfte Stunde um Stunde nach den verschütteten Kindern. Lord Robens, der Leiter des Unternehmens National Coal Board (NCB), ließ viel Zeit vergehen, bis er den Unglücksort besichtigte. Er lehnte jede Verantwortung seines Unternehmens für das Desaster ab und behauptete, dem Haldenrutsch hätte man nicht vorbeugen können. Die gerichtliche Untersuchung sprach NCB schuldig und prangerte »Ignoranz, Inkompetenz und fehlende Kommunikation« an. Es konnte am Berg kein Alarm ausgelöst werden, weil, wie so oft, die Telefonkabel gestohlen worden waren. Der Alarm hätte auch die Menschen nicht mehr warnen können, weil die Schlackemassen in rasantem Tempo zu Tal gingen. Die Grubengesellschaft zahlte für jedes tote Kind 500 Pfund. Das ganze Land nahm Anteil an der Tragödie. Am 25. Oktober 1966 fand die Trauerfeier statt. Mehrere Tausend Menschen versammelten sich vor dem Friedhof. Eine sichtlich erschütterte Queen Elizabeth und der Herzog von Edinburgh besuchten Tage später das Tal der toten Kinder. Das britische Fernsehen zeigte Bilder von traurigen, weinenden, wütenden Eltern. Die Reste der Schule wurden später abgerissen. Es entstand ein Gedenkgarten. Am Friedhof wurde ein Memorial errichtet. Das Kohlebergwerk im Merthyr-Tal wurde erst 1989 geschlossen. Durch das ehemalige Haldengelände führt heute eine vierspurige Autobahn. Die Eltern der toten Kinder wurden nie psychologisch betreut. Die Kinder, die das Unglück überlebten, sind heute Anfang fünfzig und leiden an seelischen Erkrankungen, Stress und Angst. Noch immer wird Geld gespendet für Aberfan. So stellte die Nationalversammlung von Wales im Februar 2007 zwei Millionen Pfund für den Aberfan Disaster Memorial Fund zur Verfügung.

Einen Hinweis auf psychologische Betreuung in Gessen fand ich in den Akten nicht. Renate Baum erinnert sich, dass abseits ein Krankenwagen stand. Ob sich ein Arzt vor Ort aufhielt, konnte ich nicht in Erfahrung bringen. Schneidermeister Willy Funke verwand den Verlust von Gessen nicht und nahm sich später, da wohnte er längst in Kauern, das Leben. Die Wohnraumlenkung der Wismut führte täglich Aussprachen mit der Bevölkerung. Bis zum 31. Dezember 1967 mussten die restlichen 16 Familien, acht Einzelpersonen und die Bewohner der Zweifelsmühle und der

Schrankenposten aus dem Dorf wegziehen. Die meisten blieben in Dörfern in der Nähe von Gessen. »Der Friedhof war eine Wüste. Durch den Haldenrutsch waren die Steine total durcheinander, lagen an ganz anderen Stellen als vorher. Einige Gräber hatten sich gehoben, andere lagen unter den Geröllmassen. Der Friedhof wurde stillschweigend über Nacht eingeebnet. Da war bald nichts mehr zu sehen.« Renate Baum erinnert sich an das Grab von Wally Magwitz, die kurz vor dem Haldenrutsch verstarb. »Auf ihrem Grab lagen noch die Kränze.« Die alleinstehende Bäuerin war die letzte Einwohnerin von Gessen, die auf dem Dorffriedhof bestattet wurde. Steinmetzmeister Max Füldner aus Ronneburg fertigte 1967 einen 1,75 Meter hohen Gedenkstein aus Rot-Meißner-Granit mit den Namen aller Toten, die in den Jahren 1936 bis 1966 in Gessen beerdigt worden waren. Die Kosten dafür übernahm die SDAG Wismut, und sie kam 1967 auch für die zerstörten Grabstätten auf.

Renate Baum durchlebte die schwerste Zeit ihres Lebens. »Mein Vater war mit den Nerven am Ende. Der konnte nicht mehr. Ich wäre gern nach Münchenbernsdorf gezogen. Dahin wollten aber meine Eltern nicht. Die wollten wieder Land. Und wir hatten unseren Hof gerade in Schuss gebracht, das Dach neu gedeckt, neu gestrichen, innen gebaut und zwei Wochen vor dem Haldenrutsch einen neuen Gartenzaun gezogen.« Bevor Entschädigungen gezahlt wurden, prüften Schätzer Grund und Boden. »Da kam ein Mann«, erinnert sich Renate Baum, »der sagte: ›Ich bin der staatliche Schätzer.‹ Der ging in den Keller, von dort hoch in die Wohnungen, dann in die Ställe und in die Scheune. ›Auf Wiedersehen.‹ Das war's. Mein Vater hat mir eine Vollmacht ausgehändigt. Damit sollte ich die Sachverhalte klären. Weil wir den Kaufvertrag nicht unterschreiben wollten, wurde uns mit dem Gericht gedroht. Wir würden dann nur ein paar Pfennige kriegen. Es wurde Druck gemacht. In Gera stand eine Wohnung für uns bereit. Es hieß: ›Morgen kommt der Möbelwagen. Was machen Sie da?‹ Wir haben unterschrieben. Dabei habe ich an Schmirchau gedacht, an den Linus Koch, der sich damals gegen den Verlust seines Besitzes gewehrt hatte. Deshalb wurden er und sein Sohn verhaftet. Beide saßen im Gefängnis. Das wollten wir nicht riskieren.« Durch Zufall erfuhren die Baums von einem Haus in Lichtentanne, in der

Abriss. Renate Baum und ihre Familie haben Gessen längst verlassen.

Ruppertsgrüner Straße, das zum Verkauf stand. Das Grundstück war weiträumig, mit Garten, vielen Bäumen und befand sich in schöner Lage. Die Familie entschied sich für diese Immobilie. Günther Baum, der Wismut-Kumpel, zog mit den Schwiegereltern erst im Frühjahr 1969 nach Lichtentanne. »Wir mussten so lange warten, weil das Haus in Lichtentanne noch nicht frei war«, erklärt er. »Das Dach des Gerthschen Hofs war schon halb abgedeckt. Ich bin zwischen Gessen und Lichtentanne hin und her gependelt.«

An ihren letzten Tag in Gessen erinnert sich Renate Baum leider nicht mehr. »Das müsste im Oktober 1968 gewesen sein. Hätte ich noch meinen DDR-Personalausweis, wüsste ich das Datum der Ummeldung.« Eine turbulente Zeit nicht nur für Renate Baum. Im April fand in der DDR ein Volksentscheid für die neue Verfassung des »sozialistischen Staates deutscher Nation« statt. Am 30. Mai wurde auf Weisung der SED die 800 Jahre alte Universitätskirche in Leipzig gesprengt. Seit Januar galt ein neues Strafgesetzbuch mit verschärftem politischen Strafrecht. Im August 1968 scheiterte endgültig die Hoffnung auf einen »Sozialismus mit menschlichem Antlitz«, als in Prag Truppen der Warschauer Paktstaaten einmarschierten und gewaltsam gegen Andersdenkende vorgingen.

Renate Baum beschäftigte sich nicht mit der großen Politik. Sie bedrängten andere Probleme. Die Familie baute auf dem Grundstück in Lichtentanne noch ein Haus für Renates Eltern. Darin wohnen heute der große und der mittlere Sohn. Der jüngste lebt im Haus der Eltern. Eine Großfamilie wie in Gessen. Bis zur Wende arbeiteten zwei Söhne bei der Wismut. Jürgen Baum fuhr wie sein Vater in Reust ein. Henry Baum arbeitete im Schacht in Korbußen, Bergwerk Beerwalde, nördlich der A4, wo beispielsweise Teilsohlenbau und Kammerpfeilerbau, jeweils mit Versatz, betrieben wurden. Nahebei war Drosen, der letzte, 1975 von der Wismut errichtete Bergbaubetrieb, einer der modernsten der Welt. Hier wurde mit der 940-Meter-Sohle die größte Tiefe erreicht. Von 1980 bis 1992 wurden im BB Drosen an die 3000 Tonnen Uran gefördert – ein Zehntel des erkundeten Vorrats der Lagerstätte. Geplant war dort die Erzförderung bis ins Jahr 2020.

Günther Baum arbeitete bis 1991 im Schacht. Mit 55 Jahren ging er in den Ruhestand und erhielt von der Wismut eine Abfindung. Seine Söhne bauten sich nach der Wende eine neue Existenz auf. Herbert Gerth, der seinen Eltern geschworen hatte, den Hof in Gessen nie aufzugeben, kam über den Verlust nicht hinweg. Er starb 1993 in Lichtentanne, seine Frau Irmgard überlebte ihn um sieben Jahre. 1990 wandte sich die Familie an das Amt für offene Vermögensfragen. »Weil wir unserer Meinung nach damals nicht genug entschädigt worden sind«, sagt Renate Baum. Es kam eine abschlägige Antwort.

Renate Baum denkt im Jahr 2008 ganz besonders an Gessen. Vor 40 Jahren musste sie ihr Dorf verlassen. Nach dem Haldenrutsch wurde ein Stück der Bahnlinie vom Gessental ins Lammsbachtal verlegt. Die Gessenmühle und die Zweifelsmühle fielen dem Abriss zum Opfer. 1970 verschwand Gessen. Die Gebäudetrümmer füllten die Lehmgrube, die nicht mehr im Betrieb war. Mit einer dicken Lehmschicht wurde die Fläche des Dorfes abgedeckt. Hier entstand die schon anfangs erwähnte »Gessenhalde«. Die Laugung begann 1971 und dauerte bis 1989. Das Uran wurde aus dem geförderten Gestein mit Schwefelsäure und sauren Grubenwässern gelöst. Die Gessenhalde mit einem Volumen von 7,6 Millionen Kubikmetern war die giftigste und gefährlichste. Wegen ihres hohen Schadstoffpotentials wurde sie als erste ins Tagebaurestloch Lichtenberg verbracht.

V

2002 trafen sich die ehemaligen Gessener zum ersten Mal nach Jahrzehnten wieder, in Großenstein. Das zweite Treffen folgte 2008 in Linda. »Es werden immer weniger«, sagt Renate Baum. »Kürzlich ist auch Frau Helcig, die Frau des ehemaligen Bürgermeisters, gestorben.« Renate Baum findet diese Treffen wichtig für die Erinnerung und das Miteinander. Wehmut befällt sie, wenn sie an die Bäume denkt, die auf einem kleinen Hügel unweit des neuen Gessenteichs stehen. Einst spendeten sie am Talmühlteich Schatten. Sie überlebten den Abriss der Sommerfrische, trotzten giftiger Kloake und dem Abtrag der Gessenhalde fast unbeschadet. Inzwischen ist eine Eiche abgestorben, während die anderen grünen. Geblieben sind auch Reste des Mühlholzes, an dem sich die ehemaligen Gessener orientieren, wenn sie den Standort ihrer Häuser bestimmen wollen oder von der »Teufelskanzel« bei Grobsdorf hinunter ins Tal schauen.

Im Herbst 2007 sorgten sich nicht nur die Einwohner von Collis im Gessental und oben in Thränitz um den Gessenbach. Zwei Wochen nach dem Ende der Bundesgartenschau trat ungeklärtes Flutungswasser aus den stillgelegten Schächten. Eine orangefarbene Brühe, die sich auf dem Grund des Baches ablagerte. Das kannten die Anwohner aus DDR-Zeiten, dass der Gessenbach weiß schäumte und flockte. Ein verseuchter Bach, das wollte niemand hinnehmen. 1200 Mikrogramm Nickel pro Liter – das erforderte sofortiges Handeln. Die Wismut nannte als Ursache ungewöhnlich starke Niederschläge, doch die Anwohner glauben bis heute nicht daran. »Dass alles noch viel schlimmer kommen könnte, wenn sich der Lichtenberg erst wie ein Schwamm vollgesaugt habe und dann das kontaminierte Wasser an den Seiten heraustrete«, wird befürchtet, und so steht es auch in der *Ostthüringer Zeitung*. Die Wismut GmbH legte als Sofortmaßnahme im Bereich des Wasseraustritts einen Bypass, der sauberes von kontaminiertem Wasser trennt, senkte den Flutungswasser-Pegel in den Schächten und verwahrte die gefährdeten Bohrlöcher. 2009 sollte das Güteziel von ungefährlichen 170 Mikrogramm pro Liter erfüllt werden. Im August 2009 informierte Werner Kuhn, zuständiger Projektleiter Flutung bei der Wismut GmbH in Ronneburg, die Presse, dass man mit 50 Mikrogramm pro Liter deutlich unter dem geforderten Gütesiegel von 170 Mikrogramm läge. Mit diesen Zahlen kann Renate Baum überhaupt nichts anfangen. »Die Gefahr für den Gessenbach bleibt«, sagt sie.

Günther Baum gehört nicht zu den Wismut-Kumpels, die sich auf dem Hochplateau der Schmirchauer Höhe in der Neuen Landschaft einen Namensstein aus Naturgranit errichten lassen. Das Projekt einer »begehbaren Landkarte« rief der Bergbautraditionsverein Wismut ins Leben. Für 1000 Steine wurden bereits Zertifikate ausgestellt. Die Steine werden die Umrisse des ehemaligen Bergbaugebietes nachzeichnen. Die umliegenden Ortschaften werden symbolisch mit Findlingen markiert. Wer die Spende von 30 Euro zahlt, erhält eine Reservierung in Form eines Zertifikats, denn die »Landkarte« wird erst 2009/10, nach Abschluss der Sa-

Blick über den Himmelsteich zum Mühlberg, ehemalige Ortslage von Gessen, 2009

nierungsarbeiten, auf dem 373 Meter hohen künstlichen Berg gestaltet.

Renate Baum betrachtet immer wieder ihre alten Fotos, manchmal liest sie den Brief, den ihr Vater an das Amt für offene Vermögensfragen gerichtet hatte. Sie hat lange Zeit gebraucht für ein normales Leben nach Gessen. »Es ist ein anderes Leben, das mir Gessen nicht ersetzen kann«, sagt sie und denkt weiter an ihr Dorf. Am Himmelsteich lebt seit kurzem im »Zeitfenster« die Erinnerung fort. Eine historische Ansichtskarte zeigt den Blick vom Mühlberg auf Gessen. Ganz deutlich ist das Anwesen der Familie Gerth zu erkennen. Und gar nicht weit entfernt von diesem »Zeitfenster« führt der asphaltierte Weg ins ehemalige Gelände der Bundesgartenschau. Unter der steilen Anhöhe verbirgt sich, inzwischen in meterhohem Gestrüpp versteckt, der alte schmale Tunnel, durch den die Gessener noch mit ihren Pferdefuhrwerken nach Ronneburg zogen. Eine letzte Spur von Gessen, dem Dorf, das – obwohl nicht auf Uran gebaut – ein Opfer des Bergbaus wurde.

(2008/2009)

Lieselotte Luckner, 2008

Wasserschloss und Schlammteich

Culmitzsch: Lieselotte Luckner verließ als Letzte eine Ruinenlandschaft

I

Ein stiller Morgen in Wolfersdorf im Landkreis Greiz. Im Haus von Lieselotte Luckner über der Talaue des Fuchsbaches ist von Ruhe nichts zu spüren. Bevor wir unser Gespräch beginnen, kommt ein herzhaftes Frühstück auf den Tisch. Frische Brötchen, belegt mit Käse, Schinken, Salami, dazu Paprika und Gurken und ein kräftiger, frisch gebrühter Bohnenkaffee. Lieselotte Luckner kennt das nicht anders. Bevor das Tagwerk im familiären Steinmetzbetrieb in Culmitzsch begann, wurde richtig zugelangt. Ebenso zur Mittagszeit mit thüringischer Kost. Wer gut arbeitet, soll auch gut essen. Familie und Handwerk stehen im Mittelpunkt und bestimmen das Zusammenleben. Lieselotte Luckner kennt keinen Stillstand, sie »bepfläumelt« gern, das heißt, sie schafft und betreut. »Ich muss mich immer betun«, sagt sie und fragt ratlos: »Wo fang ich denn glei an zu erzählen?« Ich erinnere sie daran, dass wir heute unbedingt zur nahen B 175 fahren wollen, ins Pöltschbachtal, wo sich zu beiden Seiten der Straße das Dorf Culmitzsch erstreckte. Dort will mir Lieselotte Luckner zeigen, wo ihr Haus stand, wo der Friedhof war, die Kirche und das Wasserschloss. Doch bis dahin gibt es viel zu erzählen über ihre wichtigsten und prägendsten Jahre, über Kindheit und Jugend in Culmitzsch. »Culmitzsch war schön. Alle haben zusammengehalten, obwohl es politisch unterschiedliche Meinungen gab. Aber das war zweitrangig. Es war ein Handwerkerdorf. Viele waren bei der Wismut beschäftigt. Wir hatten alles, was wir brauchten: Konsum, Fleischer, Milchladen, Schuster, Taxibetrieb, Tankstelle, Autowerkstatt, Textilladen, zwei Gastwirtschaften, Schule und Kindergarten. Im Schloss Arztsprechstunde und Schwesternstation.«

Heute existiert Culmitzsch nur noch virtuell, im Internet. Thomas Schlenk, dessen Vorfahren aus Culmitzsch stammen, beschreibt das Dorf auf einer Homepage in Wort und Bild. Wer möchte, kann sich bei ihm das kleine Faltblatt bestellen. Dort ist auch die genaue Lage von Culmitzsch im Norden des vogtländisch-thüringischen Schiefergebirges beschrieben. »Der Ort lag auf einer Höhe zwischen 270 und 310 Meter [...] und erstreckte sich über eine Fläche von 2,7 Quadratkilometern«, zwei Kilometer östlich von Berga an der Fernverkehrsstraße Richtung Zwickau. Auf der Bergaer Höhe waren die Turmspitzen von Kirche und Wasserschloss, dem einstigen Kammergut des Großherzogs von Sachsen-Weimar, auszumachen. Beide Gebäude verliehen dem Straßendorf einen einzigartigen Charakter. Im Norden grenzte Culmitzsch an Felder und an die Ausläufer des Weidaer Forstes. Auf 325 Meter Höhe führte die Mühlstraße zur Waldgaststätte »Mücke« und weiter in den Nachbarort Wolfersdorf. Von diesem Plateau aus war das kleine Katzendorf auf der anderen Seite des Culmitzscher Tales gut zu sehen. Wer über die Hauptstraße aus Richtung Berga kam, ließ noch vorm Ortseingang von Culmitzsch das rechter Hand gelegene Kleinkundorf hinter sich. War er aus dem Ort Richtung Zwickau heraus, grüßten Zwirtzschen und Friedmannsdorf.

Lieselotte Luckner kennt diese Gegend wie ihre Westentasche, hier ist sie geboren und aufgewachsen. Hier hat sie, mit Unterbrechungen, über 30 Jahre verbracht. Sie weiß auch, dass Culmitzsch im Jahre 1230 als Kolmitzsch unter den Besitzungen des Klosters Mildenfurth erwähnt wurde. Der Ortsname ist altsorbischen Ursprungs. Cholm, deutsch Kulm, bedeutet »Siedlung am Hügel«. Der Name steht auch im Zusammenhang mit dem Minnesänger Heinrich von Colmas, von 1262 bis 1279 wahrscheinlich auch in Diensten des Vogtes Heinrich I. von Gera. In der *Manessischen Handschrift* taucht er mit einem vierstrophigen Lied auf. Mitte des 16. Jahrhunderts umfasste das Kirchspiel Culmitzsch zehn Orte: Seelingstädt, Chursdorf, Zwirtzschen, Großkundorf, Settendorf, Kleinreinsdorf, Friedmannsdorf, Katzendorf, Kleinkundorf und die Kapelle Trünzig. Von 1374 bis 1754 herrschten die Herren von Wolfersdorf in der ehemaligen Wasserburg über Culmitzsch. Eine Schule existierte in Culmitzsch ab 1555. 1542 waren im Ort zwölf Handfröner und ein Müller ansässig. Der Viehbestand belief sich auf 39 Kühe, ein Jungrind und 16 Schweine sowie die Schafherde des Rittergutes. Wieder war es der rührige Landvermesser Paul Trenckmann, der 1721 während seiner Reise auf Befehl Augusts des Starken durch Kursachsen auch das Rittergut unter Hans Friedrich von Wolfersdorf besuchte. Er schrieb über Culmitzsch, nicht ohne Rittergut und Hauptkirche zu erwähnen: »Eine Mühle nahe untern Dorfe mit 2 Gängen. Eine Herrnschäferei im Dorfe. Eine kleine Schänke, die Herrschaft brauet. Ein Schmied. Ein Eisenhammer, 1/8 Stunde übern Dorfe nach Zwörtschen zu. 24 Feuerstätte, alle Feld bis auf 9 Mann.« 1830 berichtete das sächsische Post- und Zeitungslexikon über den nahe der sächsischen Grenze liegenden Ort: »Hatte 1826 [...] 77 Häuser und 564 Seelen [...] und liegt längs einem, aus Sachsen kommenden, schon bedeutenden, südwestwärts fließenden Nebenbache.« Das ist der Culmitzschbach, der auch Lerchenbach genannt wird und hinter Markersdorf Pöltschbach heißt. Erwähnt wurde ein reiches Schiefervorkommen südlich des Ortes, am linken Ufer der Culmitzsch.

1815 ging das kursächsische Culmitzsch auf Beschluss des Wiener Kongresses an Preußen, und kurz darauf gehörte es zum Großherzogtum Sachsen-Weimar-Eisenach. Die Besitzer der Gutsanlagen wechselten öfter. So erwarb 1862 Graf von Solms-Wildenfels das Kammergut nebst Wasserschloss, den dazugehörigen Gutshof »Mücke« – später Waldgaststätte mit Kegelbahn – und den Gasthof. Im Dorf lebten damals 676 Menschen. 1865 übernahm Friedrich Borée das Gut und bewirtschaftete es fast vier Jahrzehnte lang. Für seine Bemühungen um die Landwirtschaft wurde er zum Großherzoglich-Sächsischen Ökonomierat ernannt. Culmitzsch entwickelte sich zum Marktflecken mit drei Jahrmärkten und viel Handwerk, darunter Bäcker, Sattler, Tischler, Wagner, Schuhmacher, Fleischer, Schneider und Maurer. Schieferbruch und Hammerwerk waren immer noch in Betrieb. Nach dem Zusammenbruch des Kaiserreichs und der Abdankung der Fürsten 1918 gehörte Culmitzsch zum Freistaat Sachsen-Weimar-Eisenach, ab 1920 zum Land Thüringen und ab 1922 zum Kreis Greiz.

1886 legte Robert Luckner, der Urgroßvater von Lieselotte Luckner, den Grundstein für seinen Bildhauerbetrieb. Im *Thüringer Hausfreund* veröffentlichte er 1887 folgende Annonce: »Bildhauerei von Robert Luckner, Culmitzsch. Einem geehrten Publikum zeige ich ergebenst an, daß ich in Culmitzsch eine Bildhauerei errichtet habe, und mein Lager von Pirnaer und Bayerischen Sand-

Historische Postkarte von Culmitzsch

steinen, sowie weißen Marmor, Schlesischen Marmor, Serpentinsteinen, Syenit und Granit in empfehlende Erinnerung bringe. Ich bitte das geehrte Publikum, bei vorkommenden, aller in dies Fach einschlagenden Arbeiten mich gütigst zu berücksichtigen, ich werde dieselben aufs sauberste ausführen. Die Erneuerungen alter Denkmäler werden prompt und billig ausgeführt.« Das Anwesen mit Werkstatt, Wohnhaus und Nebengelass befand sich unmittelbar hinterm Ortseingang aus Richtung Zwickau auf der rechten Straßenseite. Neben dem Handwerk hielt Robert Luckner auch etwas Vieh und arbeitete auf dem Feld. Die Adresse lautete: Hauptstraße 101. Es war ein neues Domizil für Robert Luckner – in einem neuen Leben. Gleich zu Jahresanfang, am 2. Januar 1887, heiratete der 22-Jährige. Seine Erwählte hieß Anna Stößel. Die Tochter des Gutsbesitzers und Bürgermeisters Johann Heinrich Stößel stammte aus Kleinkundorf und war so alt wie ihr Bräutigam. Der stammte aus Friedmannsdorf. Sein Vater war der Gutsbesitzer Heinrich August Luckner. Roberts Sohn Willy trat in Vaters Fußstapfen. Beide Meister ihres Fachs, machten sie die Firma weit über Thüringen hinaus bekannt. »Mein Urgroßvater Robert schuf nach dem Modell des Berliner Professors Hertel das Kaiser-

Wilhelm-Denkmal in Culmitzsch«, sagt Lieselotte Luckner. »Es wurde 1889 eingeweiht, zeigte die stehende Figur des Kaisers in Waffenrock und Mantel und war eines der ersten zu Ehren des verstorbenen Monarchen errichteten Denkmale.«

In Lehfeldts Beschreibung der *Bau- und Kunst-Denkmäler Thüringens* von 1897 wird als Standort des Kaiserdenkmals der »sogenannte Bienengarten des Kammergutsbezirks« genannt. »Mein Großvater Willy erlebte den Ersten Weltkrieg. Er war Gefreiter der ›Landwehr Reserve Jäger Bataillon 11‹«, erinnert sich die Enkelin. »1915, in Selens in der Picardie, in französischer Gefangenschaft, wirkte er an der künstlerischen Gestaltung eines Militärwaldbades mit. Aus Sandstein meißelte er einen mächtigen Adler, und er schuf noch andere Bildwerke. Ob diese Anlage heute noch existiert, weiß ich nicht.« Wieder in der Heimat, arbeitete Willy Luckner, inzwischen längst verheiratet mit Elsa Lätzsch, weiter im väterlichen Betrieb und spezialisierte sich auf Kriegsdenkmäler. »Er schuf zahlreiche Denkmäler, die heute noch in der Umgebung zu finden sind«, erklärt Lieselotte Luckner. In Roberts Geburtsort Friedmannsdorf errichteten Vater und Sohn 1920 ein Kriegerdenkmal aus Pirnaer Stein. Prächtig ist auch die heute kaum zu übersehende Löwenplastik vor der Kirche in Großkundorf. 1935 starb Willy Luckner im Alter von 48 Jahren. Er erlebte noch, wie sein Sohn das Bildhauerhandwerk fortführte. Hans-Willy Luckner war mit Cläre, geborene Petzold, aus Linda verheiratet und stolz auf seine drei Töchter Lieselotte, Regina und Heidrun und den Nachzügler Hans-Karsten.

II

Lieselotte Luckner wurde am 23. April 1938 geboren. »Zu Hause, mit Hilfe der Hebamme, wie das damals üblich war. Mit 45 war meine Mutter das letzte Mal schwanger. 1956 kam Hans-Karsten zur Welt. Das war für uns alle eine Überraschung. Plötzlich hatte ich einen kleinen Bruder.« Die Kindheit in Culmitzsch verlief ruhig. »Wir haben den Krieg nicht so gespürt.« Lieselotte Luckner kann sich immer noch an jedes Haus im Dorf erinnern. In Gedanken geht sie dort oft spazieren, die Hauptstraße hinunter bis zur Kreuzung. »Links zweigte die Mückenstraße ab, rechts ging es die Katzendorfer hoch. Am Marktplatz stand der Gasthof von Otto und Milda Kunert. Dann kam links der Friedhof mit Kirche, davor die Schule. Gegenüber das Wasserschloss, das ehemalige Rittergut. Das stand auf einer Insel, umgeben vom Wallgraben, der war mit Wasser gefüllt. Daher kommt auch der Name Wasserschloss.« Zum Haupteingang des Schlosses, Adresse: Katzendorfer Straße 1, gelangten die Culmitzscher von der Katzendorfer Straße in den Wirtschaftshof, dann über die Bogenbrücke. Ein zweiter Weg verlief durch den Wirtschaftsgarten im Schlosspark. Auch vom Anger ging es hinüber zum Schloss, und die Bewohner Am Bach benutzten die beiden Brücken über die Culmitzsch. Lieselotte Luckner geht in Gedanken die lange Hauptstraße entlang bis zum letzten Haus kurz vor Zwirtzschen. Sie sieht die Häuser Am Anger, Am Bach oder macht ein Stück die Katzendorfer Straße hoch und schaut zum Zuckerberg. Ihr fallen die alten Flurnamen wieder ein: Am Hammer, Am Galgenberg, In den Auwiesen, Der Hammer, Am Kalkberg und Am Pfarrholze. »Katzendorf war sehr klein und überschaubar. Dort bin ich oft gewesen. Ich weiß heute noch, wie das Dorf aussah. Dahinter kam gleich Sorge. In der Fichtelburg wohnten Verwandte. Früher haben wir dort oben Kirmes gefeiert. Bei Katzendorf hatten wir eine Wiese. Da grasten unsere Schafe und Ziegen. Und hinter der Pfarrscheune, nach Kleinkundorf zu, besaßen wir einen Lagerplatz und ein Feldstück. Damals gab es die neue Straße noch gar nicht, die baute die Wismut erst in den fünfziger Jahren. Wir mussten durch Kleinkundorf, um auf die Bergaer Höhe zu gelangen.«

Die Culmitzscher liebten ihr Renaissance-Wasserschloss, das 1406 unter Anna von Kolmacz wohl erstmals erwähnt wurde, und ihre schmucke Kirche, erbaut in der ersten Hälfte des 13. Jahrhunderts, über alles. Auch Fremde fühlten sich wohl in der malerischen Talaue, bewunderten die schlichte, schmale, teils mit Wein bewachsene Schlossfassade, den achteckigen Turm in der Mitte der Hauptfront und zählten die vielen Fenster. In der Kirche mit dem geschieferten Satteldach und der welschen Turmhaube bestaunten sie die vertäfelte Holzdecke, unterteilt in achteckige, dreieckige und quadratische Felder, und das in Weiß auf Blau gemalte Rankenwerk der Kirchbänke und Emporenbrüstungen. Links

Lieselotte Luckner (links), vorn der kleine Bruder Hans-Karsten, in der Steinmetzwerkstatt des Vaters, ca. 1960

neben dem Eingang war eine prächtige Grabplatte in die Wand gemauert. Sie zeigte den »edlen, gestrengen und ehrenfesten Heinrich von Wolfersdorf auf Kolmitzsch«, verstorben am 2. September 1613, in prächtiger Rüstung, den Helm zu Füßen und die Hände gefaltet. Schloss und Kirche stellte die DDR unter ihr Denkmalschutzgesetz vom 26. Juni 1952.

Lieselotte Luckner war sieben Jahre alt, als die Thüringische Staatsdomäne Culmitzsch im Zuge der Bodenreform enteignet wurde. »Der letzte Pächter hieß Oskar Speck. Sein Sohn Georg hat das Gut zuletzt bewirtschaftet und ist 1946 beim Fluchtversuch in den Westen an der Grenze erschossen worden.« Ins Wasserschloss zogen die Gemeindeverwaltung mit dem Bürgermeister, der Kindergarten und die Gemeindeschwester ein. 1951 erhielten die Culmitzscher neue Hausnummern. Die Adresse der Luckners lautete nun Hauptstraße 55.

Lieselotte Luckner ging bis zur achten Klasse in die Schule. »Mit 14½ – das war 1952 – habe ich angefangen, Steinmetz zu lernen. Mein Vati hat mir keine Wahl gelassen. Es war kein Sohn da, und die Gehilfen machten fort, einige nach dem Westen, andere gingen zur Wismut, weil sie dort besser bezahlt wurden. Wir konnten die Leute nicht halten. Ich hab mich durchgebissen, hab beim Vater gelernt.« Lieselotte meißelte Buchstaben, Schriften und Ornamente in den Stein. 100-Zentner-Granitblöcke bearbeitete sie nicht. Da blieb der Vater der ungeschlagene Meister. Lieselotte Luckner besuchte drei Jahre lang die Berufsschule in Demitz-Thumitz bei Bautzen, erhielt ihr Facharbeiterzeugnis und legte mit 21 Jahren die Meisterprüfung ab. Als sie 1952 ihre Lehre begann, war der Großteil des Dorfes Sorge verschwunden und das kleine Katzendorf wurde gerade geräumt.

Geologen, Markscheider und Radiometristen der SAG Wismut stießen bei ihren Erkundungen in Ostthüringen 1948 auf die Culmitzscher Störung, eine geologische Verwerfung, die von Trünzig bis hinüber nach Wolfersdorf verlief und reiche, gleichmäßige Erzlagerstätten versprach. Im Culmitzscher Revier entstanden die Tagebaue von Sorge und Katzendorf/Trünzig. 1950 begannen die Sucharbeiten in Culmitzsch. 1952 entstand der Tagebau Gauern; zwei Drittel des gleichnamigen Dorfes verschwanden. 1955 wurde der Tagebau Culmitzsch-Nord, auf der Höhe zwischen Culmitzsch und Wolfersdorf, erschlossen. Das Abbauland erwarb der Rat des Bezirkes Gera, Abteilung Wismutangelegenheiten, als Rechtsträger per Pacht oder Verkauf von den Dorfbewohnern, nun galt es als Eigentum des Volkes. Auch die Luckners waren unter den Verkäufern. Die »Mücke«, das beliebte Ausflugslokal, war zuerst vom Abriss betroffen. Bergarbeiter der Wismut waren die letzten Gäste. 1953 schloss der letzte Pächter, Otto Naundorf, die »Mücke«. 1957 erfolgte die Aussiedlung der Bewohner. Der »Mückenberg« wurde abgetragen. Bagger rissen Wälder nieder. Kreissägen jaulten, und der erste Abraum wurde auf die mit Getreide bestandenen Felder gekippt. Im Tagebau wurden Rollbahnen angelegt, auf denen die mit Erz beladenen Kipper fuhren. Die Fluren Im Vierigstale, Auf dem Schäfereiberge, In den Eisengruben, Der rote Acker, Im Nestelgraben und Im tiefen Gewende verschwanden. Auch der Bählerwald bei Wolfersdorf, etwa 20 Minuten Gehzeit von der »Mücke« entfernt, der an das vermutlich im Dreißigjährigen Krieg verwüstete Bahlen erinnerte, wurde bis auf ein paar Bäume abgeholzt. Zeitgleich zu Culmitzsch-Nord (Tagebau »IV. Parteitag«),

Culmitzsch, Blick über die Katzendorfer Straße. In der Mitte Kirche und Schloss, im Hintergrund die Halden des Tagebaus Culmitzsch, ca. 1960

bekannt auch als Tagebau »Mücke«, entstand Culmitzsch-Süd (Tagebau »Philipp Müller«). Zwischen der »Mücke« und Gauern wurde für den Transport des Erzes eine eingleisige Bahnstrecke errichtet. Die Ränder der Tagebaue befanden sich in unmittelbarer Nähe von Gauern, Wolfersdorf und Culmitzsch. Es wuchsen Tafelhalden, bis zu 60 Meter hoch. Die 70 Hektar große Waldhalde erstreckte sich bis an die Häuser von Wolfersdorf. Südwest- und Südhalde türmten sich über Culmitzsch. 1958 wurden die beiden Tagebaue zu einem Großtagebau zusammengeschlossen, der bei seiner Stilllegung 1967 von Nord nach Süd 2000 Meter maß und von Ost nach West 1000 Meter. Hier wurden 12 000 Tonnen Uran abgebaut. Die Menge entspricht etwa fünf Prozent der DDR-Förderung. Fakten, nachzulesen in der landeskundlichen Bestandsaufnahme *Das nördliche Vogtland um Greiz*.

Während Lieselotte Luckner in Sachsen lernte, mussten die Bewohner von Culmitzsch ihre Häuser verlassen, wenn im Tagebau gesprengt wurde. Doris Knüppel, die ehemalige Kindergärtnerin, die heute in Berga lebt und als Chronistin die Erinnerung an ihr

Dorf bewahrt, erinnert sich: »Dienstag und Donnerstag wurde gesprengt. Da zerbrachen auch Fensterscheiben, und manche Häuser bekamen Risse. Die Wismut stellte Busse zur Verfügung, damit wurden wir aus Culmitzsch weggefahren. Zwei Stunden vor der Sprengung mussten wir raus sein. Wer direkt im Bereich der Sprengungen wohnte, erhielt 10 Mark. Außerdem spendierte die Wismut Bons im Wert von 1,50 Mark für eine Bockwurst. Die konnten in der Gaststätte eingelöst werden. Solche Bons besitze ich leider nicht mehr, und es existieren auch keine Quittungen für die gezahlten 10 Mark. In Culmitzsch herrschte kein ruhiges Leben mehr. Tagtäglich donnerten die Laster, beladen mit Erz, durch den Ort. Regnete es, mussten wir durch Schlamm auf der Hauptstraße waten. Bei Sonnenschein lebten wir in einer Staublandschaft. Der Dreck zog in jede Ritze, den konnte man sogar schmecken.« Der Bergbautraditionsverein vermerkt zu diesen Ereignissen in seinem Buch *Die Pyramiden von Ronneburg:* »Es kam häufig zu Schäden. [...] Die Schäden mussten sofort gemeldet werden, ein Beauftragter der Wismut begutachtete die Angelegenheit und legte die Entschädigung fest.«

Lieselotte Luckner besitzt eine ansehnliche Fotosammlung, doch keine Bilder von den Sprengungen. Sie kennt die Fotos, die Erich Krauthahn vom Gemeindeberg in den Tagebau »Mücke« schoss. »Das sind Farbfotos, wo die Explosionen zu sehen sind. Wo der Rauchpilz hochgeht, da steht die Gärtnerei von Rudi Krompholz, die ist erst 1945 gebaut worden, an der Mückenstraße.« Die meisten ihrer Bilder stammen aus der Steinmetzwerkstatt. Im schönsten Sonntagsstaat präsentiert sich Urgroßvater Luckner, andere Bilder zeigen die Werkstatt von außen oder von innen mit den Luckner-Mädels. Lieselotte im Vordergrund, mit dem Meißel bei der Schriftgestaltung. Der kleine Hans-Karsten, vielleicht fünf Jahre alt, mit einem Schlegel in der Hand. »Gut, dass wir diese Fotos besitzen. Die sind für mich so etwas wie ein Gedächtnis. Wenn ich die anschaue, kann ich mich gleich besser erinnern.«

Die Luckners waren im Ort geachtet und wussten, wie es um das Leben, das Sterben, den Tod, das Alter, Trauer und Leid bestellt war. »90 Prozent aller Steine hier in der Gegend kamen von uns. Auf dem Friedhof – der war groß und schön – wurden auch die Toten von Kleinkundorf, Katzendorf, Zwirtzschen und Fried-

Sprengung im Tagebau Culmitzsch, ca. 1960

mannsdorf bestattet«, sagt die alte Meisterin. »Unsere Auftragsbücher waren voll. Auch in Gera und Werdau haben wir Steine gesetzt.« Sie liebt heute immer noch den Granit, den sie damals bearbeitete. »Sandstein net. Der eignet sich net für Denkmäler. Ich mochte immer Hartgesteine.« Sie erinnert sich an zahlreiche Grabsteine, auf die sie »Fern der Heimat« meißelte. »Das hat mich immer stark berührt. Meist stand auch noch der Heimatort darauf, denn die Toten waren Flüchtlinge, die nach 1945 aus Schlesien, aus dem Sudetenland oder aus Ostpreußen ins Dorf gekommen waren.«

III

Lieselotte Luckner war stets eine selbständige Frau. Sie packte an, wo sie gebraucht wurde. Mit 18 machte sie die Fahrerlaubnis. Sie transportierte mit dem familieneigenen Laster Steine und Werkzeug und fuhr ein altes IFA-Motorrad. Später kaufte sich Vater Luckner einen Kleinwagen, einen P70. Die Luckners waren immer mobil. Wie lebensnotwendig das bald sein sollte, wussten sie Anfang der sechziger Jahre noch nicht.

Nach der Auserzung des Tagebaus Katzendorf/Trünzig entstand im Restloch eine Industrielle Absetzanlage, die IAA Trünzig. Dorthin wurden von 1960 bis 1967 über ein Rohrsystem die Schlämme aus der Uranerzaufbereitung in Seelingstädt gepumpt. Diese Tailings – in Trünzig nahmen sie eine Fläche von fast 115 Hektar ein – enthielten Chemikalien und Schwermetalle. »Der Radionuklidgehalt beträgt bis zu 5000–15000 mBq/g gegenüber 20–170 mBq/g in den natürlichen Böden des Thüringer Uranbergbaugebietes«, heißt es in dem Band *Das nördliche Vogtland um Greiz*.

Die Culmitzscher, »Culmscher« genannt, lebten eingezwängt zwischen Schlammteichen und Tagebauhalden. Im Oktober 1963 brach der Norddamm der IAA Trünzig, und der Schlamm lief bis in die Ortslage von Culmitzsch. Nur wenige Zeitzeugen können sich an dieses Ereignis erinnern. Die Bergaerin Doris Knüppel hat nicht vergessen, was geschah: »Der Damm ist nicht oben bei Katzendorf gebrochen, sondern drüben in Friedmannsdorf. Feuerwehrleute mit Schutzanzügen wurden eingesetzt. Der schwarze Schlamm lag auf den Feldern. Die wurden mehr als zwei Meter abgebaggert. Da ist einiges in den Pöltschbach gelaufen. Wo mal grüne Hänge waren, war alles tot.« Der Schlammrutsch verlief glimpflich, auch für die »Culmscher«. Doch die Gefahr für das Dorf wuchs. Längst reichte die Größe der Becken in Trünzig nicht mehr für die anfallenden Schlammmengen aus. 1963, nach Prüfung verschiedener Standortvorschläge, begannen die Planungen für eine Absetzanlage in Culmitzsch, Standort Großtagebau.

Die Culmscher versuchten ihren Alltag, so gut es ging, zu gestalten. Sie feierten Feste, tranken ihr Bier in der Kneipe oder friemelten im Garten. Es wurde gemunkelt, dass mit dem Dorf etwas passieren könnte. 1963 wurde geplant, die Kirche instand zu setzen, schadhaften Putz und Feuchtigkeit zu beseitigen. Für die Finanzierung sollte auch Geld aus dem zentralen Fonds für denkmalwerte Bauwerke, dem sogenannten »Nuschkefonds«, fließen. Zur Sanierung der Kirche kam es jedoch nicht mehr. Die erste Hiobsbotschaft erreichte die »Culmscher« mit der Räumung der ersten zehn Häuser im hintersten Dorf, Richtung Zwirtzschen. Es handelte sich um die Hauptstraße Nummern 1 bis 10. Die Räumung war für März/April 1964 angesetzt. Die Bergbaubehörde empfahl diese Aktion, weil die Sicherheit der Bewohner in Haldennähe nicht mehr gewährleistet war. In den zehn Häusern wohnten 14 Familien und zwei Einzelpersonen. Innerhalb von vier Wochen mussten sie, wie auch zwei Familien in Zwirtzschen, ihre Heimat verlassen. Später wurde der westliche Teil von Zwirtzschen abgerissen, und die Einwohnerzahl dieses Dorfes, das heute zu Seelingstädt gehört, verringerte sich rapide.

Im Bundesarchiv Berlin wird unter der Signatur DC20/16968 die Anordnung des Ministerrates der Deutschen Demokratischen Republik Nr. 03/18/6/64 vom 6. Mai 1964 aufbewahrt. Willi Stoph, Erster Stellvertreter des Vorsitzenden des Ministerrates, unterzeichnete das formlose Dokument höchster Geheimhaltungsstufe nicht persönlich. Für die Richtigkeit garantierte ein Untergebener namens Bischoff. Verteilt wurde das Papier an den Vorsitzenden der Staatlichen Plankommission Erich Apel (der Wirtschaftsreformer nahm sich im Dezember 1965 das Leben), an den Vorsitzenden des Volkswirtschaftsrates, den Minister für Finanzen und den Vorsitzenden des Rates des Bezirkes Gera.

In dem Dokument, beschlossen von der Kommission für laufende Angelegenheiten, heißt es unter Punkt 1: »Der Anlegung einer Schutzzone, die durch die Entwicklung des Wismutbergbaus im Bezirk Gera sowie die Errichtung einer Industriellen Absetzanlage notwendig ist, und der damit verbundenen Räumung der Gemeinde Culmitzsch (Kreis Greiz) sowie der teilweisen Räumung der Gemeinde Zwirtzschen (Kreis Gera-Land) wird zugestimmt.« Für die Durchführung der Räumung waren der Rat des Bezirkes Gera und die Generaldirektion der SDAG Wismut verantwortlich. »Sie sind verpflichtet«, heißt es unter Punkt 2, »die Räumung durch eine klare politische Argumentation gegenüber den betroffenen Bürgern in Abstimmung mit der SED-Bezirksleitung Gera und der SED-Gebietsleitung Wismut vorzubereiten und die ordnungsgemäße Räumung der Schutzzone zu sichern. Bei der Ausarbeitung dieser politischen Argumentation und der nachfolgenden Diskussion ist die Bevölkerung von der Zweckmäßigkeit der Errichtung von Geschoßwohnungen zu überzeugen.«

Bis Ende 1970 sollte das Vorhaben abgeschlossen sein. Unter Punkt 3.3 werden die Gesamtkosten für die Umsiedlung der Bevölkerung und damit verbundene Ersatzinvestitionen mit etwa 25 bis 30 Millionen DDR-Mark beziffert.

»Geschoßwohnungen« waren Wohnungen in Plattenbauweise, die günstigste Alternative für die bäuerlich geprägten Aussiedler. Im Dorf gab es noch viele Gemeinsamkeiten. Zum schönsten Erlebnis zählte die 17. Internationale Friedensfahrt Warschau–Berlin–Prag. Im Mai 1964 nahmen die Sportler in rasantem Tempo auf ihrer neunten Etappe Oberhof–Aue die schwierigen Kurven der Hauptstraße, bejubelt von den Einheimischen. Die Radrennfahrer »stürmten« noch ein zweites Mal den Ort, während der 20. Internationalen Friedensfahrt im Mai 1967, auf der elften Etappe von Gera nach Aue. Reinhard Poltsch, der Elsterberger aus Culmitzsch, der als junger Mann sein Dorf verlassen musste, besitzt noch Schmalfilme mit Aufnahmen der Friedensfahrer und zeigt sie öfters den ehemaligen »Culmschern«.

Im Stadtarchiv von Berga ist ein großer Aktenbestand über Culmitzsch erhalten. Darunter auch die gut geführten Gemeindeprotokolle. Allerdings finde ich keine Notizen über die Einwohnerversammlung am 23. Juli 1964, in der die Einwohner erstmals über den geplanten Abriss des Dorfes informiert wurden. »Fast ganz Culmitzsch hat an der Versammlung teilgenommen«, erinnert sich Lieselotte Luckner. »Die war von der Wismut anberaumt worden. Wir erfuhren, dass Schätzer in unsere Häuser kommen und Gutachten erstellen sollten. Es hieß aber immer – und das hat Sepp Wenig, der Volkskammerabgeordnete, verkündet –, Culmitzsch würde nicht abgerissen, es würde schöner denn je. Das war alles gelogen. In der Versammlung wurde gesagt, wir als Culmscher könnten stolz sein, so einen Beitrag für den Frieden leisten zu dürfen. Da waren alle im Raum ruhig. Keiner hat sich getraut, etwas Kritisches zu sagen.«

»Erläuterung der Perspektive der Gemeinde Culmitzsch«, hieß es ein paar Tage später, am 29. Juli 1964, in der 31. Sitzung der örtlichen Volksvertretung. Im Mittelpunkt standen der Ministerratsbeschluss und die geplante Schlammabsetzanlage im Tagebau »IV. Parteitag«, der »Mücke«. »Die gesamte Gemeinde Culmitzsch fällt in den Bereich der Schutzzone und muß dementsprechend geräumt werden. Die Räumung erfolgt in drei Etappen, und zwar 1967, 68 und 69.« Die Abgeordneten fragten, was mit dem Fried-

Die Culmitzscher Hauptstraße aus Richtung Berga, links der Bauernhof Vetterlein, ca. 1960

hof geschehe, welche Wohnungen für Rentner zur Verfügung stünden, welche Entschädigungen gezahlt würden und wie es um die Kleintierzüchter bestellt sei. Gefragt wurde auch, ob die Räumung des Dorfes »im Interesse des Gesundheitsschutzes« und »ob die Ausstrahlung aus den Schlammteichen wirklich so groß« sei. Details der Antworten vermerkte das Protokoll nicht. Anwesend waren, wie oft in den noch folgenden Sitzungen, Vertreter der SDAG Wismut, des Rates des Bezirkes Gera, des Rates des Kreises Greiz und der SED-Kreisleitung. Geladen waren auch die Bürgermeister der umliegenden Orte, die sich um ihre Gemeinden sorgten. Informiert wurde über die Bildung eines Organisationsbüros am gleichen Tag, in dem Vertreter des Rates des Kreises, der Abteilung Finanzen und der SED-Kreisleitung der SDAG Wismut zusammenarbeiteten. Sie standen vor ihrer größten logistischen Herausforderung, denn nicht nur ein Dorf, in dem zu diesem Zeitpunkt 716 Menschen lebten, musste geräumt werden. Es ging um den Abbau einer gut funktionierenden Infrastruktur, um Häuser, Scheunen, Ställe, Gärten, Wiesen, Felder, um Geschäfte, Handwerksbetriebe, die LPG, Kindergarten, Schule. Kinderreiche Familien und Einwohner mit geringem Einkommen wurden finanziell unterstützt.

1965 hatten die Luckners ihre Werkstatt neu hergerichtet. Lieselotte wollte im elterlichen Haus bleiben, eine Wohnung ausbauen. »Wir wussten, die Culmscher kommen in Neubauten, in die Platte, nach Berga, nach Pohlitz, Seelingstädt und Gera-Langenberg«, sagt Lieselotte Luckner. »Das kam für uns nicht in Frage. Unsere Existenz war die Bildhauerei, die musste unter allen Umständen erhalten bleiben.« Vater Hans war einer, der nicht aufgab. Er wollte gerecht behandelt werden.

Zur Vorbereitung der Umsiedlung wurden politisch geschulte Agitatoren, allesamt Mitglieder der SED, losgeschickt. Ihr Parteiauftrag lautete, sämtliche Bürger von Culmitzsch in Aussprachen von der Notwendigkeit der Aussiedlung zu überzeugen. Die Agitatoren füllten kopierte Formulare aus mit Angaben über die jeweilige Familie, ihren Grundbesitz, Handwerksbetriebe mit Anzahl der Beschäftigten, der Größe der Gewerbe- und Lagerräume und Informationen über Nutzflächen und Viehbestand – eine komplette Vorarbeit für die Schätzer. Wichtig war das Ergebnis der Aussprache. Dort wurden Wünsche über den künftigen Wohnort, die Wohnungsgröße und einen Arbeitsplatzwechsel vermerkt, ebenso eigene Initiativen und besondere Ansprüche. »Es besteht jetzt die richtige Orientierung über die durchzuführende Maßnahme«, oder: »Mit Umsiedlung einverstanden«, stand in den Fragebögen. Nur wenige »Culmscher« waren anderer Meinung, wie Herr K., der sich wünschte, dass Culmitzsch als ganzer Ort wieder aufgebaut werde. Die Agitatoren erklärten, dass dies »volkswirtschaftlich nicht die richtige Lösung wäre«.

Ein Protokoll vom Agitationsbesuch bei den Luckners finde ich nicht. Warum kein Bogen ausgefüllt wurde, weiß Lieselotte Luckner nicht. Mit den Ergebnissen des Wismut-Schätzers war die Familie nicht einverstanden. Sie ließ selbst nachschätzen und bat Sepp Wenig, der als »vernünftiger Mensch« galt, um Rat. Er sagte Hilfe zu, hielt aber sein Versprechen nicht. »Wir hatten einen Termin beim Rat des Bezirkes in Gera. Das Gespräch verlief unerfreulich und enttäuschend.« Den Luckners wurde mit Gericht gedroht, sollten sie den Kaufvertrag nicht unterschreiben. Schließlich wurde eine Nachschätzung akzeptiert. Die Luckners erhielten um die 50000 DDR-Mark für Boden, Wohnhaus und Werkstatt – das klingt viel, aber für den Neubau eines Wohnhauses mit Werkstatt reichte es nicht. »Wir wollten nicht mehr Geld«, sagt Lieselotte Luckner, »wir wollten nur rechtmäßig entschädigt werden.« Die Luckners besaßen in Seelingstädt am Bahnübergang ein Grundstück. Die 3000 Quadratmeter hatte Urgroßvater Luckner 1898 erworben. Dort lagerten Sandsteine aus Pirna. »Er wollte dort noch eine Werkstatt bauen. Das hat er nicht geschafft. Wir haben das Land als Reserve betrachtet, wenn mal große Not ist, und es deshalb nicht verkauft. Doch dort durften wir nicht bauen, weil die Transportwege zur Erzaufbereitung in Seelingstädt noch nicht geklärt waren.«

Die Luckners gehörten nicht zu den Einwohnern, die 1967 und 1968 Culmitzsch verließen. Sie hatten immer noch eine Frist. Ende 1964 wohnten 614 Menschen in Culmitzsch und 1968, im Sommer, 378. Danach nahm die Zahl rapide ab. Seit 1967, nach Auserzung des Tagebaus Culmitzsch, pumpte die Erzwäsche von Seelingstädt ihren strahlenden Schlamm in die von Dammbauwerken gesicherte Industrielle Absetzanlage: Becken A, Fläche 158 Hektar, nahm schwefelsaure Rückstände auf, Becken B, 76 Hektar, die sodaalkalischen Aufbereitungsrückstände. Beide Becken wurden durch einen Damm getrennt. Die Bewohner in der Nachbarschaft der Deponien litten an den extremen Staubbelastungen. Sandstürme tobten auf ausgetrockneten Schlammflächen, wie einzelne Fotos belegen.

Silvester 1968 lebten nur noch 85 Bewohner in Culmitzsch – inmitten von Ruinen ohne Dächer, zerstörten Fassaden. Wie mag dieses Jahresende ausgesehen haben? Mit geschmücktem Weihnachtsbaum, mit Gänsebraten und Thüringer Klößen in der warmen Wohnstube? Auswärtige konnten geräumte Häuser kaufen und Balken, Bretter, Steine, Türen und Fenster für eigene Zwecke verwenden, denn Baumaterial war knapp in der DDR.

Das letzte Dorffest feierten die »Culmscher« vom 10. bis 18. Juni 1967. Eine lange letzte Woche für alle, die sich noch nicht vorstellen konnten, wie es sein würde, ohne ihr Dorf zu leben. Das Dorf bot noch einmal alles auf, was zu einem richtig schönen Fest gehörte. Am Sonnabendabend begann es auf dem kleinen Markt mit Fackelzug und Feuerwerk. Am Sonntagmorgen rollte der Fuß-

Das Ortsschild, 1969

ball auf dem Sportplatz. Im Turnier spielten die Mannschaften von Berga, Wolfersdorf, Mannichswalde und Culmitzsch. Am Nachmittag war Kinderzeit mit Modenschau, und am Abend schwangen Jung und Alt das Tanzbein. Am Montag wurden die Ortsmeister im Tischtennis und im Schachspiel gekürt. Großer Preisskat war am Dienstag in Wunschels Gasthaus angesagt. Am Mittwoch richtete die Oberschule Culmitzsch ihr letztes Sportfest aus, und am frühen Abend fand ein Radrennen rund ums Wasserschloss statt. »Wir vergessen unsere Rentner nicht«, hieß es am Donnerstagnachmittag. Um 20 Uhr lud *Das Mädchen auf dem Brett* zur Filmveranstaltung. Am Freitag gastierte die Puppenbühne Oestreich-Ohnesorge von den Bühnen der Stadt Gera mit dem Stück *Widewau* für Zuschauer »von 7 bis 90«. Ganz im Sinne der DDR-Politik lautete das Motto der öffentlichen Festsitzung der Gemeindevertretung mit anschließendem Kulturprogramm: »Arbeite mit, plane mit, regiere mit«. Das zweite Wochenende leitete ein Tanzabend ein. Am letzten Festtag, am Sonntag, dem 18. Juni, feierte das Dorf, was das Zeug hielt. Nach dem musikalischen Frühschoppen zogen zwei Kapellen durch das Dorf. Auf dem Festplatz herrschte »Buntes Treiben« mit Karussell, Schießständen, Kegelbahn und Tombola. Um 18.30 Uhr kam der Sandmann, danach Tanz bis in die Nacht. Viele »Culmscher« werden noch lange an diese ganz besondere Woche gedacht haben, als sich der Einzelne im Dorfkollektiv wiederfand und wohl fühlte, auf einem Fest, das so ganz anders war als in der Stadt und das sich nie wiederholen sollte.

Der Schulentlassungsappell fand am 2. Juli 1968 statt. Am 12. Juli 1968 tagten zum letzten Mal die Volksvertreter und beschlossen mit Wirkung vom 15. Juli die Auflösung der Gemeinde. Am 16. Juli übernahm das »Organisationsbüro Culmitzsch«, geleitet vom Vorsitzenden der Kreisplankommission, die weiteren Aufgaben bis zum vollständigen Abriss des Ortes. Jochen Franz, der letzte Bürgermeister, fungierte als Stellvertreter. »Wir rufen alle auf, macht mit in euren künftigen Standorten, so aktiv wie bisher«, gab der Bürgermeister seinen Dörflern mit auf den Weg. Am Ende der Versammlung fand ein »zwangloses Abschlußbeisammensein« statt.

Die Luckners fanden nach langer, unermüdlicher Suche und anstrengendem Kampf mit der Bürokratie endlich ein geeignetes Anwesen: das ehemalige »Gasthaus zur Morgensonne«. Im Herbst 1968 konnten sie es erwerben und mussten innerhalb kürzester Zeit Wohnhaus und Werkstatt sanieren, während in Culmitzsch das Anwesen vor dem Abriss stand. Die Abteilung für Wismutangelegenheiten in Gera reagierte nicht mehr freundlich auf den kritischen Bildhauermeister in Culmitzsch, der mit dem Prozedere der Umsiedlung so gar nicht einverstanden war. Unmissverständlich hieß es im Dezember 1968 in dem Brief an Hans-Willy Luckner unter dem Betreff »Verlagerung Culmitzsch«: »Die wichtigste Frage für Sie ist zur Zeit die endgültige und kurzfristige Fertigstellung Ihres Wohnhauses in Seelingstädt, da Ihr Umzug spätestens im Januar 1969 erfolgen muß. Wir erwarten von Ihnen nunmehr nicht nur die wiederholt von Ihnen zum Ausdruck gebrachte Einsicht in die volkswirtschaftliche Notwendigkeit der Verlagerung Culmitzsch, sondern auch die entsprechende Verhaltensweise. Wir empfehlen Ihnen ernsthaft, sich jetzt tatsächlich konsequent um die Fertigstellung Ihres Wohnhauses in Seelingstädt zu bemühen und die geschäftlichen Interessen zeitweilig zurückzustellen.« Unterzeichnet wurde das Schreiben vom Hauptreferenten Streeck. Für die Luckners aber stand das 80 Jahre alte Geschäft im Mittelpunkt, das sie niemals aufgeben würden. Sie harrten mit den letzten Bewohnern im geräumten Culmitzsch aus. »Der Ort wurde immer leerer. Da waren Geister und Gespenster unterwegs«, berichtet Lieselotte Luckner. »Wir konnten mit der Werkstatt in Seelingstädt nicht fertig werden, denn es kam die Tschechei dazwischen, das Ende des ›Prager Frühlings‹. Das Kreisbauamt rief an und sagte: ›Jetzt ist Stopp.‹ Meine Mutter verstand das nicht. Aber dort war alles in Alarmbereitschaft. Es wurde gesagt: ›Jetzt ist keine Zeit für Culmitzsch.‹ Im Ort gab es kein Geschäft mehr, keinen Laden. Wir mussten alles – vom Baumaterial bis zu Lebensmitteln – mit dem Auto ranschaffen.«

Der Großteil der »Culmscher« zog nach Berga, nach Gera-Langenberg, nach Greiz-Pohlitz, andere nach Seelingstädt, Steinpleis bei Werdau, Teichwolframsdorf, nach Zeitz, Triebes, Wünschen-

Abriss des Wohnhauses der Familie Luckner, 1969

dorf-Cronschwitz und in andere Orte in der Umgebung. Die meisten gaben ihr ländlich geprägtes Leben auf, wohnten fortan im Neubau und fühlten sich fremd. Ältere Menschen fanden Zuflucht bei der Familie oder im Feierabend- und Pflegeheim. Sie litten am meisten unter dem Verlust und dem Abschied. Am 30. Juni 1969 hielten es noch 40 Einwohner aus in Culmitzsch. Der kleine Hans-Karsten Luckner gehörte zu ihnen. Er war 13 Jahre alt. Mit seiner großen Schwester Lieselotte fuhr er auf dem Motorrad zwischen Culmitzsch und Seelingstädt hin und her. »Hier, schauen Sie sich bitte die Fotos an, die ich gemacht habe. Ich saß auf dem Motorrad, hatte die Kamera umgehängt. Fotografieren war verboten. Aber ich habe mir nichts draus gemacht. Ich hab immer den richtigen Moment abgepasst, wo mich niemand beobachtete. Der Fotoapparat war ganz einfach, machte gute Bilder.« Lieselotte Luckner fotografierte die zerstörten Häuser, die Kirche und die schön geschwungene Holztreppe im Wohnhaus von Ernst Zimmermann. Sie windet sich aus dem Schutt empor, doch ihre Stunden sind längst gezählt. Die meisten Fotos entstanden vom Abbruch des Lucknerschen Anwesens. Ein Foto zeigt das mit einem Verbot vernagelte Ortsschild: »Achtung! Die gesamte Ortslage von Culmitzsch ist Abbruchgebiet. Unbefugtes Betreten und Fotographieren von Gebäuten und Grundstücken ist verboten. Rat des Kreises Greiz.« Die orthographischen Fehler fotografierte Lieselotte Luckner gern. »Die konnten beim Rat des Kreises noch nicht mal richtiges Deutsch. Das muss man sich mal vorstellen.« Einmal wurde sie gefragt, warum sie fotografierte. Sie antwortete, das sei ihr Elternhaus, und das zu fotografieren könne ihr niemand verbieten. Die Fotos sind für Lieselotte Luckner wichtig, genauso wie die Dokumente über den Verkauf von Haus und Werkstatt.

»Soll ich noch Kaffee nachschenken?« Lieselotte Luckner hantiert geschäftig in der gemütlichen Küche. Auf dem Tisch liegen Fotos, alte Zeitungen und die Einladung zum nächsten Klassentreffen. »Wir Culmscher treffen uns regelmäßig. Aber es sind schon viele gestorben. Dieses Mal treffen wir uns in Blankenhain bei Crimmitschau.« Die Steinmetzin schaut ihre Fotos an und erzählt vom Bürgermeister Jochen Franz, der während der Umsiedlung seines Dorfes mit jedem Kontakt hielt, Rat gab und beruhigte. »Der Bürgermeister hatte Erfahrung mit Organisation. Er wusste, wo es langgeht, denn er arbeitete in Gera in der Abteilung für Wismutangelegenheiten, war später dort auch der Hauptreferent.« Lieselotte Luckner erzählt, wie sie die letzten Tage in Culmitzsch verbrachte. »Ich war mit meinem kleinen Bruder in Seelingstädt. Die Eltern blieben noch in Culmitzsch, saßen beim Abendbrot mit Kerzenlicht. Strom und Wasser waren abgestellt.« Die Spedition Rothe & Söhne aus Gera transportierte die gesamte Werkstatteinrichtung nach Seelingstädt. Die Möbel fuhr eine Greizer Spedition. »Es war Gott sei Dank Hochsommer. Es blieb lange hell. In Culmitzsch funktionierte das Telefon noch, da konnte ich die Eltern anrufen und fragen, ob alles in Ordnung war.«

Am 16. August 1969 verließen die Luckners das zerstörte, von Schlammteichen bedrängte Culmitzsch. Sie gehörten zu den Letzten, die gingen. »Der 16. August war ein Sonnabend. Zwei Tage später, am Montag – das hat mir meine Schwester Heidrun erzählt – wurde unser Haus abgerissen.« Einige Gebäude im Ort blieben noch stehen. Dazu gehörte der Gasthof Wunschel. Dort wurden die Abrissarbeiter mit Mittagessen versorgt. Am Umzugstag der Luckners propagierte die Bezirkspresse eine der Losungen zum 20. Jahrestag der DDR: »Der Republik zu Ehren, Dir zum Nutzen, vorwärts zu neuen Erfolgen!« Den Luckners stand der Sinn nicht nach solchen Beschwörungen. Sie wollten auch nichts wissen von der Rückkehr der sowjetischen Mondsonde 7, von Ernteerfolgen oder vom Neubau der 46-Klassen-Schule in Jena-Lobeda. Monate vorher hatte Walter Ulbricht seine These von der »sozialistischen Menschengemeinschaft« verkündet, die »das alte humanistische Ideal« bei weitem übertreffen sollte. Die Steinmetzin hatte da ihre eigenen Ansichten. »Unsere Menschengemeinschaft im Dorf wurde zerstört. Das Dorf wurde an anderer Stelle nicht neu aufgebaut. Wir haben uns das so sehr gewünscht.«

1969 wurde der Berliner Fernsehturm eingeweiht. Willy Brandt hieß der neue Bundeskanzler der BRD. Die DDR feierte am 7. Oktober 1969 ihr 20-jähriges Bestehen. Nach Feiern war den Luckners nicht zumute. »Wir haben um Culmitzsch getrauert. Nach dem 7. Oktober begann der Abriss des Wasserschlosses. Auf den Tag genau weiß ich es nicht. Es passierte von 1969 auf 1970. Die Überreste wurden gesprengt. Der Turm der Kirche wurde abgetragen, und es kam ein provisorisches Dach auf den Turmansatz. Die

Wasserleitung zum Friedhof wurde neu verlegt. An den Friedhof konnte die Wismut nicht ran. Die Liegezeit der Gräber dauerte bis Ende 1984. Dagegen war nichts zu machen. Diese Jahre waren eine Frist für Friedhof und Kirche. Danach war Schluss.« Der Abriss von Culmitzsch endete Ende 1970. Es war das letzte Dorf, das dem DDR-Uranerzbergbau weichen musste.

Der VEB Denkmalpflege empfahl 1984 eine Ortsbegehung der Kirchenruine und die Sicherung der wertvollsten Teile. Dazu gehörten der Schlussstein über dem Portal der südlichen Vorhalle (17. Jahrhundert), ein Sandsteinepitaph für Pfarrer Müller aus Dothen (»sofortige Bergung geboten!«), mehrere Grabsteine aus Schiefer, Gewandteile und ein Eisengusskreuz der Friederike von Mannsbach aus der Mitte des 19. Jahrhunderts. Außerdem wurden auf dem Kirchenboden wertvolle historische Porträts, die aus dem Katzendorfer Schloss stammten, geborgen. Der Kirchenschatz wurde auf andere Kirchen verteilt. Die Glocken übernahm die Kirche in Paitzdorf. Die Orgel kam nach Greiz-Pohlitz, Kanzel und Kruzifix gelangten nach Stadtroda. Der Taufstein steht heute in der Trinitatiskirche in Gera. Das Gestühl wurde nach Fraureuth transportiert, und die Turmuhr kam nach Eisenberg. Die wertvolle Grabplatte des Heinrich von Wolfersdorf wurde während einer Notrettung zerstört. Wieder zusammengesetzt, steht sie heute im Eingangsbereich des Heimatmuseums Greiz.

Die Bergsicherung Ronneburg wurde durch den Rat des Bezirkes, Abteilung Wismutangelegenheiten, mit dem Abbruch der Kirche und der Einebnung des Friedhofes ab Mai 1985 beauftragt. Das vollständig geräumte Gelände wurde im August 1985 an den Staatlichen Forstwirtschaftsbetrieb Gera, Sitz Weida, zur Aufforstung übergeben.

Den Abriss des Wasserschlosses hatte der Rat des Bezirkes am 27. Dezember 1967 beschlossen. Eine Aktennotiz der Abteilung für Wismutangelegenheiten in Gera belegt: Der Denkmalschutz-Status wurde in Absprache mit dem Museum für Ur- und Frühgeschichte Weimar und dem Institut für Denkmalpflege in Erfurt aufgehoben. Vor dem Abriss wurde eine Bauaufnahme durchgeführt und eine Fotodokumentation in Auftrag gegeben.

»Das Wasserschloss könnte heute noch stehen«, sagt Lieselotte Luckner traurig. »Es befand sich in der Talaue unterhalb vom

Ruine des Wasserschlosses, ca. 1968

Galgenberg. Heute ist dort alles Wiese. Das können wir uns nachher angucken. Gegen den Abriss des Wasserschlosses konnten wir leider nichts machen. Wir waren hilflos und machtlos, obwohl wir, die Luckners, uns nicht alles gefallen ließen. Aber gegen den Staat reden, das haben wir uns dann öffentlich doch nicht getraut. Das war eine schwere Zeit. Heute ist es viel leichter für die Menschen, zu protestieren, in einer Bürgerinitiative zum Beispiel. Ich denke da an Heuersdorf. Dort wurde die alte Wehrkirche umgesetzt.« Noch heute macht sie sich Gedanken über das Kaiser-Wilhelm-Denkmal von Robert Luckner. »Das ist an seinem Standort in die Erde verbuddelt worden, wie in einem Grab beerdigt. Das könnte man heute noch finden, davon bin ich überzeugt.«

1984, als die Lagefrist der Gräber ablief, lebte Lieselotte Luckner mit ihrer Familie schon 15 Jahre in Seelingstädt, in der »Morgensonne«. Ihr kleiner Bruder war zum großen Bruder herangewachsen, ein Steinmetz, Meister seines Fachs. Seine große Schwester, die Meisterin, hatte ihn ausgebildet. Einige »Culmscher« konnten ihre Toten auf den Ronneburger Friedhof umbetten. Die Luckners räumten nun Steine, die sie früher gesetzt hatten. »Die wären sonst mit der Raupe zusammengeschoben worden. Die Fundamente ließen wir stehen. Unser Familiengrab lag in der Nähe des Eingangs. Baubänder versperrten den Weg. Die Bergsicherung hatte schon viele Gräber verfüllt. Das sei alles Strahlengebiet, wurde mir gesagt, als ich näher trat. Da habe ich geantwortet: ›Lachen Sie mal laut. Da hat uns 20 Jahre niemand drum gefragt.‹ Als ich gesagt habe: ›Ich bin Culmitzscher!‹, kam die Antwort: ›Gewesen.‹ Darauf ich: ›Ich bin Culmitzscherin, das bin ich heute noch, und das werde ich immer bleiben.‹«

Lieselotte Luckner hatte nie Angst vor einer Strahlenerkrankung. »Wir haben mit dem Dreck gelebt. Aber wir waren ein müdes Dorf. Immer wenn ich mit dem Vater in der Lausitz war, wo wir in den Steinbrüchen unser Material bestellten, hat er gesagt: ›Hier geht es mir besser.‹ Er fühlte sich viel munterer, verspürte keine Müdigkeit wie in Culmitzsch. Mich haben die Absetzbecken, das Radon und alles andere gar nicht so interessiert. Wir wurden nie informiert über Belastungen, über die Millionen Tonnen von Schlamm da oben im alten Tagebau. Die Bezeichnung Yellow Cake habe ich nach der Wende zum ersten Mal gehört, und ich weiß bis heute nicht, was das wirklich ist.«

V

Am Morgen hat Lieselotte Luckner wie immer die Zeitung gelesen. »Da sehe ich die Todesanzeigen mit den Erzhämmern. Da sage ich zu meinem Mann: ›Auch wieder ein Opfer.‹« Lieselotte Luckner hat zwei Umzüge hinter sich, die ihr Leben bestimmten. Von Culmitzsch nach Seelingstädt, von Seelingstädt nach Wolfersdorf. Von Dorf zu Dorf hat sie einen Halbkreis geschlagen, um die Schlammteiche herum, und hat sich dabei jeweils nur ein paar Kilometer vom letzten Wohnort entfernt. Seit 1998 wohnt Lieselotte Luckner in Wolfersdorf, gleich neben der Kirche. Seitdem führt ihr Bruder den Steinmetzbetrieb in der »Morgensonne« – so heißt auch das dortige Gewerbegebiet. »Ich freue mich, dass das Handwerk in der Familie erhalten bleibt und bald auf die fünfte Generation übergeht. Hier in Wolfersdorf haben wir sehr viel Ruhe. Ich kenne alle im Dorf, schon durch das Geschäft.«

Wir trinken den letzten Kaffee. Ich esse noch schnell eines der schmackhaften Wurstbrötchen. Dann geht es hinaus. Lieselotte Luckner steigt in ihr Auto. Mit 70 ist sie immer noch eine couragierte Fahrfrau, die ihr Ziel kennt. Wir fahren Richtung Berga, vorbei an der Waldhalde, bis zur B 175. Wir biegen ab Richtung Werdau/Zwickau und parken dort, wo die Anhöhe sanft ins Tal schwingt. Linker Hand der dicht bewaldete Damm der Südwesthalde des ehemaligen Tagebaus Culmitzsch. Lieselotte Luckner zeigt mir auf der anderen Straßenseite, wo einstmals Werkstatt und Wohnhaus standen und wo die Nachbarn wohnten. »Hier oben war Schluss. Da war auch gleich das Ortseingangsschild von Culmitzsch.« Das suchen wir vergeblich. Hier gibt es keinen Hinweis auf das verschwundene Dorf. Der ganze Hang ist Wiese, alles grünt, und frisch gesetzte Bäume wachsen. Ein breites Stahltor verschließt den Weg hinauf zur ehemaligen Absetzanlage. Wir laufen dorfwärts, am Drahtzaun entlang. Das ganze Gelände ist gesichert. Zwischen Straße und Damm wächst Gestrüpp und Unterholz. Hinter dem nächsten verschlossenen Zugang zeigen sich im dichten Grün und kaum zu erkennen gelbe Warndreiecke mit dem Hinweis »Radioaktiv«. »Da drin steht noch die Eibe von unserem Familiengrab. Die ist wie ein riesiger Bogen gewachsen. Vom alten Pfarrgarten müssten auch noch ein paar Bäume stehen. Die Wismut hat bis nach Zwirtzschen das Gelände an den Dämmen bepflanzt. Deshalb ist alles dicht. Man kann nur ahnen, wo mal die Häuser standen. Wo der Schulberg war, lässt sich noch erkennen.« Wir halten uns linker Hand und kommen trotz Autoverkehr gut voran. Drüben im Grund, auf den Auwiesen, weiden Kühe.

Ich hole die Liste hervor, die Doris Knüppel aus Berga, die ehemalige Kindergärtnerin von Culmitzsch, erstellt hat, und lese die Namen der Bewohner der Hauptstraße vor, die bis zum Abriss hier lebten. Da sich ab 1951 die Hausnummern änderten, beginnt die Aufzählung in der Abfolge dieser neuen Nummern. 59: Jacob Sattelmayer; 58: Emil Haupt; 57: Kurt Penzold; 56: Kurt Nietzsche; 55: Hans-Willy Luckner; 54: Kurt Schlenk; 53: Arthur Götz; 52: Hans Sotona; 51: Alfred Vetterlein; 50: Werner Hildebrand; 49: Paul Schmidt; 48: Fritz Samland; 47: Otto Hildebrand; 46: Josef Scholz; 45: Otto Roth; 44: Ernst Brandt; 43: Martin Krauße; 42: Elisabeth Weidlich; 41: Otto Schaller; 40: Karl Piehler;

39: Willy Steinbock; 38: Hilmar Scheffel; 37: Otto Gerhard und Johann Longin; 36: Ernst Zimmermann; 35: Martin Dinter; 34: Gertrud Illgen; 33: Milda Kunert; 32: Hans Werschy; 31: Konsum; 30: Gemeinde; 29: Pfarrei; 28: Schule; 27: Elsa Fülle; 26: Willy Hofmann; 25: Günther Löffler; 24: Fritz Rohn; 23: Hans Gut; 22: Schmidts Erben; 21: Erich Fülle; 20: Ernst Barth; 19: Kurt Trützschler; 18: Martha Körner; 17: Erich Beer; 16: Erich Dietzsch; 15: Fritz Müller; 14: Rudolf Körner; 13: Kurt Uhlemann; 12: Hans Halbauer; 11: Walter Schreiber; 10: Hans Zergiebel; 9: Hans Seiler; 8: Werner Ziegengeist; 7: Lene Lobens; 6: Horst Neudeck; 5: Rosa Kreutzmann; 4: Gerhard Hofmann; 3: Gotthold und Kurt Schmidt; 2: Herbert Körner; Nummer 1: Alfred Magwitz.

In der Talaue der Culmitzsch zeigt mir Lieselotte Luckner die alten Eichen, die von Culmitzsch und vom Wasserschloss geblieben sind. An der Straße Richtung Kleinkundorf, wo der Weg abzweigt hinauf auf die konturierten Sandberge der IAA Trünzig, legen wir eine kurze Pause ein. Hier verlief die Katzendorfer Straße – 1: Schloss, vorher Staatsgut (mit verschiedenen Bewohnern, darunter Alfred Abraham, Familie Bock, August Meißner, Else Siegel, Pauline Nowak, das Gemeindeamt und die Schwesternstation); 2: Fritz Rieß; 3: Wilhelm Meier; 4: Oswald Wiedemann; 5: Emil Nase; 6: Elisabeth Piehler und Ilse Seifert – das Elternhaus von Doris Knüppel; 7: Kurt Wunschel; 8: Erich Prüfer; 9: Adolf Poltsch; 10: Georg Braun; 11: Walter Pöhler; 12: Siegfried Prüfer; 13: Alfred Jung; 14: Max Strauß; 15: Helene Pfennig; 16: Erich Schott; 17: Richard Jeworutzki; 18: Gerhard Methke; 19: Walter Gerber; 20: Hermann Scheidemantel; 21: Lina Reinhold; 22: Paul Drechsler; 23: Kurt Krauthahn; 24: Preus Erben; 25: Helene Siegel; 26: Gemeindehaus, Liesel Blam; 27: Kurt Weiß; 28: Lina Knorr; 29: Hanno Wiedemann; 30: Erich Geithel. Von der Hauptstraße zweigte die Mückenstraße ab – 1: Kurt Seiler; 2: Kurt Trautloff; 3: Rudi Krompholz; 4: Kurt Krauthahn; 5: Fritz Beck; 6: Lene Groschel; 7: Otto Naundorf; 8: Martha Pöhlke; 9: Fritz Assmann. Hinterm Wasserschloss an der Culmitzsch standen die Häuser Am Bach – 1: Rudolf Weißig; 2: Hugo Möller; 3: Gertrud Redlich; 4: Willi Anding; 5: Willy Strobel; 6: Fritz Knorr; 7: Kurt Milker; 8: Knopper-Bäcker; 9: Kurt Krauthahn; 10: Fritz Hofmann; 11: Paul Löffler und Gustav Naujoks; 12: Willi Böttger;

13: Albert Pöhler; 14: Richard Nietzsche. Im östlichen Dorfteil an der Hauptstraße, noch vorm Hammer, wie eine kleine gedrängte Siedlung die zweigeteilte Straße Am Anger – 1: Martha Milker; 2: Marie Bettin; 3: Dendel; 4: Gerhard Seiler; 5: Lydia Schuhknecht; 6: Martha Paul; 7: Otto Steinbock; 8: Walter und Martin Krauße; 9: Robert Penzold und Günter Halbauer; 11: Max Rieß; 12: Otto Reihl; 13: Ella Neudeck; 14: Walter Bratfisch; 15: Tabacek; 16: Walter Seiler; 17: Rosa Reifert. Fünf Straßen, viele Namen und noch mehr Schicksale.

Eines davon betrifft auch den Schriftsteller Lutz Seiler, geboren 1963 in Gera, aufgewachsen in Korbußen und Gera-Bieblach. Heute lebt er in Wilhelmshorst bei Berlin. Sein Großvater Gerhard Seiler lebte in Culmitzsch, Am Anger. Lutz Seiler schrieb über die »müden Dörfer« seiner Kindheit. Das Titelgedicht seines Lyrikbandes *pech & blende* erzählt von Lutz Seilers Vater, einem Wismut-Bergmann: »er hatte die halden bestiegen / die bergwelt gekannt, die raupenfahrt, das wasser, den schnaps / so rutschte er heimwärts, erfinder des abraums / wir hören es ticken, es ist die uhr, es ist / sein geiger zähler herz«.

Lieselotte Luckner lässt ihr Dorf Revue passieren. Was sie gerade denkt, darüber spricht sie nicht. Wir laufen wieder zur Anhöhe und steigen ins Auto. Die Zeit reicht leider nicht, um ins nahe Friedmannsdorf zu fahren. Dort steht ein Haus, das letzte, das zu Culmitzsch gehörte und wegen seiner Lage, trotz der Nähe zur IAA Trünzig/Katzendorf, nicht abgerissen wurde. In das 1947/48 erbaute Haus unmittelbar am Ortseingangsschild von Friedmannsdorf zog Fritz Samland mit seiner Familie nach der Räumung seines Hauses in der Culmitzscher Hauptstraße 48. Heute wohnt hier sein Sohn Uwe. Ursprünglich gehörte dieses Gebäude zur Gemarkung Culmitzsch und wurde 1994 durch eine Gebietsänderung Friedmannsdorf zugeschlagen.

»Wenn ich unterwegs Leute treffe«, sagt Lieselotte Luckner, »dann sind das meist Culmscher. In Wolfersdorf bin ich jetzt zu Hause, in einem Ort, der von der Wismut nicht abgerissen wurde, aber heute noch unter den Altlasten leidet.« Die jüngsten Ereignisse in Wolfersdorf beschäftigen die Steinmetzmeisterin. Die Wismut begann ab 2007 im Rahmen ihrer Sanierungstätigkeit mehrere Hektar des Plateaus der Waldhalde unmittelbar über dem Dorf zu roden. Das freigelegte Haldenmaterial wurde für die Neukonturierung und Stabilisierung der Absetzanlage benötigt. Ursprünglich sollten hier 150 Hektar Wald verschwinden. Die Bürger von Wolfersdorf haben sich dagegen gewehrt, und die Untere Naturschutzbehörde in Greiz hat nur einem Teilbescheid zugestimmt. Die Dörfler fürchten neben Rutschungen »Land unter« durch austretende hochgiftige Sickerwässer aus der Halde, einen überlaufenden Fuchsbach, überschwemmte Keller und Gefahr für das Grundwasser durch Uran und Ra-226. Der Norddamm der Waldhalde ist der einzige Riegel, der das Dorf vor den Massen im Schlamm schützt. In diesem Gelände wurde auch in den Jahren 2005 bis 2007 kontaminiertes Abbruchmaterial der Erzaufbereitung Seelingstädt eingelagert.

Diesen Fakt sieht Hannelore Patzschger als weitere Gefahr. Die ehemalige Bürgermeisterin von Wolfersdorf, die ich später besuche, sagt: »Es geht um die sichere Verwahrung dieser hochgiftigen Schlämme.« Während ihrer Amtszeit in Wolfersdorf und später im Stadtrat Berga war sie Mitglied des Umweltausschusses der Wismutregion. Heute engagiert sie sich ebenso kompromisslos für ihr Dorf. »Mit der Begradigung der Halde wächst die Erosionsgefahr, weil steil abgeböscht wird. Der Waldboden ist jetzt 20 Zentimeter dick. Er lässt das Oberflächenwasser versickern, und die Bäume nehmen Schadstoffe auf.« Über die Jahrzehnte hat sich der artenreiche und wirtschaftlich wertvolle Laubmischwald zu einem vielfältigen Ökosystem für Flora und Fauna entwickelt und gilt zum Beispiel als Streifgebiet der Wildkatze. Die Wolfersdorfer fürchten nicht nur um ihren Wald. Wegen der hier verlaufenden Culmitzscher Störung, die mitten durch Wolfersdorf führt, ist das Gebiet als Erdbebenzone 2 eingestuft worden. Das letzte registrierte Beben im Oktober 2007 besaß eine Stärke von 2,8 auf der Richterskala. Über drei Stunden diskutierten die Wolfersdorfer auf der Einwohnerversammlung im November 2007. Lieselotte Luckner war dabei und musste an die Versammlung damals in Culmitzsch denken, als kaum jemand wagte, kritische Fragen zu stellen. Die Presse begleitete das Geschehen und druckte ab, was Sebastian Neubert, der Ortsbürgermeister von Wolfersdorf, sagte: »Es geht nicht darum, die Sanierung zu verhindern. Wir wollen aber keine zusätzlichen Belastungen für die Anwohner.«

Hannelore Patzschger kritisiert offen die Folgen des Uranerzbergbaus für ihr Dorf. »Bis heute ist die Infrastruktur unseres Dorfes zerstört. Das ist sichtbar und noch nicht in Ordnung gebracht. Unsere Situation ist mit den Dörfern im Kohlebergbau nicht zu vergleichen. Wir haben immer noch die Belastungen.« Und sie fügt hinzu: »Die Schicksale der Menschen hier sind so umfangreich, die können Sie gar nicht aufschreiben.« Nach unserem Gespräch schickt sie mir ein Zitat aus der Sanierungskonzeption für den Bereich Seelingstädt von 1991, in der das Ziel der Sanierung – die Schaffung einer Bergbaufolgelandschaft mit reduzierten Umweltbelastungen und »intakten Lebensbedingungen für die hier lebende Bevölkerung« – genau festgehalten ist.

Lieselotte Luckner wird mich später fragen, ob ich Hannelore Patzschger aufgesucht habe. »Die weiß, worum es geht. Unser Bürgermeister steht hinter den Einwohnern. Auch Dr. Gerhard Klier, der ehemalige Forstamtsleiter, ist ein kluger Mensch im Ort. Solche Leute brauchen wir, die Ahnung haben.«

Culmitzsch ist verschwunden, manche Erinnerung verblasst, doch der Name des Dorfes ist nicht ganz vergessen. Culmitzsch ist für Geologen und Botaniker immer noch interessant, genauso wie die Spuren des mittelalterlichen Zinn-, Silber- und Goldbergbaus in und um Gera. Der Zechstein birgt noch so manches Geheimnis um seine Fossilien und Mineralien. Im Zechstein des alten Kupferbergbaus bei Gera-Trebnitz wurden schon im 19. Jahrhundert Pflanzenhäcksel entdeckt und als Ullmannia bronnii oder Pseudovoltzia liebeana bezeichnet. Erst 1964 erfolgte die Beschreibung dieser winzigen Koniferenreste durch Ullrich als Culmitzschia florinii. Bekannt wurde der Tagebau »Mücke« in den sechziger Jahren durch Vorkommen von Realgar, aufgefunden im Dolomitgestein. Heute gelten diese Funde als Rarität. Es sind die einzigen nennenswerten Mineralvorkommen in diesem Tagebau, der so eng mit Culmitzsch in Verbindung steht.

Noch einmal zurück ins Jahr 1990. Am 31. Dezember, über ein Jahr nach der »Wende«, endete der Uranerzbergbau im Osten Deutschlands. Die DDR trat am 3. Oktober laut Einigungsvertrag vom 31. August 1990 der Bundesrepublik bei. »Wegen ihres besonderen Status war die SDAG Wismut kein volkseigenes Kombinat und unterlag daher auch nicht dem Treuhandvermögen nach

Artikel 25 des Einigungsvertrages«, schreibt Rainer Karlsch in seiner Darstellung *Uran für Moskau*. Die SDAG Wismut befand sich im Umbruch. Per Abkommen vom 16. Mai 1991 beendete die SDAG ihre Tätigkeit. Die Sowjetunion übertrug ihre Geschäftsanteile vollständig an die BRD. Der Bund übernahm nach dem Ausstieg der sowjetischen Seite die gesamten Sanierungskosten.

Die Industriellen Absetzanlagen in Ostthüringen und im Erzgebirge galten als vordringlichste Sanierungsschwerpunkte. Ein Wismut-Leporello vermeldet über die Sanierungstechnologien: »In den ersten Jahren nach dem Ende der Urangewinnung mussten vor allem Sofortmaßnahmen der Gefahrenabwehr erfolgen. Freiliegende Spülstrände wurden vorerst mit mineralischem Boden bedeckt, um das Abwehen radioaktiven Staubes zu verhindern.« Die Verantwortlichen entschieden sich für die »sogenannte trockene in-situ Verwahrung mit technischer Teilentwässerung [...]. Das heißt, die Schlammteiche werden am Ort verwahrt. Dabei wird das Freiwasser entfernt, die eingelagerten feinkörnigen Rückstände werden mit Hilfe von geotechnischen Materialien stabilisiert und schließlich mit mineralischem Boden in mehreren Schichten abgedeckt.« Für Culmitzsch bedeutete das: »Aufgrund der schwierigen geotechnischen Verhältnisse in den Zentralbereichen der Becken müssen die hier sehr feinkörnigen Schlämme vor dem Abzug des Wassers stabilisiert werden.« Dafür wurde eine Klappschute, die vorher an der IAA Helmsdorf erfolgreich zum Einsatz kam, verwendet. Der Transport dieses tonnenschweren Kolosses durch die engen Straßen von Ronneburg bedeutete eine große Herausforderung und ein Ereignis für die Bewohner. Die Schute mit Arbeitsboot, Schubboot, Peilboot und Verladeanlage wurde im Frühjahr 2004 auf der IAA Culmitzsch eingesetzt. Ein halbes Jahr lang entlud der Schwimmkörper 150000 Kubikmeter Sand und Kies auf einer Fläche von 15 Hektar. Diese subaquatische Verklappung diente »der Gewährleistung der nachfolgenden konventionellen Zwischenabdeckung der Tailings«, teilte die Wismut auf ihrer Website mit.

Die erste Weltausstellung in Deutschland, die EXPO 2000, führte – zehn Jahre nach dem Ende des Uranerzbergbaus – erstmals an ausgewählte Wismut-Standorte. Das Unternehmen machte den Blick frei auf die Culmitzscher Schlammteiche mit einem Aus-

Die Bundesstraße 175, Richtung Seelingstädt, 2009.
Ehemalige Ortslage von Culmitzsch

sichtspunkt – ein Rastplatz für Wanderer entlang des Thüringenweges, der von Altenburg auf einer Teilstrecke über Ronneburg, Wolfersdorf, entlang der Waldhalde an Berga vorbeiführt. Lieselotte Luckner wandert diese Strecke nicht. Auch das malerische Gessental ist ihr zu weit. Dort verlief bis 1918 die Landesgrenze zwischen dem Königreich Sachsen, dem Herzogtum Sachsen-Altenburg und dem Großherzogtum Sachsen-Weimar-Eisenach. Zeugen dieser wechselvollen Landesgeschichte sind zahlreiche Grenzsteine. Hans-Karsten Luckner restaurierte ab 2004 zwölf dieser granitenen Wegzeugen aus dem 19. Jahrhundert, darunter auch einen Stein aus dem Wasunger Forst, der die Grenze zum Königreich Bayern markierte. Sie schmücken ein Lapidarium, das kurz vor Eröffnung der Bundesgartenschau eingeweiht wurde. Wer von Thränitz übers Lammsbachtal wandert, stößt unterhalb des Ziegenberges auf diesen besonderen Grenzsteinweg. »Da hat uns die Geschichte eingeholt«, sagt Lieselotte Luckner. »Unsere Familie kommt einfach nicht davon los. Ich war auch an der Restaurierung des Schmirchauer Kriegerdenkmals beteiligt, das wurde in unserer Werkstatt wiederhergerichtet und kam dann auf den Friedhof von Ronneburg. Da war Schmirchau schon fast nicht mehr existent.«

Im Grün verwuchert. Warnschild unterhalb der ehemaligen Industriellen Absetzanlage Culmitzsch, an der B 175, 2008

Lieselotte Luckner fährt jetzt gern mit dem Auto zur B 175. Dort heißt es »Freie Fahrt« am neuen Verkehrsknoten. Die übersichtliche Kreuzung verbindet Bundesstraße, Landesstraße und Kreisstraße. Berga, Wolfersdorf und Markersdorf sind ein Stück näher gerückt. »Mal sehen, wie es weitergeht«, sagt Lieselotte Luckner. Sie freut sich, dass jetzt endlich mit einem »Zeitfenster« an Culmitzsch und Katzendorf erinnert wird. »31 Jahre war ich in Seelingstädt, jetzt bin ich in Wolfersdorf. Und dann geht's wieder nach Seelingstädt. Das ist die letzte Station. Aber das dauert noch.«

(2007/2009)

Anhang

Literatur- und Quellenverzeichnis

Archive

Thüringisches Staatsarchiv Altenburg
Thüringisches Staatsarchiv Greiz
Thüringisches Staatsarchiv Rudolstadt
Thüringisches Hauptstaatsarchiv Weimar

Unternehmensarchiv der Wismut GmbH, Chemnitz
Die Beauftragte für die Unterlagen des Staatssicherheitsdienstes der ehemaligen Deutschen Demokratischen Republik, Außenstelle Gera
Bundesarchiv
Kreisarchiv Greiz
Stadtarchiv Berga
Stadtarchiv Gera
Stadtarchiv Ronneburg
Heimatmuseum Greiz

Literatur

Michael Beleites: Altlast Wismut. Ausnahmezustand, Umweltkatastrophe und das Sanierungsproblem im deutschen Uranbergbau, Frankfurt am Main 1992

Inge Bennewitz: Das verurteilte Dorf (DEFA 1952). Ein Eigentor für die SED-Propaganda. In: Deutschland-Archiv 5/2003

Gundo Benkel, Heimat- und Geschichtsverein Berga: Culmitzsch. Geblieben ist nur das Gras, Berga 2006

Gundo Benkel, Heimat- und Geschichtsverein Berga: Eichenblätter, Heft 1, Berga 2007

Bergbautraditionsverein Wismut (Hg.): Die Pyramiden von Ronneburg. Uranerzbergbau in Ostthüringen, Hartenstein 2007
Werner Bräunig: Rummelplatz. Roman, Berlin 2007
Matthias Buchner, Bernd Neddermeyer (Hg.): Die Wismut-Werkbahn. Die Geschichte der Werkbahn der Sowjetisch-Deutschen Aktiengesellschaft im Ostthüringer Uranerzbergbaurevier. EK-Reihe Regionale Verkehrsgeschichte, Band 25, Freiburg 2000
Jörg Friedrich: Yalu. An den Ufern des dritten Weltkriegs, Berlin 2007
Stefan Hamann, Wolfgang Schreiber: Vor Ort. Über den Uranerzbergbau bei Ronneburg, Thüringen, Haltern 2007
Henriette Joseph und Haik Thomas Porada (Hg.): Das nördliche Vogtland um Greiz. Landschaften in Deutschland. Werte der deutschen Heimat, Köln/Weimar/Wien 2006
Rainer Karlsch: Uran für Moskau. Die Wismut – Eine populäre Geschichte, Berlin 2007
Rainer Karlsch und Zbynek Zeman: Urangeheimnisse. Das Erzgebirge im Brennpunkt der Weltpolitik 1933–1960, Berlin 2002
Bettina Kratzsch: Wolfersdorf – der Bergbau prägt einen Ort. Wissenschaftliche Hausarbeit zur Ersten Staatsprüfung für das Lehramt an Grundschulen, Erfurt 1995
Karl Lehfeldt: Bau- und Kunst-Denkmäler Thüringens, Jena 1897
Hermann Müller: Das Dorf Gessen. Letzter Rapport über den verschwundenen Ort, Hohenleuben 2006
Hermann Müller: Die Umgebung von Ronneburg vor der Bundesgartenschau 2007, Weida 2007
Museum für Naturkunde Gera: Naturwissenschaftliche Reihe, Gera 1993, 1996, 1999, 2002, 2003
Pro Leipzig e.V. (Hg.): Heuersdorf. Geschichte und Abschied eines mitteldeutschen Dorfes, Leipzig 2009
Hartmut Sänger: Flora und Vegetation im ehemaligen Uranbergbaurevier Ostthüringens, Jena 2006
Horst Salomon: Getrommelt, geträumt und gepfiffen, Berlin 1960
SDAG Wismut, Bergbaubetrieb Schmirchau: Geschichte des Betriebes. Teil 1: 1952–1958, Teil 2: 1959–1976, o. O., o. J.
Gabriele und Dirk Seelemann (Hg.): Neue Landschaft Ronneburg, Buga 2007, Leipzig 2007
Gerd Seidel (Hg.): Geologie von Thüringen, Stuttgart 1995

Thüringer Ministerium für Landwirtschaft, Naturschutz und Umwelt (Hg.): Wismutsanierung. Die Beseitigung der Folgen des Uranerzbergbaus in Ostthüringen, Erfurt 1999
Turm- und Verschönerungsverein Reust e.V.: Festschrift zu Ehren des 100. Jahrestages der Bismarcksäule auf dem Reuster Berge bei Ronneburg 1902–2002, Reust 2002
Wismut GmbH: 10 Jahre Wismut GmbH, Chemnitz 2001
Wismut GmbH (Hg.): Chronik der Wismut, Chemnitz 2006 (CD)
Wismut GmbH: Umweltbericht 2006, Chemnitz 2007

Filme

Um Welt Film Produktionsgesellschaft mbH/MDR: Die verschwundenen Dörfer der Wismut. Filmdokumentation von Joachim Tschirner und Burghard Drachsel, 2006
Um Welt Film Produktionsgesellschaft mbH: terra incognita. Die Wismut. Eine zweiteilige Filmdokumentation von Joachim Tschirner und Burghard Drachsel, Doppel-DVD 2007

Abbildungsnachweis

Verlag und Autorin bedanken sich bei den Zeitzeugen für die zur Verfügung gestellten Fotos.

Renate Baum: S. 149
Michael Beleites: S. 79
Peter Cott: S. 208
Jürgen Halbauer: S. 193
Ernst Junghanns: S. 157
Annerose Kirchner: S. 8, 12, 26, 51, 52, 76, 77, 80, 82, 109, 111, 112, 136, 137 unten, 138, 140, 167, 168, 201, 202
Erich Krauthahn: Umschlagabbildung, S. 177, 179, 183
Lieselotte Luckner: S. 172, 175, 186, 189
Annita Meyer: S. 57, 59
Günter Nettbohl: S. 85, 89, 97, 101 oben und unten, 137 oben
Gertrud Penzold: S. 115, 143
Renate Pohle: S. 131, 146
Frank Schenke: S. 19
Christopher Volle: S. 6 (Karte)
Johannes Weiser: S. 29, 31, 33, 35, 44, 45, 46, 48
Manfred Wöllner: S. 118, 121, 127, 156, 163

Dank

Mein ganz besonderer und herzlicher Dank gilt Wulf Kirsten, Schriftsteller in Weimar. Er hat nicht nur die Anregung zu diesem Buch gegeben, sondern das Projekt beratend begleitet und mich beim Schreiben ermutigt.

Bedanken möchte ich mich bei Ingrid Amm, Bürgermeisterin von Kauern; Regina Apel (Stadtbibliothek Berga); Hans-Dieter Barth (Reust); Manfred und Gerlinde Braune (Thränitz); Andrea Esche (Greiz); Frank Esche (Rudolstadt); Ulrich Fischer (Gera); Helmut Hans (Zahderlehde); Dr. Reinhard Hausigk (Gera); Klaus Hinke (Gera); Ernst Junghanns (Niederpöllnitz); Rainer Karlsch (Berlin); Doris Knüppel (Berga); Rudolf Koch (Gera); Hans-Karsten Luckner (Seelingstädt); Hermann Müller (Gera); Günter Nettbohl (Lichtenberg); Hannelore Patzschger (Wolfersdorf); Jutta Penndorf (Lindenau-Museum Altenburg); Gertrud Penzold (Gera); Renate Pohle (Stadtbibliothek Ronneburg); Reinhard Poltsch (Elsterberg); Dr. Frank Reinhold (Berga); Werner Rutkowski (Gauern); Frank Schenke (Gera); Günter Schimm (Gera); der Stadt- und Regionalbibliothek Gera (Territorialkundearchiv); Brigitte Wilhelm (Lichtenberg); Pfarrer Günter Winefeld (Waltersdorf/Eisenach); Manfred Wöllner (Linda); Ulrich Zippel (Gera) sowie Uwe Herberger, Thomas Hennicke und Evgeni Subbotin vom Unternehmensarchiv der Wismut GmbH in Chemnitz.

Jana Fröbel (Berlin) sei herzlich gedankt für gründliches Lektorat.

Gera, im Dezember 2009 Annerose Kirchner

Angaben zur Autorin

Annerose Kirchner

Jahrgang 1951, geboren in Leipzig; Kindheit und Jugend in Zella-Mehlis (Thüringer Wald). Steno-Phonotypistin und Tastomatensetzerin in einer Zeitungsredaktion; 1976–1979 Studium am Institut für Literatur »Johannes R. Becher« Leipzig; 1979 Übersiedlung nach Gera; Tätigkeiten am Theater (Dramaturgiesekretärin, Regieassistentin, Pressereferentin); seit 1989 freie Autorin und Journalistin.

Veröffentlichungen: *Mittagsstein* (Gedichte), Aufbau-Verlag, Berlin 1979; *Im Maskensaal* (Gedichte), Aufbau-Verlag, Berlin 1989; *Der Rausspeller. Begegnungen mit Thüringer Handwerkern* (Literarische Reportagen), quartus-Verlag, Bucha bei Jena 1999; *Keltischer Wald* (Gedichte), quartus-Verlag, Bucha bei Jena 2001; *Traumzeit an der Geba. Geschichten aus Thüringen,* Edition Muschelkalk, Wartburg Verlag, Weimar 2005; *Dix und Dix. Auf den Spuren eines Familiennamens,* Verlag Erhard Lemm, Gera 2014. Darüber hinaus zahlreiche Veröffentlichungen in Prosa- und Lyrikanthologien, darunter im Aufbau-Verlag, Berlin, Suhrkamp Verlag, S. Fischer Verlag, beide Frankfurt am Main, und im Verlag Klaus Wagenbach, Berlin.